帛书版

全本全译全析

[春秋]老子·著　　秦复观·注解

陕西新华出版　三秦出版社

果麦文化 出品 | GUOMAI

版本说明

1973年，马王堆汉墓出土的一批帛书古籍中，有两个版本的《道德经》（题名《老子》），分别被称为"帛书老子甲本""帛书老子乙本"。专家整理后发现其内容与传世了一千七百多年的通行本——"王弼本"——有着巨大的差异，从此拉开对《道德经》文本质疑与溯源的大幕。

此后又有几个珍贵的早期古本相继被发现，1993年出土的"郭店楚简本"（简称郭简本），以及2009年面世的北京大学藏西汉竹简本（简称北大本）等。这为我们追寻最接近原貌的"道德经"文本提供了更大的可能性。

本版以帛甲本（《马王堆汉墓帛书老子》1976年版）为底本，辅以帛乙本，同时参考郭简本、北大本、王弼本、河上公本以及几个有代表性的当代校本，正文的校勘亦多采用诸多学者专家的研究成果，如著有《帛书老子校注》的高明教授等，不一一鸣谢。

校注详情请参阅本书"后记"。

为便于传播，本书书名仍沿用《道德经》。本版旨在为广大读者提供一个更接近"道德经"原貌且易读的普及型读本，以方便读者更好地理解这部中华经典的伟大思想。

目 录

上篇

01章（38）| 002
02章（39）| 011
03章（41）| 017
04章（40）| 025
05章（42）| 029
06章（43）| 034
07章（44）| 037
08章（45）| 041
09章（46）| 045
10章（47）| 049
11章（48）| 053
12章（49）| 057
13章（50）| 062
14章（51）| 067
15章（52）| 072
16章（53）| 077
17章（54）| 081
18章（55）| 086
19章（56）| 091
20章（57）| 096
21章（58）| 101
22章（59）| 107
23章（60）| 111
24章（61）| 115
25章（62）| 119
26章（63）| 123
27章（64）| 128
28章（65）| 134
29章（66）| 138
30章（80）| 142
31章（81）| 146
32章（67）| 150
33章（68）| 156
34章（69）| 159
35章（70）| 163
36章（71）| 166
37章（72）| 169
38章（73）| 172
39章（74）| 175

40章（75） | 179

41章（76） | 183

42章（77） | 187

43章（78） | 191

44章（79） | 194

下篇

45章（01） | 200

46章（02） | 207

47章（03） | 213

48章（04） | 217

49章（05） | 221

50章（06） | 224

51章（07） | 227

52章（08） | 230

53章（09） | 236

54章（10） | 240

55章（11） | 244

56章（12） | 247

57章（13） | 251

58章（14） | 256

59章（15） | 262

60章（16） | 267

61章（17） | 271

62章（18） | 274

63章（19） | 279

64章（20） | 283

65章（21） | 289

66章（24） | 294

67章（22） | 298

68章（23） | 303

69章（25） | 306

70章（26） | 310

71章（27） | 314

72章（28） | 318

73章（29） | 322

74章（30） | 326

75章（31） | 330

76章（32） | 335

77章（33） | 339

78章（34） | 343

79章（35） | 347

80章（36） | 350

81章（37） | 354

后记 | 358

上篇

德经

— 38 —

上德不德，是以有德。
具上乘之德者，不以施行德为目的，所以才具备了真正的德。

下德不失德，是以无德。
具下乘之德者，处处以施行德为目的，所以不具备真正的德。

上德无为，而无以为也。
具上乘之德者，自然行事，无所图求而为之。

上仁为之，而无以为也。
具上乘之仁者，施仁爱于人，无所图求而为之。

上义为之，而有以为也。
具上乘之义者，施义举于人，有所图求而为之。

上礼为之，而莫之应也，
而具上乘之礼者，施行礼于人，得不到回应，则攘臂而扔之。
就举起胳膊强迫他人遵从。

故失道矣而后德，失
所以说道失去了，德开始得到推崇；　　　　　　　　德失去

德而后仁，失仁而后义，
了，仁开始得到推崇；　　仁失去了，义开始得到推崇；

失义而后礼。夫礼者，忠
义失去了，礼开始得到推崇。　　礼是忠信缺失的表现，

信之薄也，而乱之首也。
　　　　　　　　推行它就是祸乱的开始。

前识者，道之华也，
　　事先存在的认知，不过是大道的浮华（已脱离事实），

而愚之首也。是以大丈夫
追随它就是愚昧的开端。　　所以大丈夫选择敦厚（如忠信），

居其厚，而不居其薄，居
　　　　　　而不居于浅薄（如虚礼）；　　　　选择

其实，不居其华。故去彼
朴实（内在），　　而不居于浮华（表象）。　　因此取其厚实，而弃

取此。
其薄华。

注

38：本章为帛书版第一章，对应传世版第三十八章，下文同。

上德不德：上乘之德不以施德为导向行事，即无意向而为之。第二个"德"为动词，指施惠、施德。

下德不失德：下乘之德，言行不离开德，始终以施行德为导向来行事，即有意向而为之。不失，不离开。

无为：不施加个人意志而为。

无以为：指不出于任何目的而作为，是一种遵从自然天性行事的状态，并不会为了图求什么而伪装、扭曲自己或彰显自己。以，目的在于。为，作为、行动。通行本在"上德无为而无以为"后增加了"下德为之而有以为"，北大本作"下德为之而无以为"，帛书二本均无此句。

攘臂而扔之：挽起袖子伸出胳膊去强拽别人。扔，强力牵引，扯、拽。原文作"乃"，通"扔"。

故失道矣而后德：此处帛书里原文字迹不清，帛书研究组校勘的甲本原为"故失道，失道矣而后德"。后经专家重新校定，认为该句应写为"故失道矣而后德"。传世本多作"故失道而后德"。

忠信之薄：指忠信缺失。薄，轻微，不足。原文残缺，乙本作"泊"，北大本作"浅"，通行本作"薄"。由于下文"不居其薄"之"薄"，甲、乙本皆作"泊"，可见甲本此处亦作"泊"，《说文》："泊，浅水也"，通"薄"。

前识：先行存在并厘定的认知，如流传至今的知识、道理、是非、规范等。任何发生在过去（事先）的认知都具有时空局限性，适用于当时而不一定适用于现在，时过境迁则认知也要随之变化，若拘泥不化去遵从，正是愚昧的开端。

愚之首：愚昧的开端。首，开端，开头。通行本作"始"。

居：处在，处于。传世本多作"处"。

去彼取此：选择厚实，而抛弃薄华。"彼"指"薄"与"华"，"此"指"厚"与"实"。厚在内里而薄在外表，实在根基而华在末梢。

解

老子所处的春秋末期，是一个"礼崩乐坏"的时代。由于失去了礼法的制约，人们的思想空前活跃，旧的格局被打破，新的思想体系不断建立，以至出现了"百家争鸣"的盛况。在这样一个纷纭乱世，面对如雨后春笋般涌出的新概念、新主张，要如何取舍，如何确信并坚定自己的路？

开篇，老子提出了一个重要的新理念：上德不德。在当时普遍以追求仁义为高尚、以标榜有德为风尚的大环境下，这个理念是脱俗且独到的，树立了道家对待德的态度与主张。老子认为，德是遵从于道而来的，一旦有了主观意志的加入，有了目的、对象和方法，就不再是真正的德，而只是人为造作的"下德"。

老子以此对道德概念重新进行定义并排序，依次为：道、德、仁、义、礼。首先，道的概念无法言表，所以老子先从"德"讲起。告诉了我们"上德"是什么样子的，到最后，"礼"是最低等级的。当我们进入到一个礼制社会时，就会失去最基本的忠信与淳朴，接踵而来的是制度的僵化、人性的虚伪，所以追求礼，被老子认为是愚昧的开端。在"礼崩乐坏"的时代，具体到个人该怎么做，老子也指明了方向，那就是修持内在的敦厚，舍弃外在的浮华。在今天，这些理念对我们仍有着重要的指导意义。

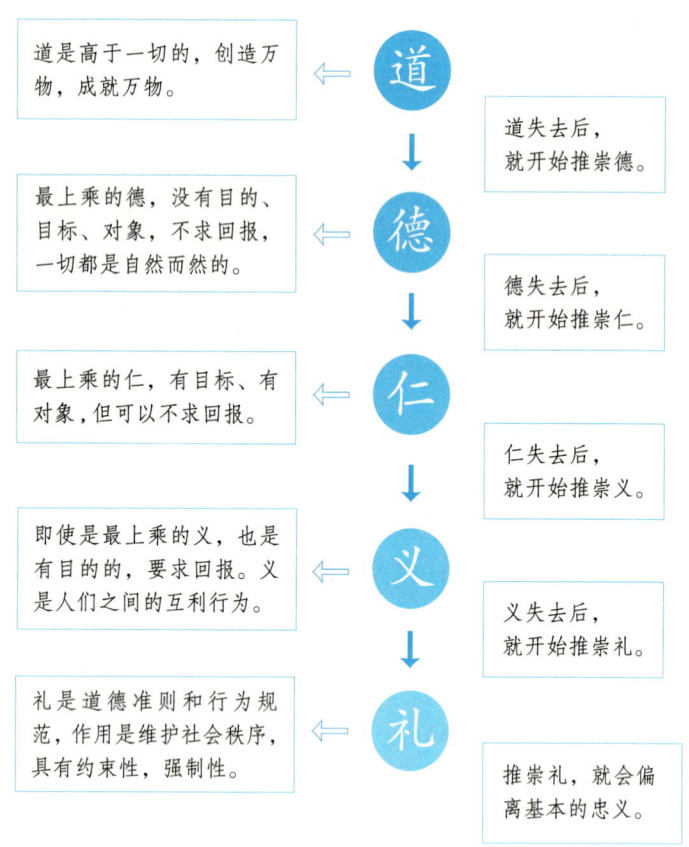

具体可以从四个维度详加阐释。

一、上德不德

真正拥有上德的人,不会认知到自己的行为是有德,不会为了树德而刻意行事。做了好事自己都不知道,有利于大众也不自觉,因为是像走路一样自然去做的,不是为了谁的利益,更不是为了树立道德,这种自然而然呈现的德,才是上德。而当一个人意识到自己的行为是德以后,真正的上德就已经离开他了。因此上德不能依靠提倡得来,任何宣扬德的行为,本质上都是在破坏德。

孔子曾向老子问礼。有一次,孔子和老子谈论仁义,结果老子很不客气地批评了孔子,说:"你要想让天下人不至于丧失淳厚质朴,就应该像风一样自然地行动,一切顺于自然行事,又何必那么卖力地宣扬仁义,就好像敲着鼓去追赶逃跑的人一样呢?白色的天鹅不需要天天沐浴而羽毛自然洁白,黑色的乌鸦不需要每天用黑色浸染而羽毛自然乌黑。乌鸦的黑和天鹅的白都是出于天然,不用去论辩优劣;名声和荣誉都是外在装饰,不用散布张扬。"

敲着鼓去抓捕逃跑的人,只会让人闻声越逃越远;摇唇鼓舌去宣扬仁义道德,所到之处只会让真正的道德丧失干净。这便是"上德不德"的道理。

二、上德无为

真正拥有上德的人,不会把自己的意志施加于人,比孔子所说"己所不欲,勿施于人"更进一步,哪怕"己所甚欲",也要"不施于人"。很多时候,我们自认为是在对别人好,而把自己的意愿施加在别人身上,这种"好意"的危害程度甚至比"恶意"还要大。正因为我们自认为是出于好意,有了道德感的加持,做起事来往往更加不知收敛,更加肆无忌惮,而对方也更加难以反抗。

《庄子·至乐》中有这样一个故事:从前,一只海鸟飞到鲁国都城郊外,鲁国国君让人把海鸟接到太庙里供养起来,奏

《九韶》之乐使它高兴，用最高规格的"太牢"作为膳食。海鸟竟眼花缭乱忧心伤悲，不敢吃一块肉，不敢饮一杯酒，三天就死了。鲁国国君不能说不爱这只鸟，他用自认为最好的方法来养鸟，结果却把鸟给养死了。这就是自己的"好意"反而伤害了别人，当然也有伤害到自己的。这就是"己有所欲，即施于人"的结果。

三、失道而后德

把人类品性中的"德"拿出来进行讨论，这是因为已经失去了道，就像素材失去了朴，然后才有各种精美的器物出现。树的生命不失去，叶子、枝干、根须，都是有用的，不会拿出来互相对比优劣高低。只有树木失去了生命，将要被人做成器物的时候，才会进行分割裁裂，择其材而用之。因此天下"德"的兴盛，正代表了"道"的衰微。而后一路直下，从"上德"衰微至"下德"，从"仁义"衰微至"忠信之薄"的"礼"，直至"无德"。

四、礼为乱之首

"礼"的本义，是通过对外在形式的制约，来表达内心的情感。初作礼的人，其内外是一致的，然而遵从礼的人，却很难做到一致，于是就会出现"上礼为之，而莫之应也"的情况。施礼而得不到回应，就会"攘臂而扔之",强迫他人遵从礼的形式，而不顾其内在真情如何。这便是得其外而失其内，老子所说"忠信之薄也，而乱之首也"，长此以往就会造成混乱。

《史记·孔子世家》记载，孔子三十几岁时，为躲避鲁国内乱来到了齐国，希望在齐国谋个职事，以实现自己的政治抱负。然而时任齐相的晏子却表示强烈反对，他说："这些儒生，能言善辩而不服管教，骄傲自大又不肯居于人下，崇尚丧事礼仪，破耗财物只为表达哀情，为了葬礼隆重而不惜倾家荡产，不可以让这种做法形成风气。他们四处游说乞求官禄，不能用他们来治理国家。自往圣前贤相继过世以后，周王室也随之衰微，礼乐缺失已经很久了。如今孔子却在这里讲究仪容服饰，详定烦琐的上下朝礼节，刻意追求举手投足的仪态，这些繁文缛节就是几代人也学不完，一辈子也搞不清楚。大王如果想用这套规矩来改变齐国的风俗，恐怕不是引导百姓的好办法。"

晏子一语道尽"礼"的虚耗民本之弊，顿时让国君齐景公对孔子冷眼相看，最后孔子不得不离开了齐国。

天下有道的时候，万物都是一种不知不觉的状态，没有所谓德的概念。只有当道开始消散后，人们察觉出有道的表现区别于无道，于是出现了德的概念。当人们认知到德的美好，开始有意造作德的时候，自然呈现的德也就消失了，取而代之的是有为之德，即仁、义、礼。

仁，是按照自己"爱"的天性而有所为；义，是按照权衡利弊的结果而有所为；礼，是按照制定的规矩而有所为。"仁"表现出来是有亲有爱，但是有爱必有偏私，有偏私而有差别，有差别而互相割裂。最终导致大家开始抱团结群，只在各自的小圈子里发扬"爱"，这就成了"义"。"义"，维护的是某一个群体的利益，需要个人为集体牺牲自我，做不到的人就只能装样子，在外表上下功夫，于是成了"礼"。当大家都开始推行礼，人人都只看重外在表现的时候，也就说明整个社会忠信差失，内在真情严重不足了。

所以"大丈夫居其厚，而不居其薄"，大丈夫立身处世，要选择立于厚实，就像我们建房子要选择厚实的地基一样，这样才能拥有"真德"而保持长久。

五、前识不可靠

宋太宗热衷于"战前赐阵图"，史载他忙于"图阵形，规庙胜，尽授纪律，遥制便宜，主帅遵行，贵臣督视"。即在战争发生之前，他先规划设计好各类阵图，命令前线将帅严格遵行，并让心腹属下为监军，不容有任何变通之余地，从而达到遥制将帅排兵作战的目的。仗还没有打，就先设定死了要怎么打，这样去打仗的结果可想而知，屡战屡败。

所以当孔子周游列国而得不到任用，带着他的"六经"去向老子求教时，老子说："幸好啊！你没有遇到想用它去治国的君王。你研究的六经，只不过是先王留下来的遗迹，又哪里是他们的真实内涵呢！脚印是脚踩出来的，但脚印却并不是脚。"同样的脚，踩在不同地面上的印迹也并不相同，先王在过去所采取的行动，放在当下就不一定适用。所以我们要依托的是脚，而不是脚留下的印迹——"居其实，不居其华"。

— 39 —

昔之得一者，天得一以清，地得一以宁，神得一以灵，浴(gǔ)得一以盈，侯王得一而以为正。

以往，得到"真德"者，天得之而清明，地得之而安宁，神得之而灵动，溪谷得之而充盈，侯王得之而成为百姓依从的范式。

其致之也，谓天毋(wú)已清，将恐裂。谓地毋已宁，将恐

推而言之，如果天再也不能清明，恐怕将要崩裂；如果地再也不能安宁，恐怕将要

011

发。谓神毋已灵,将恐歇。
崩塌; 如果神再也不能灵动, 恐怕将要停歇;
谓谷毋已盈,将恐竭。谓侯
如果溪谷再也不能充盈, 恐怕将要枯竭; 如果侯王再
王毋已贵以高,将恐蹶。
也不能高贵, 恐怕将要颠覆。
故必贵而以贱为本,必
所以保持尊贵,要以低贱作为根本, 保持
高矣而以下为基。夫是以侯
崇高,要以卑下作为基础。 所以王侯以"孤""寡人"
王自谓曰:孤、寡、不谷,
"不谷"来自称,
此其贱之本与非也?故致数
这不正是以贱为根本吗? 所以,招来太多的 shuò
誉无誉。
赞美,就等于不是赞美。
是故不欲禄禄若玉,硌
因此不要追求做尊贵的玉石, 而愿 luò
硌若石。
做坚实的石头。

注

一：指代万物遵从于道而有所得者，即德；"得一"，指得到德，万物从道各得其一，故名"得一"。

神：泛指精神，看不见、听不到、摸不着而又始终运作着的存在；灵，灵动、有灵性的、变化无形的。

浴：同"谷"，即溪谷。两山之间有水流出口的低地，山上泉水汇聚到低处由出口流出。帛书甲、乙本在"谷得一"处均以"浴"为"谷"，而在"谷毋已盈"处又用回"谷"字。"浴"字有水，代表山谷内水流丰盈；"谷毋已盈"已失去水流，便用"谷"来表示干涸的山谷。帛书甲、乙本多以"浴"为"谷"，仅"谷毋已盈"处直接使用"谷"字。通行本在"谷（浴）得一以盈"句后有"万物得一以生"，疑为后人妄增。

正：中正，合于道的。得到治理的。古时人主以德治天下，承担着正众生的责任，天下人都听从于他，于是成为天下所依从的范式。

致之：导致的状况，造成的结果。

谓：报告，讲述。原文"胃"，"谓"之省写。北大本及通行本均无"谓"字。

毋已：不能完成，没有达到。毋，不、没有。已，完成，达到某种状态。通行本作"无以"。

将恐发：发，放出、射出，表示物体向上或向前迅速运动。一说为发泄。

将恐竭：竭，枯竭。这里指谷口无水可出，谷间水流干涸。原文作"渴"，同"竭"。通行本在"将恐竭"后有"万物无以生将恐灭"。

贵以高：尊贵与崇高。以，连词。

蹶：颠仆、跌倒。

不谷：不能吃上粮食，即不被养育之义。先秦诸侯王常以此自谦，警醒自己勿要失去民众的养护。谷，即稻谷，本是庄稼和粮食的总称，由此引申出"生长、养育、进食、俸禄"等多重含义。

致数誉无誉：招来太多赞美便不是赞美。数，屡次、频繁。誉，赞美、赞赏。原文作"与"，"与""誉"二字古时相通。乙本、通行本作"舆"。

禄禄：形容稀少而贵重。禄，福分、有福的。

硌硌：形容普遍而低贱。硌，山上的大石头。

解

接上一章，本章第一段讲"正德"的重要性，第二段讲失去了德，从天地到侯王都将不复存在，接着阐述作为侯王保持正德的其中一个要点，那就是"贵"与"贱"、"高"与"下"的辩证关系，最后，落脚到个人，老子告诫人们不要因为追求高贵而失去自己的根本，所以宁愿做坚硬的石头，不做珍稀的玉石。

尤其要注意的是，套用首章所阐述，玉是浮华，石是内在。所以原文意思并不是说"如果要做玉，就先要做石头"，老子并不鼓励大家做尊贵的玉。玉只是表象，本质上是披着浮华外衣的看起来出众的石头。所以做石头，我们才能回归本质。

一、万物各有正德

天地万物，无须刻意效仿什么，生来就都各有自己的正德。此正德，是万物遵从于道而表现出来的中正常态。

天之正德，表现为清；地之正德，表现为宁；神之正德，表现为灵；谷之正德，表现为盈；侯王之正德，表现为天下正。保有正德的状态，即万物之自然。

如果失去此正德，那么天不能保持清明，将要崩裂；地不能保持安宁，将要崩塌；神不能保持灵动，将要停歇；谷不能保持充盈，将要竭尽；侯王不能保持贵高，将要颠仆。事实也正是如此，在人类社会废弃大道之后，正德不能继续保持，于是由德而衰落至仁、至义、再至礼，最后连礼都崩坏，直至把德沦丧殆尽。

所以，从一开始就失正的事，不能去做，时间长了一定会生乱。《庄子·人间世》以相互争斗和饮酒作乐为例，只要是相互争斗，无论一开始多么光明正大，到最后也一定会以阴谋诡诈收场；只要是饮酒作乐，无论一开始多么拘谨守礼，到最后也一定会以放浪恣肆收场。因此有道者以"正"作为自己的根基，持守而不相离。

二、贵以贱为本

君王作为天下百姓听从并效法的对象，更应持守正德。天地正德表现为"清宁"，君王正德表现为"贵高"。之所以为贵，是因为得到百姓的推崇；之所以为高，是因为得到百姓的拥戴。所以君王以"孤""寡""不谷"为自称，以示与最下贱者同心同德，而不会遗弃任何人。天地覆载万物无所遗漏；君王托庇百姓无所遗漏，如此方为有德之君。

公元前356年，秦孝公任命商鞅主持了秦国的变法。之前秦国几乎所有的爵位都是世袭制的，但是在商鞅变法之后，秦国爵位不再靠血统世袭，而是要靠军功来夺得。据《史记·商君列传》记载："有军功者,各以率受上爵……宗室非有军功论,不得为属籍……有功者显荣,无功者虽富无所芬华。"这一条政令实现了老百姓心中"官无常贵,而民无终贱"的理想,打破了阶层固化。于是自商鞅起,张仪、范雎、吕不韦、李斯等名臣辈出,开放的秦国也由此而走向全盛。后世有学者评价说:"凡在秦掌握政权之有名者,大都来自异邦,且有由微贱出身者。"正因为秦国照顾到了最底层的民众,给了他们向上晋升的通道,于是得到了底层民众乃至他国之民的大力支持,最终异军突起,成功消灭六国,统一了中国。

三、美玉与石头

美玉,质地精美而数量稀少,称颂的人很多,却只能被极少数人把持赏玩。石头,质地粗糙数量众多,没有什么人称颂,却人人可以取用,利泽天下人。是做只照顾极少数人利益的美玉,还是做照顾天下人利益的石头,答案显而易见。

人人都能得到的好处,也就不会觉得有多可贵了。空气、水、食物、阳光,没什么人去赞美它,但这种不赞美本身就是最大的赞美。因为它们才是真正做到与下、贱同德。所以真正的君王,一定是和敛其光,玄同于尘,平易近人的,而非高高在上,脱离根本。

41

上士闻道,董(jǐn)能行之。
上乘之士听闻了道,　　　　竭尽所能地奉行。

中士闻道,若存若亡。下
中乘之士听闻了道,有时能放在心上,有时就忘之脑后。　　　下乘

士闻道,大笑之。弗笑,
之士听闻了道,哈哈大笑。　　　　　如果他不笑,

不足以为道。
道也就不足以成为道了。

是以建言有之:
所以早就有这样的说法:

明道如费,进道如退,
正理听起来好像违背了常理。　进取之道好像使人后退,

夷道如纇。
平顺之道好像有诸多阻碍。

上德如浴，大白如辱，
最崇高的德，好像溪谷一般低下；最纯净的洁白，好像遭到玷污；

广德如不足。
最宽广的德，好像有所不足。

建德如偷，质真如渝。
最具建树的德，好像懈怠偷安；最纯真的本质，好像污浊浑蒙。

大方无隅，大器免成，
最大的方正没有直角，最大的器物不会固定成形，

大音希声。
最大的音律听不到它的声调。

天象无形，道褒无名。
至高无上的天没有具体形象，至大广博的道没有声誉名号。

夫唯道，善始且善成。
只有道，善于造生万物，且善于成就万物。

上士：上乘有识之人。士，古代对人的美称，指有学识之人。本处"上

士""下士"并不是指等级地位上的差别,而是就认知水平上的高低而言。

董能行之:竭尽所能而为之。董,少、不够,用尽。能,能力。笃信不疑才能发挥全部能力。从上士"笃信不疑",到中士"半信半疑",再到下士"完全不信",呈递降的次序。此处原文残缺,据乙本补。北大本作"董能行",郭简本作"董能行于其中",通行本作"勤而行之"。

若存若亡:若有若无、时信时疑。存,存心、留意。亡,丢失、遗忘。

建言:已经存在的言论,早已有之的说法。建,树立、成立。

明道如费:以光明指代正理,正确的道理听起来好像是谬误(违背常理)。"费",原文残缺,乙本作"费",通"悖",谬误;郭简本作'㥅',为"悖"之本字;北大本作"沬",通"昧"。

纇:本义指丝上的小疙瘩,形容不平顺、不丝滑。

上德如浴:最崇高的德如山谷般低下。上德,崇高之德。浴,同"谷",两山之间容纳水流的地带,水流源源不竭而谷从不盈满。形容低下、深广。

辱:玷污,形容污浊。

建德如偷:有建树之德好像懈怠偷安,无所作为。建,树立、成立。这里用作形容词,指具有建树的、有所成就的。偷,苟且、懈怠。

质真如渝:最纯真的本质,好似污浊浑蒙。渝,水从洁净变为污浊,常用来形容改变、违背。

隅:角落、直角,形容刚直。

大器免成:最大的器物不会固定成型,因此它的作用不会穷尽(成了器物,作用反而固定了)。北大本作"勉",通"免";郭简本作"曼",通"无";传世本均作"晚"。

大音希声:形容声音空洞,听不到具体内容,即无声。希,本义指麻布织得不密,空洞很大。声与音本义不同。"声"按照一定的规律组合起来,才成为"音"。因此,"声"是"音"存在的前提条件,同时也是对"音"

的最大局限。而真正的大音,已经超脱出"声"的局限,故而无声。

天象无形:至高无上的天没有具体形象。古人认为天是万物的主宰,具有至高无上的地位,没有可与之相匹合的存在,故独立为一,覆盖一切有形。原文残损,据乙本补。北大本、郭简本同作"天",传世本均作"大"。

道襃无名:至大广博的道没有声誉名号。由"天象无形"引出"道襃无名",由"天"而至"道",由"形"而至"名"。襃,本指衣襟宽大,引申为宽、广,北大本作"殷",义同"襃"。通行本作"隐",与"襃"义相反。

善始且善成:善于孕育与成就万物。始,孕育、滋生,指万物由"无"而至"有"的过程。成,长成、成熟,指万物由有形而至定形的过程。物形一旦固定,也便成了死物,故"成"又有"终"之义。通行本作"善贷且成"。

本章老子指出了并不是所有人闻"道"后都能接受,主要还是因为社会上流行浮华的东西已经太久了,人们现实中的追求跟本书所提倡的观点是冲突的。就比如上一章中,老子要求大家要做石头而不是玉石,可世俗中大家不都是追求做高贵的玉石吗?所以才会有第二段中"明道如费,进道如退……"的描述,做石头就是"明道""进道",可是在很多人看来,这就是违背常理的,是退步的。

所以下士们会本能地对这种观点嗤之以鼻,但也正是因为只有极少数人能理解,它才是"道"。

注定有一部分人无法领略"道"

作为地位尊贵的君王,作为有机会听闻大道的有识之人,面对"道"有三种表现,分别为"上士闻道""中士闻道""下士闻道"。

作为有德之君,作为修行有成的有道者,得到"德"又有三种现象,分别为"上德如谷""广德如不足""建德如偷"。

"上德"为何如空谷?因为"上德不德",好像未有建树;"上德无为",好像无所作为。一事无成而又不图上进,正如空谷一般空虚低下。

"大白"为何如污辱?正如"高"需要以"下"为基础,"贵"需要以"贱"为根本,"白"同样需要"黑"来容盛。脱离了"下"的"高",必将很快跌落;脱离了"贱"的"贵",必将很快颠覆。所以大的洁白始终有黑作为底色,就像"有"始终有"无"来容纳一样,看上去如同玷染了污垢。

"广德"为何如不足?因为大成若缺,大盈若盅,德广大而永不盈满,从来都有空虚来容盛着它,故状若不足。

"建德"为何如偷安?因为"成功而弗居",因为"不欲见贤",故功成不显其名,好像苟且无争,一无所求。

《庄子·在宥》篇上说,黄帝曾问道于广成子,向广成子请教如何用道治理天下:"我听说先生已经通达大道,想向先生请教大道的精华。如何能取天地精气为用,让粮食丰产养育百姓?如何能取阴阳之气为用,让众生顺心如意地生长?"

广成子答:"你想求取的,是万事万物的根本;你想主宰的,却是万事万物的残余。又怎么能与你谈论大道?"

这就好像拥有李白的诗才，却只想拿来摆摊卖艺；具备通天的手段，却只想用来表演技巧。心窍都不通，又如何能闻道？

黄帝醒悟，回去之后弃置朝政，筑起清心寂智的静室，铺着洁白无染的茅草，谢绝交往独居三个月，再次前往求教广成子，膝行而问："如何治理自身，才能久视长生？"

此前只问治理天下，如今却问治理自身，广成子反而急速起身，说："问得好啊！来，我告诉你至道。"

一番教导，其实归根结底两个字：清静。

黄帝可谓上士。

《庄子·逍遥游》篇说，肩吾向连叔求教："我从接舆那里听到谈话，大话连篇，没有边际，让我十分惊恐，就好像天上的银河没有边际，实在是太不近情理了。"

连叔问："他说的是些什么呢？"

肩吾转述道："'遥远的姑射山上，住着一位神人，皮肤润白像冰雪，体态柔美如处女，不食五谷，吸清风饮甘露，乘云气驾飞龙，遨游于四海之外。他的神情那么专注，使得世间万物不受病害，年年五谷丰登。'我认为这全是虚妄之言，一点也不可信。"

连叔听后说："是呀！对于瞎子没法同他们欣赏花纹和色彩，对于聋子没法同他们聆听钟鼓的乐声。难道只有形体上的聋与瞎吗？思想上也有'聋'和'瞎'啊！这话说的就是你肩吾。"

肩吾可谓下士。

闻道，如果不能超脱物的形质之所限，不能弃绝外在名象之所累,则天门不开。那些天门不开之人,闻光明之道,只以为是昏聩之言;闻进取之道,只以为是倒退之说;闻平顺之道,只以为是阻碍之论。

故而常有人认为道家"无为"之说是消极,却不知唯有"无为"方可以无所不能为,这才是最大的进取。也有人说道家让百姓达到"无知无欲"是在愚民,却不知不需要用智巧来谋生存,才是真正的幸福;内心满足到没有过多的欲望,才是真正的富足。所以道家"绝圣弃智"不是在反智,"小国寡民"也不是要让社会倒退至原始,因为在真正的治世,百姓都是淳朴而无机心的,安定而不用背井离乡的。

大鹏在往南方之海迁徙时,水面激起三千里高的浪,羽翼拍起旋风,扶摇直上九万里高空,去时乘的是六月的风。小泽里的麻雀却嘲笑大鹏道:"它还要飞到哪里去呢?我跳起来扑腾着往上飞,不过几丈高就落下来,在蓬蒿丛中自由翱翔,这已经是极好的飞行了,而它还要飞到哪里去呢?"这就是"小"对"大"做出的评判了。

被自己的认知所局限,也就只能在局限范围内视听,超出了认知范围,就相当于耳聋眼瞎了。"天象无形""大音希声",有局限之"小"面对无局限之"大",不就相当于瞎子和聋子吗?

最纯真的品质好像污浊,因为不曾被漂洗,不曾被矫饰,看起来反而像是蒙污染尘,然而这正是它未被污染的本色。纯素自然,是谓"质真"。

最大的方正没有边角,如果看到它的边角,也就意味着它的边界已经到达,边界之外就是比它更大的,它又如何能算是大呢？道不被天地四方所约束，故"大方无隅"。

最大的器物不会被塑造完成，因为完成也就意味着终结，就此固定下来而失去更进一步的可能，便不能称之为大了。道不被器物成品所限制，故"大器免成"。

最大的音律听不到它的声调。音是声相和而起，声如果固定下来有了阶调，音也就同时有了局限，不能称之为大。真正的大音是天籁之音，而天籁无声。道不被声调音阶所制约，故"大音希声"。

道不被万物类象所框定，故"天象无形"。

道不被名号声誉所限定，故"道褒无名"。

— 40 —

反也者，道之动也。
事物呈现出"反"的形态，是道在运作发动；
弱也者，道之用也。天下之物生于有，有生于无。
事物呈现出"弱"的形态，是道在发挥功用。天下万物生于有形有质，有形有质生于无形无质。

注

反：相反、对立，这里作动词用，指反转，使达到相反的状态。一说"反"同"返"，回返、回归之义。

动：发动，发作。

弱：柔弱，这里作动词用，使达到柔弱的状态。

025

用：发挥功能，产生作用。

天下之物：天下的事物。通行本作"天下万物"。

有：具有实质的事物，一般指物质性的存在，无论是有形（看得见），有质（触得着），还是有声的事物（听得到），均属于"有"。

无：没有实质的事物，一般指精神性的存在，既无形，又无质，又无声的事物，均属于"无"。

（解）

本章指出了与"道"相关的三个重要概念——反、弱、无。

和我们通俗中的概念不同，在老子的思想体系里，这三者完全都是正向的。比如反，代表着突破（而非循环、起伏），从无到有的突破，从有限到无限的突破，和我们概念中的"物极必反"也并不相同；弱则代表着生机，万事万物初始的状态；无，则是宇宙的母体，创造了"有"。

一、通过"反"打破自身局限

当我们听闻与自己认知完全相反的言论时，不要忙于否定排斥，因为这很有可能是打破自身局限的契机。小的方面，有"闻过则喜"，通过别人指出过错，从而完善自身。大的方面，有"反思则悟"，通过主动转换思维方式，从不同的角度深入，从而提升自我。

唐太宗李世民有一句名言："以铜为镜，可以正衣冠；以古为镜，可以知兴替；以人为镜，可以明得失。朕常保此三镜，以防己过。"贞观十八年（公元644年），李世民对群臣道："现在朕想听听自己有何过失,你们要畅所欲言,专谈我的缺点。"长孙无忌等大臣都说:"陛下以恩德教化,使天下太平,有何过失?"侍中刘洎却说:"陛下圣德,确如长孙无忌所言,但近来有人上书,陛下觉得不称心,当面诘难,使上书者惭愧退下,这不是褒奖进言之路。"太宗听后,高兴地表示:"你说得对,我一定改正。"这便是"闻过则喜",因为又找到了进步提升的空间。

《说苑》记载了这样的故事:春秋时有一个叫高缭的人,在齐国的宰相晏子手下做了三年官,从未出什么差错,却被晏子辞退。随从劝谏晏子说:"高缭跟随您三年,您不但没给他职位,还要辞退他,似乎不合道义。"晏子解释说:"我是一个才识浅薄的人,要靠众人监督提醒才能立足。高缭跟随了我三年,却从未指出过我的缺点错误,所以我将他辞去。"

每个人眼中的世界不同,因为具备不同的世界观。当我们的认知发生重大改变时,眼中的世界也会随之而变,就像世间万物遵从的规则发生了突变。规则发生变化的时候,"道"的运作才会被我们所把握,否则我们只能"日用而不知"。

人也是一样,当自身得到突破之后,就会到达另一种全新的状态,在状态的改变之中,就能直观感受到道的运作。所谓修行,便是不断在这个过程中,捉摸到道。人为何往往在经历人生巨变后才能大彻大悟,原因也在于此。

所以突破主观自见的限制,多了解不同的视角,有助于捕捉道的端倪。而了解其他视角必备的一个前提,便是愿意放下自己的立场,削弱自己的主观,即持守"柔弱",老子所谓"圣人恒无心,以百姓之心为心"。"无心",方能与人和同,进而取人为用。

二、有生于无

"有心"与"有心"之间，永远都存在隔阂而不能相融。唯有"无心"，可接纳"有心"，可制服"有心"。

《庄子》讲了一个著名的"空船理论"，说："乘船渡河，突然有条空船碰撞过来，即使心地最狭隘、性子最暴躁的人也不会发怒；倘若有人在那条船上，就会人人大呼：'撑开，后退！'呼喊一次没有回应，呼喊第二次也没有回应，喊第三次必定会骂声不绝。刚才不发脾气而现在发怒，是因为刚才船是空的而今却有人在船上。"

"有心"只有遇到"无心"，才能被其容纳，才愿意归顺于他，故而可以驾驭万千"有心"的，只能是"无心"。"无"生"有"，"有"生万物，万物统归摄于"无"。

05

— 42 —

道生一，一生二，二
道生浑然不可分之无形（一），无形生可阴阳二分之有形（二）

生三，三生万物。万物负
有形与无形相合而生成万物。万物皆背负着阴的一面而抱持着

阴而抱阳，中气以为和。
阳的一面（二在万物的存在形式），以虚无守中来达成和谐（一在万物的存在形式）。

天下之所恶（wù），唯孤、
天下所厌恶的，就是"孤""寡""不谷"，

寡、不谷，而王公以自名也。
但王公却用来自称。

物或损之而益，益之而损。
万物损已致虚，反而能得益；　　　益已强横，反而会受损。

029

故人之所教，亦议(jiào)而教人。
故而人们得到教导，也会选择适宜的去教导别人。

故强梁者不得死，我将以为学父。
所以，强横的人不能得到善终，我将是最先学得这个道理的人。

注

一：浑然为一而不可分割为二的状态，一般指精神性的无形的存在。因为无形，故而不可分，故而无匹合独立为"一"。

二：有形有质可分割为二的状态，指物质性有形的存在。

三：一与二相结合的状态，一般指无形与实质结合而构建出形体的存在。

负阴而抱阳：同时持守着阴阳两面。杜甫有句诗叫"阴阳割昏晓"，万物因为有形，故可分割成相对的两面，以阴、阳来作区分。负，背负；抱，抱持。二字看似意反，其实意同，均作持守讲，与阴、阳异曲同工。阴，本义指山北水南，日照少而显得幽暗的地方。阳，本义指山南水北，日照多而显得明亮的地方。

中气：清静虚无，内守于中。气，本指云气，云气无定形而缥缈，形容运行不休而无实体的虚无状态。中，内里、中心。通行本作"冲"。

和：平顺，和谐。有道才能"和"，用清虚的精神内守于中，才能与道相接。如河上公所说"中有空虚与气通"，植物是内茎空虚，人是内心清虚。

天下之所恶：其他版本皆作"人之所恶"。

损之而益：通过减损而得到增益。通过减损可以达到虚的状态，虚就能往道靠拢，是谓增益。通行本在"益之而损"前有"或"字。

亦议而教人：亦，原文作"夕"，同"亦"。议，本义为发表言论、议论，这里指计议出适宜的、符合正理的意见，乙本作"□義而□□"。北大本作"亦我而教人"，通行本作"我亦教之"。

强梁：指强横凶暴，不屈服。梁，原文作"良"，北大本作"梁"，皆同"梁"。

不得死：不能得到应有的终结，没有好结果。死，终结、完成。有道，才可善始善终；无道，即使有始，也不能善终。通行本作"不得其死"。

学父：指最先觉悟某个道理的人。学，得到教导，觉悟。传世本多作"教"。父，初始。老子此处的大意是说，"强梁者不得死"，我将是最先觉悟这个道理的人。与上文"人之所教，亦议而教人"相应，即我最先得到了这个道理（所教），就把它总结出来（议），再从我这里传给其他人（教人）。

(解)

接上章"有生于无"，本章着重阐述道与万物的关系，也就是万物的初始状态，是以"无"为基础，也可以说是"无"产生了万物，这是"无"最大的功用，同时万物负抱着形体，而通过清虚守中来保持常态。

第二段则引申出侯王"无"状态的应用，不应一味地追求强横，并告诫我们，做强悍霸道者是不会有好下场的。

一、道生万物

万物从"无"到"有"的过程，老子描述为"道生一，一生二，二生三,三生万物"。为便于理解,我们把"无"和"有"降格到"无心"和"有心",把"道"降格到"人"。那么"无心"和"有心"这两种状态,都归属于人,而"有心"又是来源于"无心"。所以人体的运行,产生了"无心"的状态,由"无心"的空明状态,又造就了"有心"的思考状态,然后我们脑海中万象纷呈,就像万物蓬勃兴起。所以道,就是那个最本源的独立存在,它是万事万物运作所依赖的最底层架构;"一",是这个架构运作所产生的一种"无"的状态,好比我们"什么也不想"的时候。就像电脑开机,但还没有应用程序在运作,只是基础的操作系统在发挥作用,提供了一个空空如也的界面。为何把这种状态称作"一"?是因为它具备一个最显著的特性:"不二",即不可二分。我们不能把"无"分成两块大小不一的"无",它始终就只能是浑然如一。

"二",就好比我们开始动脑筋在思考的状态,比如有一些模模糊糊的想法将要形成,有一些言语构建的逻辑将要呈现。就像在电脑上打开了一个应用程序,开始按照程序的逻辑在运行了。此种状态叫作"二",因为它具备一个最显著的特性:"有限",即它是有边界有限制的,只要是有限的,就可以二分。

"三",就好比落实我们的想法,在脑中呈现具体形象的状态,就像电脑上的应用程序开始接受输入输出,开始遵守指令作出反馈。这种状态叫作"三",因为它代表的是前面的"一"与"二"相加所得,即为"三"。有限是一定要运作在无限中的,"二"是一定要存在于"一"中的,所以万事万物,无不是"无"与"有"的结合。这便是"三生万物"。

二、以"无"容纳"有"

把这个道理运用于国家，那么百姓（个体）就在"有"的层面，而国家（整体）相当于"无"，容纳万"有"，滋生万"有"。侯王作为一国之主，天然所处的就是"无"的层面，所以侯王之德与百姓是呈"反"的。百姓喜高，而侯王处下；百姓喜贵，而侯王居贱；百姓喜昭昭，而侯王守昏默。所以侯王以"孤""寡人""不谷"等卑贱的称呼自称，不如此，不足以聚用百姓。

把这个道理运用于个人，那么四肢百骸（个体意识）就相当于百姓，承担各种事务；"心"（整体意识）就相当于侯王，主宰着整个身体。而如果让自己的内心变得骄横，欲望变得强盛，必然会摧折肢体筋骨，从而损害整个身体，这就叫"益之而损"。如果让自己的内心变得清静，欲望变得寡淡，那么肢体筋骨都将得以自然，身体就会变得强健，这就叫"损之而益"。

所以减损自己而能得益，老子由此便有了一个朴素的愿望：大家自身如果得了教导，有了好的感悟，也要把它分享出去惠及后人，对自身来说是减损，但是对人类群体来说是得益。强横的人不得善终，就是从老子这里传给后人的一个道理。

06

— 43 —

天下之至柔,驰骋于天下之至坚。无有入于无间,吾是以知无为之有益也。不言之教,无为之益,天下希能及之矣。

天下最柔弱的事物,驰骋于天下最坚强的事物之上。无形的事物可以进入没有空隙的地方,我因此知道无为的有益。不言的教化,无为的益处,天下很少有人能达到的。

(间:jiàn)

注

至柔：最为柔弱的事物。

驰骋：指纵马奔驰，这里形容随意到处走动，没有阻碍地自由来去。一说为攻击、贯穿。

无有入于无间：无形的事物可以进入没有间隙的地方，而不会受到阻碍。无有，指无形、无质、无声的存在。无间，指没有间隙的所在。

无为：结合本章文义，此处指用"无"而为，即为之以无有，为之以柔弱，为之以不言。

不言之教：无言的教导，不使用言语的教化。如我们能从天地、四时、万物等无言的存在中觉知到"道"，而能授人以道，可以说是最高明的教化方式了。

希能及之：很少有人能做得到。希，少见、罕有。及，赶上、达到。

解

上章讲到不可一味地"强"，本章先讲弱，再由弱讲到无。

一、"柔"与"无"

强横的人不得善终，故而我们应当持守柔弱。天下最柔弱的事物就是水了，水在悬崖峭壁之间纵横，而从来不会受伤；在艰难险阻之处来回，而从来不会受阻，这便是柔弱的用处。柔弱到极致，可至无影无形，任何没有间隙的地方都无法阻挡它的进入，因为任何"有"，都是依托于"无"而存在的，无法脱离于它，也便无法阻挡于它。

二、不言之教

我们传播教导给后人，如果运用言谈，那么在耳朵聋的人那里就会受阻；如果运用汉语，那么在使用外语的人那里就会受阻；如果写作成书，那么在不识字的人那里就会受阻。如何可以不受阻碍地把教导传递下去？唯有"不言之教"。

《庄子·德充符》讲了这样一个故事：鲁国有个断掉一只脚的人，名叫王骀，跟随他学习的人和孔子的学生一样多。常季向孔子问道："王骀是个被砍掉一只脚的人，跟随他学习的人在鲁国却和先生的弟子相当。他站着不施教诲，坐着不发议论；学习的人却空怀而来，满载而归。难道真有不用语言的教育，无形之中就能抵达内心的境界吗？这又是什么人呢？"

孔子说："王骀先生是一位圣人，我远远落后于他，只是还没有去请教罢了。我都将拜他为师，又何况还不如我的人呢！何止是鲁国，我将引领全天下的人跟随他学习。"

"天地有大美而不言，四时有明法而不议，万物有成理而不说。"我们自天地受教而知自然之道，自四时受教而明盈虚之理，自万物受教而晓数理之法，此等不言之教，天下又有哪个圣人能比得上呢？

07

— 44 —

名与身孰亲？
名声与身体，哪一个与你更亲近？

身与货孰多？
身体和财货，哪一个对你更重要？

得与亡孰病？
得到和失去，哪一个让你更困扰？

甚爱必大费，
过分地喜爱，必然会遭到重大的耗费；

多藏必厚亡。
过多地收藏，必然会受到重大的损失。

故知足不辱，
所以知道满足，也就不会受到折辱；

知止不殆，
知道停止，也就不会遭遇危难。

可以长久。
这样才能长远恒久。

注

"名与身"句：名，泛指外来的称号，如名号、名誉、名声等。身，本义指身体，引申指自己的生命。亲，亲近，关系密切。

多：本义指数量大、众多。这里指深厚、厚重。众多是经过重复积累得来的，重复既可以达成数量上的"众多"，也可以达成程度上的"深重"。

得与亡：得到与失去，指两种状态。

病：本义指困厄、困扰，由困而生苦。

甚爱：过分喜爱。爱，喜爱、爱好，指对人或事有深挚的感情，而为之奔波辛劳。北大本、通行本在"甚爱"上有"是故"二字。

费：耗费，损耗。

辱：侮辱，羞辱。这里指因过错而遭受折辱。

殆：危险，陷入困境。

解

本章讲的仍然是关于"无"的延展。并指出，过多的"有"并不是好事，告诫我们要懂得知足，懂得适可而止。

名声和财货都是"有"，现实生活中，为财货和名声而丧命的人，从古至今都源源不断。

我们应如何看待得失呢？有很多东西我们可能一生都不会得到，因为没有得到，并不会为之忧心。但得到又失去，就足以让我们痛彻心扉。这是因为认定其属于自己，投注了感情在其中，有了喜爱与珍视之心。

我们其实并不能真正拥有任何东西，都只是短暂地保管而已，所以收藏得越多，可失去的也就越多；喜爱的程度越深，失去的时候就会越痛苦。所以"甚爱必大费，多藏必厚亡"。

如果一个人自己不知道满足，那么欲望就会无休止地出现，必然有满足不了的时候，有不能达成的状态，这时就会遭到折辱。

一、不以外物而累身

柔弱故而无阻，不言故而通达，无为故而无败，这是因为去除了外在的制约。所以身若被名声所累，便不得自在；体若被财货所拘，便不能长久。

先秦道家有一个杨朱学派，其理论核心是"重生贵己"，摒弃一切外物的负累，不因外物而戕害自己的生命。在杨朱眼里，外物只是服务于生命的，而不是反过来用生命去服务外物。天下就是最大的身外之物，杨朱表示：哪怕让我拔一根毛出来说有利于天下，我都坚决不干。这便是"一毛不拔"的来历。

而提倡"以身奉天下"的墨家对此却不以为然，据《列子》记载，墨子大弟子禽滑釐与杨朱弟子孟孙阳有这样一番对话。

孟孙阳说："有人伤害你的肌肤给你万斤黄金，你愿意干吗？"禽滑釐回答："愿意干。"孟孙阳又问："有人砍断你的肢体给你一个国家，你愿意干吗？"禽滑釐一言不发。孟孙阳接着说："一根毫毛轻于肌肤，肌肤又轻于肢体，这是很明显的。但肌肤是由毫毛构成的，肢体又是由肌肤构成的，一根毫毛固然只是身体的万分之一，难道就可以轻视它吗？"

正因杨朱不以外物而累身，所以也不会消耗生命去积敛财货，他说："就算把普天下的财货都拿来奉养我一个人，我也坚决不要。如果每一个人都能像我这样，不因外物损害自身一根毫毛，也不想着要为天下做点什么（不干涉自然），那么天下也就得到治理了。"

二、知足的重要性

当我们认为自己"得到"了什么，就会受到"失去"的困扰；当我们对外物投入了过多的喜爱，最终失去时就必然会承担更多的痛苦。而积敛的外物越多，可失去的也就越多。所以知足而不要过多索取，知止而不要过分追求，生命才可以长久。

汉高祖六年（公元前201年），刘邦大封功臣，萧何、曹参、樊哙、周勃等文臣武将都封了侯。张良是汉高祖刘邦的心腹谋臣，刘邦赞誉他"运筹帷幄之中，决胜千里之外"，为了奖赏他，刘邦让他自选齐地三万户，以作为封邑。但张良听了，却拒绝说："我从下邳起事，在留县见到主上，这是天意让我归属陛下。陛下采用我的计策，所幸时常有效，我只愿分封到留县就满足了，不敢接受三万户的分封。"刘邦便封张良为留侯，与萧何等人一起受封。张良面对如此荣华富贵坚辞不受，对此很多人感到不理解，但张良却说："我祖上世代为韩相，直到韩国灭亡。如今以布衣之身，凭三寸之舌为帝王军师，封万户侯，我张良已经非常满足了。我愿丢却人世间的事情，打算随仙人遨游。"于是张良行辟谷之术，学导引轻身之道，常年闭门不出。张良认为，天下太平，谋略也就是无用之物了，知进退才是智者。正因为知进退，张良没有遭受韩信被杀的屈辱，吕氏专权时，也对他宠信有加。

08

—45—

大成若缺，其用不敝。
最大的成就好像有所欠缺，因此它的作用不会衰竭。

大盈若沖，其用不穷。大
最大的盈满好像仍是空虚，因此它的作用不会穷尽。最大的

直如屈，大巧如拙，大赢
伸展好像是在屈伏，最大的灵巧好像仍显笨拙，最大的盈余

如绌。
好像还有不足。

躁胜寒，静胜热，清
躁动可以祛除寒凉，而清静可以制服燥热，所以清

静可以为天下正。
静才是天下得到治理的根本。

注

大成若缺：最大的成就好像有所欠缺。成，本义指成就、完成，引申指完满的状态。缺，本义指残缺、破损，引申指缺漏而不完满。

盅：空虚。其古字为"盅"，指空间未被使用的空虚器皿，后演变为"冲"字，渐失空虚之义，而被解为"涌摇"。乙本、北大本、通行本作"冲"，郭简本作"中"。

大直如屈：直，本义指不弯曲，即伸展、伸张。反义为弯曲，即"屈"。原文作"诎"，通"屈"，从乙本、郭简本作"屈"。

大赢如绌：赢，有余、多出。绌，不够、不足。原文作"炳"，乙本作"绌"，二字通；为便于理解，从乙本。北大本作"大盛如绌"，郭简本作"大成若诎"，通行本作"大辩若讷"。

躁：躁动，疾走。原文作"趮"，同"躁"。

天下正：使天下得到治理，中正合道。正，得到治理的，合于道的。治理，就是把"偏"调理为"正"，上文"躁胜寒，静胜热"，讲的正是调理天下的过程。偏寒，则躁以胜寒；偏热，则静以胜热。其中又"静为躁君"，故"清静可以为天下正"。清静可以为天下正，北大本作"清静为天下政"，通行本作"清静为天下正"。

解

本章仍旧强调"无"的作用，无，代表着无限的可能，代表着生命，代表着不会有尽头。最后提出用"无"的状态治理天下，也就是清静无为。

比如"缺""盅"都是无的表现，如果不缺，也就意味着满了，没有更新的空间了，所以大成若缺。如果空间全部被填满，便不能再容纳新的东西进来，它的作用也就穷尽了。所以大盈若盅。

一、给"无"留出位置

最大的成就，一定是看上去有所欠缺的，如果等到进无可进时才想着要退，就为时已晚了。器物不被废置，是因为它仍存有可使用的空间；功臣不被谋害，是因为他并未据功不放。

李斯是秦朝有名的丞相。秦始皇死后，李斯和赵高逼死太子扶苏，拥立胡亥做了二世皇帝，自己则做了丞相。为了争权，他又与赵高反目，于是被赵高诬陷谋反，李斯及其家人被关进监狱。秦二世二年（公元前208年）七月，李斯被判腰斩，在都城咸阳大街上示众。李斯仰天长叹，对二儿子说："吾欲与若复牵黄犬，俱出上蔡东门逐狡兔，岂可得乎！"父子二人抱头痛哭。

人生不能重来，李斯以往最寻常不过的日子，带着儿子牵着黄狗，出上蔡东门外追逐兔子，这样的生活，已经再也不可能得到了。此时后悔，又有何用？由于受到牵连，李斯的三族亲人全被杀害。

所以大的成就一定不能盈满，这样它的运作才不会受阻；而大的盈满一定是仍有空间，这样它的作用才不会穷尽。"无"是"有"的根本，"有"必定依托于"无"而存在，因此任何时候都要给"无"留出位置，否则必定会被摧毁。就像我们常说"当你想测试玻璃硬度的时候，它就已经碎了"，想要一点不浪费地刚好到达极限，结果就只能是毁灭。

所以最大的直，不是直无可直，而是看上去仍然可以更直一些，即"若屈"。最大的巧，不是巧无可巧，而是好像仍可提高，即"若拙"。最大的盈余，不是赚尽最后一个铜板，而是好像还有获利的空间，并未得到完全的满足。

二、清静的作用

"无"，在物质世界的呈现，是静。就像我们"无心"的状态，是安静的。"无"，能生"有"，而"静"能生"躁"；"无"消解"有"，而能制"有"，"静"平息"躁"，而能制"躁"。既能生，又能制，就可以用来调和天下了。当天下过寒时，则生躁而胜寒；当天下过热时，则制躁而胜热。因此掌握了清静，也便可以始终让天下保持在正态。

魏赵韩三家分晋之后，三家内部也很快发生了冲突。韩国邀请魏国联合出兵攻打赵国，魏文侯拒绝说："魏国与赵国是兄弟之邦，我不敢听从你们的要求去攻打赵国。"不久，赵国也来邀请魏国攻打韩国，魏文侯又用同样的理由回绝了赵国。

韩、赵两国在魏文侯这里都遭到了拒绝，直接开打吧，又怕实力完好的魏国下山摘了桃子，因此两国都不敢开启大战。经过一段时间的冷静以后，韩、赵两国也认识到了魏文侯的大格局，对魏文侯都表示信服，于是都来朝拜魏文侯。魏国于是成为三晋之首，诸侯国没有能和魏国争雄的。

魏文侯选择了两不相帮，主动斡旋调和，结果却成就了自己首领的地位。韩赵两国，相当于"有"，魏国，相当于"无"；"无"能调节"有"，也便掌控了"有"，于是韩赵两国以魏国为首。"无"居中调和"有"，正应前文第五章"中气以为和"。

09

— 46 —

天下有道，却走马以粪。天下无道，戎马生于郊。罪莫大于可欲，祸莫大于不知足，咎莫憯于欲得。故知足之足，恒足矣。

天下治理有道，良马都会被返还用于耕作。

天下治理无道，战马都会在郊野产子。

最大的罪过，是显露足以引发欲望的东西；最大的灾祸，是不知道满足；最惨痛的过错，是贪得无厌。

所以知道满足的富足，才是真正的富足。

注

天下有道：天下得到治理而达到正态，即上文所讲"天下正"。

却走马以粪：良马被返还用于耕作。却，退、返。走马，善于长途行进的马。粪，施肥、培地。春秋战国时耕战一体，平时务农战时出征，所以战争必然会损害农业生产。和平无战事，故而可以专注于内政，耐力好的马不被用以运载作战物资，而是返还于农田，用来耕地。

戎马生于郊：战马在郊野产子。戎马，用于作战的军马。生，生育、生产。郊，郊野、郊外，形容战场很近。北大本作"戎马产于鄗（郊）"。

可欲：足以引发人心欲望的事物。可，足够。一说为人心生发的欲望。郭简本作"甚欲"，通行本无此句。

祸莫大于不知足：最大的灾祸就是不知足。因为不知足，见到"可欲之类"才会被其引诱，心生贪念，进而造成惨痛的过失。

咎：过失，罪过。

憯：惨痛，悲痛。

解

上一章由"无"讲到用"无"的概念治理天下。本章则开始深入探索人类的政治问题。如果用道的方式治理天下，那我们就会避免人类史上最大的人为性灾难——战争。为什么呢？因为战争就是无止境的欲望引起的，包括统治者的欲望，社会民众的欲望。篇尾老子提出的解决方案是要满足于"富足"。

需要注意的是这个"知足之足"，不是要民众知足于守贫，而是基于整体社会的富足,然后整个社会"甘其食、美其服、乐其俗、安其居",满足于这种富足。那怎样才能使普通民众都富足呢?实际上,就以当时农耕文明的生产力来看,社会治理者(即统治者们)只要能做到天下有道(比如清静无为,节制欲望,不盘剥民众),民众本身就是富足的。所以,接下来,在后面的篇目中,老子将会继续探讨,如何做一个有道的社会治理者(圣人)。

一、战争起源于欲望太多

"无"如果通行于天下,天下多"无心"之君,多"无为"之君,那么战争是打不起来的。而如果"有"通行于天下,天下多"有欲"之君,多"有为"之君,那么战争是随时随地都会发生的。一旦发生战争,最终受苦的都是普通百姓,土地无法耕种,畜力无法使用,全被征调用于战争。

战争,起源于欲望太多,而欲望的生发,却有很大的原因是得见可欲。如《庄子·山木》所言:皮毛丰厚的大狐和带有斑斓花纹的豹子,哪怕能像最智慧的人一样,做到戒、定、静,如此小心翼翼,也免不了被猎杀的祸患,因为它们的皮毛实在太诱人了。又如那些名贵的木头为何会遭遇斧砍刀割之祸?因为名贵呈现于外而不知收敛于中,故人人皆欲得之,这就是最大的罪过了。

《史记》上说,孔子曾去拜访老子问礼,在孔子回去的时候,老子赠言与孔子,其中几句是这样说的:"良贾深藏若虚,君子盛德容貌若愚。去子之骄气与多欲,态色与淫志,是皆无益于子之身。"意思是说:好的商贾深藏财富不显于外,有德的君子外表好像愚夫一样朴实。收敛你的骄气与欲望，放下你的姿态与意气，这些都是不利于你自身的东西。

二、欲望是无穷尽的

我们在现实中可以看到，喜欢显摆的人往往欲望很重，而欲望很重的人往往也喜欢显摆。"见可欲"与"不知足"，是连在一起出现的。外示可欲而内心不知满足，这样的话祸患很快就要到来了。有道的人，不会做这样的事情。

严遵，西汉时著名道家学者，见载于《高士传》。曾设馆授徒于郫县平乐山，宣讲《老子》，其著作《老子注》《老子指归》十余万言，至今仍是学者研究《老子》的重要参考资料。

严遵一生"知足常乐""生亦乐，死亦乐"。在成都卖卜时，"日得百钱，则闭肆下帘"。

曾经有个叫罗冲的富人要送给他一些车马衣粮，他都推辞掉了。严遵说："我把这些看成是累赘，并非感到不足。我收入有余，而你才是真的贫困呢，怎么能让贫困者接济富裕者啊？"罗冲说："我家有钱万金，而你连一点米粟都没有，却说有余，这不太荒谬了吗？"严遵道："不是这样的。我曾在你家住过，你家到半夜还有人劳作不停，日夜辛劳仍不能满足。而我以卜卦为业，连床都不用下，钱就自己来了。如今还剩余几百钱，上面的尘土已经厚厚一层了，而我却不知道怎样来用掉，这难道不是我有余，而你贫困吗！"罗冲闻听此言，十分羞愧。严遵叹道："给我财物，是损害我的精神；替我扬名，是毁灭我的躯体，因此，我不愿做官。"

10

不出于户，以知天下。
不走出门户，而通晓天下。

不窥于牖，以知天道。其出也弥远，其知弥少。
不窥探窗外，而明知天道。向外行走得越远，对道的认知就会越少。

是以圣人弗行而知，
所以圣人不用亲身经历，就能得知天下运作的状态；

弗见而明，不为而成。
不用亲眼见到，就能明知天道；不用亲力亲为，就能功成事遂。

注

户：本义指单扇门，引申指进出屋室的出入口。

以知天下：而知道天下的状况。以，而。知天下，并非以理推知，而是在与道通的时候直观得知。万物皆由"无""有"结合而成，既存在有形的一面，也存在无形的一面，既然可以通过有形的一面来认知万物，也同样可以通过无形的一面来认知万物。万物无形的一面，是共为一体的，故而虽不出于户，只要能与"无"相接相连，便可知天下。人以中虚而与天下以气相接，虚其心而听之以气，则可以知天下，唯圣人可以做到。

不窥于牖：字面意义是不透过窗子向外窥探，喻指不被固定认知局限思维。牖，指开在墙壁上的窗户；形状是固定的，寓意成形的认知，即成见。牖的作用是把外界的光引入进来照亮屋室，寓意引入他家之言来获取认知。窥，原文作"规"，通"窥"。

天道：指前文第三章"天象无形，道襃无名"的集合，即至高无上、独立为一、无形无象、无名无誉的大道。大道并不需要往外去寻，因为户牖外是有形世界，是具体万物，是成形之言，户牖内才是虚无。守住了虚无，才得与道通。

弗行而知：不需亲身经历而能知晓。行，经历、参与进程。知，知道、了解。

弗见而明：不需要亲眼看到而能明了。明，通晓、明了。原文残缺，乙本、通行本作"名"，北大本作"命"，《韩非子·喻老》引作"明"，据改。（蒋锡昌："'名''明'古虽通用，然《老子》作'明'不作'名'。二十二章'不自见故明'，五十二章'见小曰明'，皆'见''明'连言，均其证也。"）

不为而成：不需亲身施为，而能功成事遂。前提是"弗行而知，弗见而明"，在已经知天下、明天道的情况下，自然可以达到。

解

有道之人与"无"相通

有道之人,并不依靠追求外物得到内心的满足,而是内守清虚的精神与"无"相通,由此而得到的本自具足,即老子所谓"食母"。就食于母,则从来都能得到满足,而不会感到有所欠缺。

因为要守"母"不离,所以关门闭户而不外出。往外走得越远,离开"母"也就越远,其认知也就越少。这里的"认知",并非我们对"有"的认知,而是对"无"的认知。

万事万物都由"有"与"无"结合而成,既然我们可以通过"有"的一面来认知事物,也同样可以通过"无"的一面来认知事物。"有"的一面,即事物之有形、有质、有色、有味等,我们可以通过眼睛、耳朵、鼻子、触觉等来进行认知。而"无"的一面,这些"有"的认知通道就不起作用了,只能通过清虚的内心来认知。

"有"与"有"之间,每一个都是互相分隔的,各自信息都不相同。因此,如果想通过不断地认知"有",来达到对物质世界的全然掌握,终身都不可能成功,因为这些信息的演化结果是无穷无尽的。故庄子说:"吾生也有涯,而知也无涯,以有涯随无涯,殆已!"

"无"与"无"之间,却是共通为一的,就像房子的空间和杯子的空间并无不同,空间与空间之间也并无阻隔。因此认知了"无",也便达到了对万事万物的全然掌握。故处于"无"的状态时,可生万有。《孙子兵法·虚实篇》说:"兵无常势,水无常形,能因敌变化而取胜者,谓之神。"处于无势无形的状态,则能因敌变化,可造任何势,可生任何形,这就叫通神。

对于这种状态,《庄子·知北游》说:"正汝形,一汝视,天和将至;摄汝知,一汝度,神将来舍。"视听专一,精神守一,则可"通天下一气",而进入"无"的状态。

"无"可以掌控"有",故《庄子》以"中央之帝"来形容它;又因为"无"不用眼、耳、鼻、触等通道认知"有",故"中央之帝"被描述为没有七窍的混沌。《庄子·应帝王》讲了一个"混沌开七窍"的故事:南海大帝名叫倏,北海大帝名叫忽,中央大帝叫浑沌。倏和忽常常一起到浑沌那里做客,浑沌款待他们十分用心。于是倏和忽一起商量怎么报答浑沌的深情厚谊,说:"人人都有眼耳口鼻七个孔窍用来视、听、吃和呼吸,唯独浑沌没有,我们试着为他凿开七窍。"于是他们每天给浑沌凿出一个孔窍,凿了七天开了七窍,浑沌也就死去了。

当"无"被凿开了认知"有"的通道,就相当于凝聚为一的精神从门户中走出,开始向外逸散,进入那个万象纷呈的大千世界。从此眼中有了高下,耳中有了是非,口中有了好恶,那个与"无"相通的混沌之心便死去了。失去了"无",也就不足以称"中央之帝",无法再掌控统御"有",从此只能在"有"的世界中,用自己的亲身经历去知晓,用自己的亲眼见到去明了,用自己的亲手作为去成事。不亦悲乎?

11

— 48 —

为学者日益,闻道者日损。损之又损,以至于无为,无为而无不为。圣人之取天下也,恒无事。及其有事也,又不足以取天下矣。

修治学问的人,掌握的知识会越来越多;追寻大道的人,主观的成见会越来越少。减损再减损,以至于到了"无为"的状态,无为便没有什么事是做不成的。圣人持有天下,从来都不会妄为生事,如果妄为生事,便也不能够持有天下了。

注

为学者日益：为学者，修治学问的人。为，做，干。学，钻研学问、获取知识。益，增加。原文残损，据乙本补。郭简本作"学者日益"，通行本作"为学日益"。

闻道者日损：指对道有一定认知并追寻、探究大道的人，自身的成见会日渐减少。闻，本义指听见。与"听"的区别在于，"闻"是需要用心接收的，否则就只是"听而不闻"，因此"闻"又有知晓的意思。损，减少、减损。"益"和"损"的都是有形的见解、知识，即成见。乙本作"闻道者日云"，郭简本、北大本作"为道者日损"，通行本作"为道日损"。

无为：指去除"有形"（无论是认知上还是方式方法上）的局限，最终以一种无限制的通达来行事，如此则无所不能为。

取：得到，获得。

无事："事"，本义指从事、治事。无事可以处理，也便意味着天下自行和谐运转，民众安稳太平，是有道的治世。

有事：指需要奔忙治理天下，辛勤处理事务，甚至形成专属职事不得离身。这样的话，就不能够取得天下，而是被天下所役使。

解

如何达到"圣人"的境界？在本章中，老子提出了"学"与"道"的区别。"学"是有形和有限的知识，而道是无形和永恒的存在。"为学者"容易被有形的知识所局限，而"为道"却可以达到"无为而无不为"的状态。因此圣人执掌天下的核心，就在于"无为"。

知识与智慧

知识,是我们认知"有"所得,所以天然就具备两个特性:其一,必然有分别;其二,必须外求才能得到。

在"有"的世界中,万物之间都是有区分、有间隔的,物与物因为有分别而各自存在,知识也是一样。有分别,则一可分为二,二可分为四,这样分下去是无穷无尽的,庄子形容为"一尺之棰,日取其半,万世不竭"。因此用有限的人生追逐无穷的知识,结果注定是失败。

因为我们的眼光只是向外看,耳朵只是向外听,鼻子只是向外闻,触感只是向外用,所以获取知识是要向外追求的。向外追逐无穷的知识,只会让自己离本源之"无"越来越远。因此,当我们在"有"的世界中过度深入时,很可能就会迷失自我,此时便需回返到当初出生的地方,在本源母地得到滋养。回返的过程,便是"损"的过程。

《庄子·大宗师》有一段颜回与孔子的对话。

颜回说:"我有进步了。"

孔子说:"你说的进步指什么?"

颜回说:"我已经忘掉仁义了。"

孔子说:"忘掉仁义已经不错了,但还不够。"

几天后,颜回又去拜见孔子,说:"我又有进步了。"

孔子说:"你说的进步又是指什么呢?"

颜回说:"我已经忘掉礼乐了。"

孔子说:"忘掉礼乐已经不错了,然而还是不够。"

过了几天,颜回又去拜见孔子,说:"我又有进步了。"

孔子说:"你说的进步又是指什么呢?"

颜回说:"我已经静坐而忘掉一切了。"

孔子惊奇而变容道:"什么叫作'静坐而忘掉一切'呢?"

颜回说:"毁废肢体,泯灭见闻,离开外形,抛弃智慧,与大道浑同一体,这就叫作'静坐而忘掉一切'。"

孔子说:"与大道浑同则无偏好,顺应大道的变化就不会滞守常理。你果真成为贤人了啊!那我孔丘也要步你后尘了。"

在这种内心虚无而与道通的状态下,可掌控"有",所以没有什么事是做不好的。《庄子》中记载了一个叫"庆"的木工做乐器,进入这种状态以后连自己的形体四肢都忘记了,眼中看到木头,就知道它做成乐器之后的样子,这就叫"通神",所以能"无不为"。

北宫奢替卫灵公征集捐款铸造钟器,在城门之外设下祭坛,三个月就造好了上下两层的编钟。王子庆忌看到,就问他:"你是用的什么方法?"

北宫奢说:"精诚专一罢了,不敢有什么其他的方法。我曾听说'雕琢到至善至美,不过是返归于事物的本真罢了。'纯朴的样子无知无觉,洒脱的样子从容不疑;任大家聚集在一起而并不加以分辨,有离去的就送别,有过来的就迎接;过来的不禁止,离去的不阻留;强横的听从自便,柔顺的加以随应,让他们各自尽其所能。所以虽然整天征集捐款,但人民丝毫不受损伤,更何况是遵循大道的人呢!"

正是因为没有用什么方法,北宫奢才能把事情做得圆满,如果想要使用方法达到目的,加了自己的主观有为进去,也便破坏了这种与道相通的状态,而不足以成事了。

12

— 49 —

圣人恒无心，以百姓之心为心。善者善之，不善者亦善之，德善也。信者信之，不信者亦信之，德信也。圣人之在天下，歙歙

圣人从来都没有自己的主观意志，而是以百姓的意志为自己的意志。对于"善"人，圣人用"善"来对待他；对于不"善"人，圣人也同样用"善"来对待他，这便是深入德性之"善"。对有诚信之人，圣人以"信"待之；对无诚信之人，圣人同样以"信"待他，这便是深入德性之"信"。圣人审察天下，会收敛自己

057

焉，为天下浑心。百姓皆
的主观意志与成见；治理天下，会保持一颗混沌之心。　　百姓都得以专注视听，
属耳目焉，圣人皆㧅之。
zhǔ　　　　　　　　　　gāi
而圣人就像阳光普照大地一样包容百姓。

注

恒无心：从来都没有个人意志，形容消除了个人主观的状态。心，古人认为是思维的器官，这里指个人意志、思想。通行本作"无常心"。"无常"与"恒无"差别很大，一个是指变化不定，一个是指恒定虚无。变化不定意味着无中无正，而恒定虚无则是以清虚为中正。

善者：指行事有道的人。善，指高明、美好，以道行事才能达到这种状态。

善之：用"善"的方式，即符合道的方式来对待他。善，动词，指以好的方式对待。

在天下：指审察天下，以保持天下原有的自然状态，有"以道莅天下"之义。在，停留或保持某个状态，因此需要不断地审视、观察，及时纠正而防止偏离。

歙歙：收敛自己的意志，收藏自己的成心。歙，收敛，收藏。

为天下浑心：用一颗混沌之心来治理天下。浑心，指浑沦一体之心，即不分贤愚美丑，不别贵贱高下的心。浑，纯然如一，浑沦无分。

属耳目：把视听注意力集中在一处，形容专注。属，使聚集，使集中。耳目，指视听。属，乙本、通行本作"注"。

㧅：阳光普照，引申为兼备、包容。此字帛书甲、乙本皆残缺，传世本有"孩""恢""咳""骇"等多种写法，本书据北大本补作"㧅"，以合文意。

解

本章着重讲述圣人对"无"的具体应用，以"无"容纳"有"，驾驭"有"。圣人没有主观意志，百姓有主观意志，以自己的"无"容纳百姓的"有"，以自己的混沌之心换来百姓的专注。

以"无"驭"有"

圣人从来没有自己的主观意志，而是顺应百姓的意志。圣人以"无心"统御"有心"，无论百姓是什么样的用心，圣人都以"无"来应对。就像北宫奢替卫灵公征集捐款，过来的不禁止，离去的不阻留；强横的听从自便，柔顺的加以随应；听任他们各尽其能。

《说苑》记载，宓子贱治理单父时，整天弹琴作乐，从不亲自上堂处理政务，然而却把单父管理得井井有条，百姓安居乐业。巫马期也治理过单父，披星戴月，昼夜不闲，亲自处理各种政务，单父也治理得很好。巫马期问宓子贱其中的缘故。宓子贱说：我的方法叫用人，你的方法叫用力。用力的人当然劳苦，用人的人当然安逸。

宓子贱初上任时，担心鲁国国君听信谗言，使自己不能施政，于是请求国君身边的两位亲近官吏一同赴任。当这两个官吏写文书的时候，宓子贱就在旁边不时地摇动他们的胳膊肘，导致这两位官吏字写得很不好，于是宓子贱为此而发怒。两位官吏非常害怕，就请求回去，回去以后向鲁国君主禀报说："宓子贱让我们起草文书，却不时地摇动我们的胳膊肘，写得不好又大发脾气，单父的官吏都嘲笑我们。这就是我们要离开的原因。"

鲁国国君长叹道:"宓子贱是用这种方式对我进行劝谏啊。我扰乱宓子贱,使宓子贱不能自主施政,这样的事一定多次发生过了。"

于是,就派自己所宠信的官吏到单父告诉宓子贱说:"从今以后,单父不归我直接管辖,一切听任您去治理。有对单父有利的事情,请您自己决断吧。五年以后向我报告施政的情况。"宓子贱这才得以在单父实行自己的治理方略。

"无心",则不会在百姓中分别美丑善恶,不分别,则不会对百姓区别对待,而是像日光普照大地一般,不论地上是草、石,或是垃圾堆,阳光都不会有所区分。因此真正有德的人,其德如阳光般普照,不论对方是善人或不善人,诚信之人或不诚信之人,甚至不论敌我。

公元269年,司马炎任羊祜为荆州诸军都督,坐镇襄阳,都督荆州诸军事,与之对垒的是吴国大将陆抗。羊祜赴任后对远近百姓都安抚关切,令军队垦田积粮,并开办学校,兴教安民,在江汉一带受到人们的爱戴。羊祜为人宽厚诚信,从不搞突然袭击,每次与东吴交战,都事先与对方约好开战日期。对此,一些部下颇有微词,羊祜部署作战计划时,就会先灌醉他们,防止他们进献诡计。他善待俘虏,对那些想回家的吴人,都发放盘缠让他们顺利返乡。

在进入东吴境内,收割路边的粮食充军粮时,羊祜要求手下记下数量,以后用同等价值的物品补偿主人。每次与部下在江边一带打猎,从不越界。如果有猎物受伤从吴跑到晋,他总是让兵丁送还吴人。羊祜的德行使东吴边境的人们心悦诚服,十分尊敬地称他为"羊公"。

羊祜和陆抗在对峙时期，也是礼尚往来，情深义重。陆抗送给羊祜美酒，羊祜喝起来从不怀疑。陆抗生病向羊祜求药，羊祜派人送去，陆抗服用也不犹豫。因此，历史上还留下了"羊陆之交"的典故。羊祜病逝后，荆州百姓自发罢市，哭声一片。消息传到东吴，边境上的士兵和百姓都伤心流泪。襄阳人为了纪念羊祜，在他喜欢去的岘山建庙立碑。百姓见到碑上记载的羊祜生前事迹，无不落泪，后来人们就把这块石碑称作"堕泪碑"。

如果统治者能做到像羊祜一样诚信，百姓也就不会多用心思去猜疑国家政令了；如果统治者能做到像羊祜一样对百姓一视同仁，百姓也就不用费力去揣摩上意、经营人情了。这样的话，百姓就可以把所有心思都集中起来，专注于自我，达到精神凝聚、用心如一的状态。如此，百姓各得其所欲，就像草木专注自我生长一般欣欣向荣，国家又岂会生乱而不能治理呢？

13

—50—

出生入死。生之徒十有三;死之徒十有三;而民生生,动皆之死地之十有三。夫何故也?以其生生也。

从出生到死去,活到自然死亡的人有十分之三,夭折、意外死亡的人有十分之三,过分地厚养生命,而妄动致死的人,也有十分之三。是什么缘故?因为奉养过度了。

盖闻善执生者,陵行

听说善于保养生命的人,在山陵中行走

不避兕(sì)虎，入军不被(pī)甲兵。
不用避让犀牛老虎，　　　　在战场上不用穿戴盔甲装备兵器。

兕无所投其角，虎无所措
（面对这样的人）犀牛用不上自己的角，　　老虎用不上自己的爪，

其爪，兵无所容其刃。夫
兵器用不上自己的锋刃。

何故也？以其无死地焉。
是什么缘故？　　　　因为他没有给死亡留余地。

注

出生入死：指出于"无"为生，入于"无"为死。出，从里面到外面。入，从外面到里面。

徒：类属，同一类别。

十有三：十个里面有三个，十分之三。

生生：指荣养生命、厚养生命（不仅仅指追求长生，还包括追求荣耀，以及各种欲望驱使下的所谓的"精彩的人生"）。前一个"生"为动词，指生发、滋长；后一个"生"为名词，指生命。北大本作"姓生"，"姓""生"二字本相通，取不同字以示其义有别。

之死地：到达死亡的绝境。之，往、到。死地，死亡之地、绝境。

执生：指护持、保养生命。执，持守，掌握。

陵行不避兕虎：在荒山中行走，不避犀牛与老虎。陵，山陵。兕，古指犀牛，

一说为类似犀牛的异兽。陵行，今本皆作"陆行"。不避，今本皆作"不遇"。北大本与本书同。

被：覆盖于身上，指穿戴。

措：安放，放置。

无死地：没有给死亡留余地。地，领域，属地。

解

接上一篇圣人以"无"包容、驾驭百姓之"有"，本章讲当时百姓的普遍生存现状，只有十分之一的人达到了上一章中"皆属耳目"的状态，并解析这十分之一的人为何能达到这种状态。

在后面的篇目中，老子继续对"君王"提出要求，如何才能让所有的百姓"皆属耳目"。

专注精神，不给死亡留下余地

如果把从出生到死亡比作一条人生之路，那么有十分之三的人，人生之路是平顺的，可以顺利走到终点。还有十分之三的人，人生之路是艰险的，不能顺利走到终点。又有十分之三的人，本来可以顺利走到终点，却因为欲望的驱使，而从平顺大道走上了艰险小路，导致半路夭亡。而还有十分之一的人，不论走在平顺的人生路上，还是艰险的人生路上，皆能顺利走到终点。这类人，就是可以精神凝聚而达到用心如一的人。

再危险的地方，也比不过战场了，然而这类人在战场上都不用穿戴铠甲，佩戴兵器；再艰难的路，也比不过山陵了，然而这类人在山陵中行走，也从不用避让犀牛老虎。兵器遇到他们，不知道要把锋刃砍在哪里；犀牛老虎遇到他们，不知道要把角撞向哪里，爪扑向哪里。他们就好像圆坨坨一团而无处着力，又如同金城一般不知道从哪里打开缺口，因为他们的精神凝聚为一，圆润无缺。

《庄子·达生》里有这样一个故事，孔子在吕梁游玩，见瀑布高悬百米，冲刷而起的水汽远达四十里，鱼鳖都不敢在这一带游水。然而孔子却看见一个男子游在水中，还以为是投水寻死的人，连忙派弟子顺着水流去拯救他。忽见那男子游出数百步远后露出水面，时而浮在水面上，时而又被巨浪吞没。经过几次后上了岸，披着头发唱着歌，在岸边悠然地走着。

孔子紧跟在他身后问道："我还以为你是鬼，仔细观察却是个人。请问，游水也有什么特别的方法吗？"那人回答说："没有，我并没有什么特别的方法。我是发于天性，长于习性，成于自然。我跟水里的漩涡一块儿下到水底，又跟向上的涌流一起游出水面，顺应水势而没有自己的想法。这就是我游水的方法。"

孔子说："什么叫'发于天性，长于习性，成于自然'呢？"那人回答："我生于山地就安于山地，这就叫遵从自己的天性；善于游水就安于游水，这就叫听从自己的习性；不知道为什么会这样而最终做到了这样，这就叫自然。"

这便是专注精神的道理。生而为人，便专注于做人，而不是成天想着成神成仙；善于做事，便专注于做事，而不要被成功失败干扰了心神，这样成功也只是自然而然的事情，并不是因为有了什么独特的方法。人们常为生死而忧惧，活着的时候担忧死亡，总想着如何才能让自己更长寿，然而往往是这样的人，才难以长寿。私心欲望只要一发生，便会破坏圆润无缺的精神，危险也便接踵而来了。

我们都知道"惊弓之鸟"的故事，大雁被箭射伤过，因此会忧惧再次被弓箭所伤，一听到弓弦的声音就害怕得自己跌下来。《庄子·庚桑楚》说，犯了死罪的刑徒，登上高处也不会害怕，因为已经不再考虑生死的问题。

只有不再考虑生死的问题，不被生死的大恐怖破开心神，所以能得到圆润无缺的精神，即"置之死地而后生"。在这种状态下，危险也就不知道该从何处进入了。

14

— 51 —

道生之而德畜(xù)之，物形之而器成之，是以万物尊道而贵德。

道生成万物，而用德来畜养它们；物塑造（同时也是约束）万物，而以器的形态来完成（同时也是终结）它们，所以万物尊崇道而看重德（而非尊物贵器）。

道之尊，德之贵也，

道的崇高和德的贵重，

夫莫之爵，而恒自然也。

并不是因为被授予了尊贵的名号，而是因为从来都让万物得以自然。

道生之、畜之、长(zhǎng)之、

道生成万物，畜养万物，成长万物，

遂之、亭之、毒之、养之、
培育万物，　安定万物，　繁盛万物，　保养万物，
覆之。生而弗有也，为而
庇护万物。 生成万物而不占有它们， 成就万物而不
弗持也，长而弗宰也，此
掌控它们， 统领万物而不主宰它们， 这就是
之谓玄德。
最深远的德。

注

道生之而德畜之：道生万物而以德来畜养它们，表示"德"从属于"道"。乙本、北大本及传世本均无"而"字，作"道生之，德畜之"，表示道与德并列。

物形之而器成之：上一句主语是"道"，这一句主语是"物"。道与物相对，道无形而物有形，道生育万物而让它们有德，物塑造万物而让它们成器。形，成形、塑形，使成为某种形象。原文作"刑"，通"形"。器，北大本作"热"，传世本多作"势"。

爵：授予爵位、封号。通行本作"命"。

自然：由自而然，指不以主观意志施加干涉，任万物遵从道所赋予自身的德而达成的状态。

遂：培育，养育。乙本作"育"，二字意同。北大本作"逐"，疑为"遂"误字。

亭之：使其安定、安稳。亭，本指供休息用的建筑物。

毒之：使其增多、变厚。毒，多、厚。北大汉简本作"孰"。

覆之：庇护它。覆，覆盖、遮蔽。

有：获得，占有。

为而弗持：成就了万物但是不掌控它们。为，作为，有所成就。持，掌握、控制。原文作"寺"，同"持"。乙本作"志"，北大本作"持"，传世本多作"恃"。

长而弗宰：领导着万物但不主宰它们。长，领导者、官长。宰，主宰，分割制裁。主宰除了"掌控"之外，还多出"割裂"之义，含有毁伤天性，坏其本然的意思，拥有生杀权，比掌控更加深入彻底。

玄德：最深远而莫知其所由来之德。玄，深厚、深远，深不可测。

解

本章一开始，老子提出了两组概念，分别是：道、德，物、器。

道、德代表着"无"，物、器代表着"有"。在这里，这两组概念是对立的。与道、德对应的，当万物以物的形式被塑造的同时，也被具体的形象所约束，当万物成为器（为人所用）的时候，也预示着在生命形态上的终结。

最后老子描述了最深远的德是什么样子的，即生成万物而不占有，成就万物而不掌控，统领万物而不主宰。让万物拥有勃勃生机，得以自然生长。

自然之道

只要发于天性，长于习性，专注于精神，自然而然就能取得成功，而并不需要花费心思去寻找特别的门路，动用智巧去使用巧妙的方法。成功了也不知道是为什么，这便是"自然"。

如果我们使用了具体的方法而达到了相应的结果，那么这中间的原理应该是清晰的。之所以成功却不知道原理，是因为动用的是"道"而非具体的方法。道，是一种恍恍惚惚的意象，难以清楚地表达。道不知从何而来，也不知追随它会到达一个什么样的境域。道生万物而用德来畜养它们，万物遵从于道而得以"自然"。

清代文人龚自珍有一篇著名的《病梅馆记》，他说，南京、苏州、杭州这些地方都出产梅。大家都认为，梅是凭着弯曲的形态而美，笔直了就没有风姿；凭着倾斜的枝干而美，端正了就没有景致；凭着稀疏的枝叶而美，茂密了就没有姿态。但是梅花又不会凭着这些人的心意而生长，所以他们就把自己认为是美的标准告诉养梅的人，于是养梅人砍掉端正的枝，培养倾斜的侧枝，除去繁密的枝干，摧折它的嫩枝，锄掉笔直的枝干，阻碍它的生机，用这样的方法来谋求大价钱，于是江苏、浙江的梅都成病态了。

龚自珍从这些地方买了三百盆梅，但无一例外都是病梅，没有一盆完好的。他为这些病梅痛惜悲伤，于是发誓要治疗它们。他开了一个病梅馆，放开这些病梅而让它们能够顺其自然地生长。先毁掉那些盆子，把梅全部种在地里，再去除捆绑它们棕绳的束缚，用五年作为期限，一定使它们恢复完好。

但天下的病梅实在太多了，又哪里是一个小小的病梅馆能收治得了的呢！最后他感叹道：怎么能让我多有一些空闲时间，又多有一些空闲的田地，来广泛贮存南京、杭州、苏州的病态的梅树，竭尽我毕生的时间来治疗病梅啊。

这就和我们"保护地球"一样，用人力来让生态恢复自然，让地球恢复生机，但最初它们又是如何失去的呢？因为人力而失去。如果天下的人不去制造病梅，天下的梅花便都能得以自然生长了，又何须龚自珍开设一个"病梅馆"来收治呢？用人力来限定不许使用人力，可见天下道不通行，而人力已经无处不在。

为何人力与自然相抵触？因为人力发于人心，遵从的是人的意志；而自然发于天然，遵从的是道的意志。当人的意志与道的意志不能统一的时候，人力所行之处，也便失去自然了。

遵从天性的这类人，他们接受道生、德畜而得以自然，却并非听从他人的制约与塑造。道与德为何尊贵？正是因为能够让万物得以自然。道生成万物而不占有它们，万物是独立的；道成就万物而不掌控它们，万物是自由的；道统领万物而不主宰它们，万物是自在的。独立、自由、自在，于是万物得以自然。

15

— 52 —

天下有始，以为天下
天下都有一个共同的开端，　　它造生了天下万物的本源。
母。既得其母，以知其子。
把握了这个本源，　　就能知道天下万物运作的状态。
既知其子，复守其母，没(mò)
知道了天下万物的运作状态，　　再持守住它们的本源，　　这样
身不殆。
终身都不会失败。
**　　　塞其兑，闭其门，终**
塞住那向外视听的孔窍，　　关闭那向外行走的门户，　　终身
身不堇。启其兑，济其事，
都不会有不足。　开启那视听的孔窍，　　处理那外来的事务，

终身不救。
终身都得不到救止。

见小曰明,守柔曰强。
能洞察事物精微的本质,叫作"明"。能持守万物柔弱的本源,叫作"强"。

用其光,复归其明。毋遗身殃,是谓袭常。
运用明亮之光照临万物,最终仍回归于通明不耀,就不会给自己留下灾殃,这是遵循了道的做法。

注

始:开端,发源。指"有生于无"的"无"。

母:根源,母体。"天下之物生于有"的"有"。

子:后代,子孙。指"天下之物"。

没身:终身。没,终、尽,如"没齿不忘"。

兑:本义指交换,这里指眼耳口鼻等孔窍,人正是通过这些孔窍与外界进行信息交换。一说"兑"通"遂",路径、通道之义。

门:指出入口、途径。"兑"指心神上的出入口,启则生欲;"门"指精力上的出入口,启则累身。

不堇:不会不足、不会应付不过来,因为心神精力不被无尽的外来事务所耗泄。堇,不足。一说"堇"同"瘽",病困之义。北大本作"仅",传世本多作"勤"。

济其事:对事情有作用,即处事、理事之义。济,有益、发挥作用。其,指示代词，相当于那、那些。

不救：得不到救止，指心神精力的耗泄无法止息，永远都不够用。救，禁止、阻止，从危难的状态脱离。原文残缺，乙本作"棘"，北大本作"来"，郭简本作"迹"。"棘"本指多刺的灌木丛，遇之难行，故有停止之义。"不棘"后演变为"不救"，其义不变；故此处从通行本写作"不救"。

见小曰明：察见事物精微的本质就叫通达于道。见，察见、发现。小，微小、精微。万物均由小而生长为大，"小"为其本源之质。明，通达、明白。

柔：指柔弱，形容植物初生时娇嫩的状态。柔与小常合用，以"柔弱微细"指称万物初始的形态。

用其光：指运用道来观天下，来行事。因有道，而能达成通明的状态，因为"明"故而可以"用其光"来照临天下万物。光，能给人带来光明，能让人看清事物。

复归其明：返回到原先通明而不显耀的状态。明，明亮，通明。

身殃：指给自身带来祸害、灾难。殃，指祸害、灾难。

袭常：指持守住了常态，遵循了道。袭，因袭，原样照做，即保持、持守之义。常，指常态。万事万物都有一个可以长久保持的状态，达到了这个状态，即为"得一"，是有道的表现。

⸻ 解 ⸻

接上一章，道生万物，德畜万物，那么万物都有一个共同的本始，把握了这个本始，也便把握了天下万物。守住这个本始，则天下万物皆可以为用，又哪里还有什么事情是做不成的呢？

守住本始，把握根源

唐太宗李世民经常读前朝史书，常感叹隋朝二世而亡。贞观四年，李世民问大臣萧瑀："隋文帝是一个怎样的君主？"萧瑀回答说："他克制自己的私欲，言行举止合乎礼节，勤于政务。每次一上朝，就要忙到太阳西落，五品以上的官吏，都要与他一起座谈国事，晚饭都要送来在堂上吃。他性情虽然说不上仁义开明，却也算得上是一个励精图治的君王。"

李世民说："你只知其一，不知其二。这个人的性格过于明察，但内心却并不通明。心中不明就不能通达彻见，性格过于明察就容易多生疑虑，他又是靠欺骗前朝皇帝的遗孤寡妇来夺得天下的，经常害怕群臣不服。因此，他不肯相信手下的每个官员，每一件事他都自己判断决定，即使劳神费力，也不能全都处理得合情合理。朝中大臣都知道他有不信任下属的想法，也不敢进谏直言，官员处理政务都只是遵奉顺从罢了，所以隋朝二世而亡。我的想法却不是这样，天下如此之大，事情如此之多，怎能在一日处理如此多的重要事务，凭一个人的思虑就独断专行呢？日积月累，背离常理的事情很多以后，国家能不灭亡吗？一定要根据情况而变动，事情都交付百官商议，由宰相筹划，考虑周详后才可以上请皇帝，下令天下执行。能够广泛地任用贤良的人才，皇帝在朝廷密切关注政事，严肃法纪，何愁天下治理不好呢！"

魏征在《谏太宗十思疏》里说："想要树木生长，一定要稳固它的根基；想要河水流得长远，一定要疏通它的源头；要使国家稳定，一定要积聚它的民心。源头不深却希望河水流得远长，根基不稳固却要求树木长得高大，道德不深厚却想国家安定，这是不可能的……选拔有才能的人而任用，挑选好的意见而听从。那些有智谋的人就会施展他们的全部才干，勇敢的人就会竭尽他们的能力，仁爱的人就会广施他们的恩惠，诚信的人就会报效他们的忠诚，让文臣武将各尽其职各显其能，君王也就悠然无事，可以尽享游玩的快乐，可以颐养像松、乔两位神仙那样的长寿。垂衣拱手，弹着琴百姓就可以被教化，何必劳心费神，事事亲为而取代百官的职务，动用耳目之聪明，违背无为的方针呢！"

每个人的精力有限，能力有限，发挥这些有限的功能也就只能做好有限的事情，治理不好国家。因为国家太大了，需要应对的事物太多了，一个人的能力只有达到无限的地步才可以应对得来，而能力无限，只有有道的人才可以做到。世俗凡夫的心智，离不开交际应酬，精神被消耗在这些浅薄的事物中，又哪里还能得窥道的真意呢！

因此《庄子·列御寇》说："想要兼济天下引导众物，就需要脱离外物的束缚而与道合真。像那些心智沉迷于交际应酬的凡夫，只会被宇宙中无限的事物所迷惑，劳累形体而不识大道。只有至人，精神归向于本源的无始之状，而休憩于无何有之乡。水以无形而自在流通，以至清而呈现真性。可悲啊！这些凡夫将心智用在琐碎的小事上，而不知道大道清宁的境界。"

16

— 53 —

使我挈(qiè)有知也，行于大道，唯迤(yí)是畏。大道甚夷，民甚好径。

假使我对"道"有所认知，那么在遵行大道的时候，害怕的正是曲折延绵的偏邪小路。大路非常平坦，但人们却喜欢走小路。

朝(cháo)甚除，田甚芜，仓甚虚。服文采，带利剑，厌食，货财有余，是谓盗竽，

朝堂干净无人处理政事，田地荒芜无人耕种劳作，仓库空荡没有存储。却有人穿着精美的华服，佩带锋利的宝剑，饱足美食到厌弃，财货多到用不完。这是在倡导大家和他们一样做盗贼，

077

非道也。
是违背大道的行为。

注

挈有知：指具有认知。挈，提起、悬持。乙本作"介有知"，传世本皆作"介然有知"。

迆：形容道路蜿蜒曲折，此处指大道旁延伸出来的曲折小道。原文残缺，乙本作"佗"，北大本作"蛇"，均同"迆"。传世本皆作"施"。

朝甚除：朝堂干干净净，无人处理政事。朝，朝堂，古代君王及高级官吏接受或处理政务的地方。除，本义指宫殿的台阶，此处作形容词，意为干净、整洁。

服文采：穿着华美的衣服。这正是走入偏邪小路的表现。衣服的根本功用不在于观赏，一味追求衣服的华美，是偏离了正道。服，穿着、穿戴。文，文绘。采，着色的布帛。

带利剑：佩带锋利的宝剑。日常起居，是为养生而非害生；行走天下，是为利民而非害民，用不上剑器。在生活中佩戴利剑，正是偏离正道的表现。

厌食，货财有余：吃得太饱以至于厌弃，财货太多以至于有余，均为偏离正道的失当状态。厌，本义指吃饱、满足，引申为厌倦、嫌弃。本句甲本残缺，从乙本补。

盗竽：大鸣大放引领为盗，通过彰显自己做盗贼的好处，来引导更多的人和他们一起做盗贼。竽，古代的一种吹奏乐器，为五声之长，有引领诸乐的作用。此字原文残损，乙本仅存左半"木"旁，据北大本补。传世本多作"夸"。

解

上一章的关键是守住根本,即"道";本章则论述偏离大道、走上偏邪小路的后果。"朝甚除,田甚芜,仓甚虚。服文采,带利剑,厌食而资财有余"即为无道的社会状态。

歧路亡羊

《列子·说符》记载了一个关于杨朱的故事,说杨朱的邻居家丢失了一只羊。这位邻居已经率领他的家属亲友去追寻,又来请求杨朱派仆从帮忙寻找。杨朱问道:"哎,不过是丢了一只羊,为什么要这么多人去找呢?"

邻居回答说:"岔路太多了。"

追羊的人回来后,杨朱问:"找到羊了吗?"

邻居说:"没有追到,还是让它跑掉了。"

杨朱问:"为什么会让它跑掉呢?"

邻居说:"岔路中又有岔路,我们不知它到底从哪条路上跑了,所以只好回来了。"

杨朱听了以后,心里难过,改变了脸色,很长时间都不说话,整天没有笑容。不久之后,杨朱有事外出,来到一条四通八达的大路上,见四面都有岔路,一时竟忘了要往哪里走。他想起邻居丢羊的事,不由大哭了起来。

杨朱哭的并不是自己面对歧路该如何前行,他哭的是那些已经走入歧路的人,该如何才能返乡。把当初的自己走丢了,也就再难以回来了。羊如是,人也如是。

从前有兄弟三人，到了齐国与鲁国之间，向同一位老师学习仁义之道，学有所成而回乡。父亲问："仁义之道怎么样？"

大哥说："仁义之道使我爱惜自己的身体，而轻视名声。"

二哥说："仁义之道使我不惜性命，也要成就名声。"

三弟说："仁义之道使我的身与名都能得以成就。"

他们三人所说的仁义之道完全相反，但都是从儒学中得来的。谁又是对的，谁又是错的呢？

大道非常平坦，可走着走着就会有人走进歧路，因为岔路口太多了。急功近利的人，会走到可以抄近路的岔路上；运用机心的人，会走到可以用权术的岔路上；争名夺利的人，会走到可以做盗贼的岔路上，而每个人都以为自己走的才是正道。

随着走入岔路的人越来越多，大道也便渐渐被废弃。人们用仁义取代了真德，于是连亲人之间都不能和谐相处；人们用巧智取代了朴实，于是人间伪诈遍地，盗贼四起。这样的社会环境一旦形成，从上到下的风气都会继续往下传递，再想复归于有道治世，已经难上加难了。

17

— 54 —

善建者不拔，善抱者
善于建树的人，(他的建树)不会被拔除；　善于持守的人，(他

不脱，子孙以祭祀不绝。
的持守)不会被解脱，子孙后代得以祭祀不绝。

修之身，其德乃真。
把道修持在自身，　　就具备了真实之德。

修之家，其德有余。修之乡，
把道修持在家庭，　就具备了丰足之德。　把道修持在乡里，

其德乃长（cháng）。修之邦，其德
就具备了久远之德。　把道修持在国家，　就具备了盛大

乃丰。修之天下，其德乃博。
之德。　　把道修持在天下，　　就具备了广博之德。

以身观身，以家观家，
以道着眼于身，能察知身体的状态；　着眼于家，能察知家的状态；

以乡观乡，以邦观邦，以
着眼于乡，能察知乡里的状态；　着眼于邦，能察知邦国的运作状态；　着眼于

天下观天下。吾何以知天
天下，则能察知天下的运作状态。　我是如何知道天下的运作状态是这样

下之然哉？以此。
的呢？　就是凭借于此。

注

善建者不拔：建，建设、建立。拔，移除、除去。北大本及部分传世本无"者"字。

抱：怀抱、怀藏，引申指持守、护持。

脱：脱离，除去。

修之身：指把道修到了自身。修，修持、培养。之，往、到。

其德乃真：自身有道，就能具备"真"之德，朴实、真诚，所以有道之人也称"真人"。

其德有余：家庭有道，就能具备"余"之德，饱食、丰足。对于家庭来说，这才是可以保持长久的正态。余，食物足够、能吃得饱。

其德乃长：乡里有道，就能具备"长"之德，长远、久远。对于乡里来说，能够跟随时势而变，顺应人心而化，方能得以久远。

其德乃丰：国家有道，就能具备"丰"之德，盛、多、大。物资丰饶，国民丰富，产出丰盛，这才是国家得以保持长久的正态。

其德乃博：天下有道，就能具备"博"之德，大、广、宽。天下宽广可容万物，万物通达并行不悖，方可以安宁长远。博，原文残缺，据乙本补。北大本作"薄"，传世本多作"普"。

以身观身：指站在身的层面来看身这个系统，用治理身的方法来审察身。

以天下观天下：指站在天下的层面来看天下这个系统，用治理天下的方法来审察天下。

然：如此，这样。

解

上一章讲，走偏即失道，那么失道就不会长久，如何才能长久？只有"善建者""善抱者"才能不朽，就像老子、孔子等圣人，他们的思想至今存在，他们的理念至今流传，为万代所缅怀。同时，老子也给出了具体的指导方针——修德的方法。

一、"有德"是长久的根本

天下失道，就会出现一种现象，任何朝代都难以长期兴盛下去，总是"其兴也勃焉，其亡也忽焉"，前人总结为"历史周期律"。中国古人似乎默认了一个现实，即所谓"天下大势，合久必分，分久必合"，一个王朝，最多延续不过三百年就要改朝换代；又所谓"君子之泽，五世而斩"，就算地位尊贵德高望重的君子，也不能把他的福泽延续到第五代子孙的身上。至于普通人，大多死后五十年就会被遗忘得干干净净，好像从没有来过这个世界一样。

那么从当下往前推，有哪些古人是从来没有被我们遗忘的？因富贵而留下不朽名声的，未见其人；因权势而留下不朽名声的，未见其人；因多子多孙而留下不朽名声的，未见其人。而这些，都是我们最热衷追求的东西。如果本身追求的就不是长久，"其亡也忽焉"自然也便成了常态。

古有三皇五帝其名不衰，他们以启蒙后世、德育后人而不朽；又有秦始皇、汉高祖、唐太宗等其名不衰，他们以功盖当世、泽被后人而不朽；又有老子、孔子、孟子、庄子、孙子等其名不衰，他们以立言施教、文化万民而不朽。他们的建树至今仍在，他们的精神至今仍存，我们至今仍在祭祀缅怀他们。

能够得以长久的根本，在于有德。天之德在于清，地之德在于宁，天清地宁而万物得以生，于是天长地久，占了一个"生而弗有"之德。侯王之德在于正，侯王治天下以安苍生，于是得以长久，占了一个"为而弗恃"之德。师长之德在于教化后人，传道解惑，占了一个"长而弗宰"之德。每当我们走到岔路口感到迷茫时，回头望一望，他们就像路标一样，指导着我们前行。

二、修德的途径：治身、治家、治乡、治邦、治天下

道通天下，然而着落在不同的事物上，所呈现出来的"德"也各自不同。如德在天为清，在地为宁，在神为灵，在谷为盈，在侯王为正。以身为载体，把道修在自身，则有真德，是谓真人；以家为载体，把道修在家庭，则有余德，是谓贤人；以乡为载体，把道修在乡里，则有长德，是谓善人；以国为载体，把道修在

国家，则有丰德，是谓伟人；以天下为载体，把道修在天下，则有博德，是谓圣人。

这五者系统不同，故表现不同，适用的方法也完全不同。《管子·牧民》说："用治家的方式来治理乡，那就治理不好乡；用治乡的方式来治理国家，那就治理不好国家；用治国的方式来治天下，那就治理不好天下。应当用治家的方式来治家，用治乡的方式来治乡，用治国的方式来治国，用治天下的方式来治天下。不要因为不是同姓，就不听取外姓的意见（以家观家）；不要因为不是同乡，就不施行他乡的主张（以乡观乡）；不要因为不是同一个国家的，就不去效法他国的政策（以邦观邦）。应当像天地那样，无私心地对待一切（以天下观天下），就像日月一样普照天下，这才是君主之德。"

所以治身者，可观古今真人之德；治家者，可观古今贤人之德；治乡者，可观古今善人之德；治国者，可观古今伟人之德；治天下者，可观古今圣人之德。如此，则各有所得，是以有德。

18

— 55 —

含德之厚者，比于赤子。
藏有深厚之德的人，就像婴儿一样。

蜂虿虺蛇弗螫，攫鸟猛兽弗搏。
（chài huǐ shì jué）
蛇蝎毒虫不咬刺他，恶鸟猛兽不攻击他。

骨弱筋柔而握固，未知牝牡之会而朘怒，
（pìn zuī）
筋骨很柔弱，但是小手却抓握得很牢固。还不知道男女之事，却能自然勃起，

精之至也。终日号而不嗄，
（yōu）
这是因为精气充盈到了极致。终日号哭，却不会气逆，

和之至也。
这是因为身心和顺到了极点。

和曰常，知和曰明，
和顺的状态就叫可以长久，把握了得以长久的根源就叫"明"。
益生曰祥，心使气曰强。
增益生命叫作妖祥，　　　　用心指使气叫作强妄。
物壮即老，谓之不道，不
事物过于壮盛，就会陷于困顿，　这叫不合于道，　　　　不合于
道早已。
道就会早早消亡。

注

含：怀着不露，藏在里面。

赤子：初生婴儿。婴儿刚生下来的时候是赤色的。

蜂虿虺蛇：毒蜂蛇蝎之类的毒物。蜂，毒蜂。虿，蝎子一类的毒虫。虺，传说中的一种毒蛇。

螫：毒虫或毒蛇咬刺。

攫鸟：用利爪取物的凶猛之鸟。

搏：击取，拍打。

握固：握持有力。

朘怒：指生殖器勃起。朘，指男性生殖器。怒，奋起、勃发。通行本作"全作"。

嗄：气逆，俗称"上气不接下气"。

和曰常，知和曰明：把握了和顺的状态就可以保持长久，把握了得以长

久的根源就叫作"明"。和，和谐、和顺。常，常态，可以长久保持的状态，是有道的表现。知，执掌、把握。明，代表得道的通达状态。传世本多作"知和曰常，知常曰明"。

益生曰祥：增益生命的行为就叫妖祥。比如古时追求长生的帝王，所行大多不像人事，充满了妖异。

心使气曰强：心，心思、欲望。气，为虚无，指精神。强，刚强、强横。用心来指使气，用实来指使虚，用欲望来驱使精神，就好像以臣子命令君王，以末来驾驭本一般，属于蛮干强来，所以叫"强"。

物壮即老：太过壮盛，就会陷入困顿。壮，强大、壮盛。老，困乏、衰竭。生命归属于自然，人试图对它做出加减；精神来源于道，人试图用自己的心意来指使它，可谓"壮"之极也。

不道：对道进行否定。不，表示否定。比如以上"益生""心使气"的行为，都是用人为来否定道。

已：停止，完结。

(解)

本章先讲述厚德者呈现的状态，即精气充盈，身心和顺；后指出用人为增益生命和用欲望驱使精神等行为是违背自然、不合于道的，会导致早早消亡，进一步强调了修德的重要性。

厚德者长存，不道者早亡

天地万物由道而生，皆为道之子，而子对母的亲近与依赖是刻在天性中的，所以万物俱尊道而贵德。有德之人为何可以长久？正是因为他们保守住了道所赋予的德，就像正道上的路标一样，只要人们还依然对道有向往，他们就永远不会被遗忘。所以真正的长生久视，是依托于恒久长存之道，其德长存，却并非其身体永生不死。

老子说："益生曰祥。"从古到今，追求长生不死的帝王无数，但成功的却无一人。而他们为求长生所做出来的行为，均不像人事，充满了妖异灾殃。

秦始皇雄才大略，然而听信方士的仙人长生之说，以重金厚禄遣方士徐福、卢生、韩终、侯生等为他寻找仙药。徐福两次出海，花费巨万而一无所获，最终逃亡海外不知所踪。韩终与徐福一样，拿不出仙药也出海逃跑了。卢生、侯生一再欺罔秦始皇，而当时秦法规定，方士若方术不能应验就要处死，以至满朝占星象测吉凶的人多达三百，却没有一个敢言断吉凶的。卢生、侯生害怕遭到处罚，于是也逃跑了，而且还散布了秦始皇的种种罪过。秦始皇闻言大怒，又在咸阳搜捕有相似言论的儒生四百六十余人，一并坑杀活埋。为求长生，秦始皇在位十二年，几乎大部分时间都在外巡游，最后死在寻仙路上，尸体发臭而与咸鱼共处一车，终年四十九岁。

汉武帝对长生的痴迷，比秦始皇有过之而无不及。《史记·孝武本纪》中，几乎一半的篇幅都在讲汉武帝如何宠信方士，如何劳师动众追求仙药，大肆祭祀封禅，大兴土木建造宫观祠所。为求长生，汉武帝一再被方士蒙骗，并且杀了又来，源源不绝。汉武帝耗费一生，前后进行了十次东巡、六次封禅，倾尽国力为自己寻求长生的机缘，一直到征和四年（公元前89年），刘彻前往东莱求仙失败后，终于大彻大悟，痛斥道："天下岂有仙人，尽妖妄耳！"然而此时天下已经民不聊生，朝中政权也一片混乱。后来宫中还发生了"巫蛊之祸"，直接导致太子刘据的死亡。后元二年（公元前87年），刘彻驾崩，终年七十岁。

一代明君唐太宗，起初还批判秦始皇和汉武帝求药行为，认为极其荒唐，但晚年却也不免落入俗套，开始求长生，服仙药。贞观二十二年（公元648年），王玄策大破中天竺，带回一位名叫那罗迩娑婆寐的胡僧。此人自称活了200岁，精通长生不老之术。唐太宗大喜，马上令其炼制丹药。贞观二十三年（公元649年），"天竺仙丹"终于炼制成功，唐太宗吃下丹药后非但没有祛病健身，反而病情加重，"苦痢剧增"，没过两个月就去世了，终年五十二岁。

庄子曰："道与之貌，天与之形，不以好恶内伤其身，常因自然而不益生也。"遵循自然而不追求增益寿命，这才是真正的养生。自然的状态，是心若赤子一般圆润无瑕，体若婴儿一般柔弱淳和。在这种状态下，就可以得享天年，活到天赋寿数。

而若想要以人力指使天命，在天赋寿数上做加法，人为把它延长到无限，结果就只能如同秦皇汉武一般，在荒唐中丧命。老子说："心使气曰强。"气是什么？不论是气运也好，气数也好，虚空也好，都不是以人的意志为转移的，强行用心去指使它，最终只会提早遭遇失败，而且会败得很难看。

19

知者弗言，言者弗知。
知"道"者，不会以言（声教政令）施加于人；以言（声教政令）施加于人者，对道没有认知。

塞其兑，闭其门，和
塞住那向外视听的孔窍， 关闭那向外行走的门户， 收敛

其光，同其尘，挫其锐，
光芒而至柔和， 清静无扰而与微尘齐一， 挫去那锐利的棱角，

解其纷，是谓玄同。
解除那纷杂的念头， 这就叫深层次的统一。

故不可得而亲，亦不
所以（人们）既不能令他亲近（得到他的偏爱）。 也不能令他疏

可得而疏。不可得而利，
远（被他嫌弃） 既不能令他营私（得到他的偏袒）

亦不可得而害。不可得而
也不能令他为害（被他妨害）；　　　　　既不能令他高看（得到他的
贵，亦不可得而贱。故为
抬举），　　也不能令他轻贱（被他贬低），　　因此他是天下
天下贵。
最尊贵的。

注

知者弗言：知者，指对道有所认知、有所了解的人。言，传达、号召，泛指声教政令。言为心声，把自己的意志以言的形式传达出去，从而达到施加于人的目的。

言者弗知：言者，指施加意志于他人者。在君则为有为之君，行多言之教，施有为之政。这样的人，对道没有认知。

其：指示代词，相当于那、那些。

兑：本义指交换，这里指眼耳口鼻等孔窍，人正是通过这些孔窍与外界进行信息交换。

门：指出入口、途径。"兑"指心神上的出入口，启则生欲；"门"指精力上的出入口，启则累身。

和其光：和，调和、调治。光在得用的时候，是闪耀夺目的，所以需要用中虚将其调治柔和，达到通明而不耀眼的状态，如此才可以保持长久。

同其尘：同，齐一、统一。尘土在飞扬的时候，是参差杂乱的，但在静

止的时候，就分布非常均匀。所以需要用清静来齐一微尘，这样才能得以安定。

挫其锐：挫，摧折、折断。锐，尖锐、锋锐。把锋芒折去，让锐气消弭而至柔和。

解其纷：解，解除、解脱。纷，纷乱、杂扰。把纷乱理顺，让杂扰归于清静。

玄同：最深层次的统一。玄，幽深、深远。同，齐一、统一。

不可得：不能做到，不能达到目的。

天下贵：天下最为尊贵的东西。

解

中正无偏，玄同于万物

对道有所认知的人，不会强行施加自己的主观意志于万物，而是关门闭户，挫锐解纷，以得玄同于万物。达到这种境界，万物都不能得到他格外的亲近或疏远、有意的利益或妨害，万物在他眼中都是齐一而不分贵贱的，所以他既不会"上贤"，也不会"贵难得之货"。正因为他做到了至公、玄同，故而可以成为天下之至贵，即君王。

《战国策》记载：齐国有个大夫叫邹忌，长得非常美丽。一天他问妻子说："我和城北的徐公相比，哪个更美？"妻子说："城北的徐公怎么比得上您美！"他又去问小妾，小妾说："徐公怎么比得上您美！"当天有个客人来到他家拜访他，他又问客人，客人说："徐公不如您美！"

过了几天，城北的徐公上门来了。邹忌仔细打量一番，觉得自己比不上他。徐公走后，他对着镜子再三观察，更加觉得自己比不上徐公。当天夜里，邹忌躺在床上反复思考，最后终于明白了："妻子说我比徐公美，是因为偏爱我；小妾说我比徐公美，是因为畏惧我；客人说我比徐公美，是因为有求于我。"

第二天一早，他进宫拜见齐威王，向齐威王报告了自己一晚上思量的结果。邹忌说："我的容貌，远远比不上城北的徐公，但是我的妻子、小妾、客人都说我比徐公美。我想了整整一夜，觉得是因为妻子偏爱我，小妾惧怕我，客人有求于我，所以他们都不说真心话。由此推想，如今齐国是个大国，方圆数千里，城池一百二十多座，宫中的美女侍从，没有一个不偏爱您的；朝廷里的文武大臣，没有一个不惧怕您的；整个齐国的百姓，没有一个不想有求于您的。因此他们都不会对您讲真心话，您所受的蒙蔽严重啊！"

齐威王听了，觉得很有道理，于是颁布命令："凡是大臣、官吏或百姓，能当面指出我过错的，受上等奖赏；上书劝说我改正错误的，受中等奖赏；能在街头巷尾议论我缺点的，受下等奖赏。"

这个命令刚一公布，群臣争相进谏，一时门庭若市，每日络绎不绝。几个月以后，提意见的人渐渐少了，偶尔会有人上宫门；一年以后，即使想要提意见受奖赏，也都觉得无话可说了。燕国、赵国、韩国、魏国听说了这件事，都到齐国来朝见。这就叫修明内政，不用出兵便战胜了他国。

有道之人，既不会偏袒于人，对他格外照顾；也不会嫌恶于人，对他有意妨害。既不会对人格外重视，令他高人一等；也不会对人分外轻贱，让他卑下于人。因为其无私而公正，坦诚而有信，所以得到了天下人的尊崇。

《韩非子·主道》说:"君王不要表现自己的好恶,如果君主的好恶被臣子看出来了,臣子就会修饰自己来迎合君主。君王不要表现自己的意图,如果君王的意图被臣子看出来了,臣子就会伪装自己的主张。所以说,去掉自己的喜爱和厌恶,臣子才能真实地表达自己;去掉自己的成见和智巧,臣子才能发挥自己的能力去办事。"

所以国君做到中正无偏,才能得到臣民百姓的实情;国君不被自己的主观所蒙蔽,才能通达洞明。

20

— 57 —

以正治邦，以畸用兵，
以中正之道治理国家， 以偏胜之道用兵作战，

以无事取天下。吾何以知
以无为之道取天下。 我怎么知道是这样的呢？

其然也哉？夫天下多忌讳，
因为天下禁忌和限制越多，

而民弥贫。民多利器，而
民众就会越发贫困。 民众（贫困后，就会）急功近利， 国家

邦家滋昏。人多智，而苛
就会越发混乱。 人们到处施展（急功近利的）聪明，复杂烦琐的事

物滋起。法物滋彰，而盗
物便会层出不穷。 （为厘清烦琐）昭示法度的事物就会越多，（窃取法度的）盗贼

贼多有。
则越来越多。

是以圣人之言曰：我
所以圣人说过这样的话：　　　　　　　我不对
无为也，而民自化。我好静，
民众施加自己的意志，民众就会自然化育。　我喜好清静，
而民自正。我无事，而民
民众就会自行归于正态。　　我不妄为生事，　　民众就会自
自富。我欲不欲，而民自朴。
行繁荣富足。　我收敛自己的欲望，　民众就会自行归于淳朴。

注

正：中正、公正，与偏私相对。

畸：指偏颇，偏于一方的，与中正相对。打仗时用多击少，用快击慢，均为以偏取胜。北大本作"倚"，偏斜、侧偏，同样与中正相对。传世本多作"奇"。

无事取天下：不妄为、不生事，如此才可以持有天下。无事，不生事，使安宁无事，指无为之道。取，得到，获得，这里指保持得到的状态，持有之义。

吾何以知其然也哉：传世本此句后多有"以此"二字。

忌讳：指对人的言行进行管制，而且这管制还是隐秘的、不明说的。忌，禁忌、禁戒，指在行为上的管制。讳，有顾忌不敢说或不愿说，指在言语上

097

的管制。

利器：精良有效的工具，可以快速收效之器。

滋昏：更加混乱和黑暗。滋，增益、加多。昏，世道混乱、黑暗。

人多智：指人过多使用聪明。智，指聪明、智力高。传世本多作"人多伎巧"。

苛物：苛，形容繁杂、烦琐。原文作"何"，同"荷"，本义指负担、负荷，"何物"即给人增加负担的事物；乙本及多数传世本作"奇"，北大本作"苛"，此处据北大本取"苛"为本字。

法物：原指古代帝王用于仪仗、祭祀的器物，明示礼制仪轨所用，这里指用来制定法度的事物。此处原文二字皆残，乙本仅存一"物"字，据北大本补。郭简本作"法勿（物）"，传世本多作"法令"。

自化：自行生长演化。化，本义指改变，万物演化是一个持续变化的过程，因此"化"又指生长、繁育。

我好静，而民自正：我喜好清静，则民众自然得到治理，归于正态。正，中正、合于道。正，是有道的体现，是万物得到治理的状态。

而民自富：而，原无，据乙本加。

———————（解）———————

本章强调以中正之道治理国家，核心论点还是无为，治国者不要强行施加自己的意志，禁忌和限制一多起来，就会偏离正态。

治国与用兵

君王治理国家，要中正而不偏，但用兵作战就需要以偏取胜。史上最著名的以"正"作战案例，当属宋襄公发动的"泓水之战"

了。公元前638年，为了复仇挽回颜面，宋襄公向郑国发动了进攻，郑国马上向楚国求援。楚国施展了一手"围魏救赵"，直接去攻打宋国，宋襄公只能回师防御，于是宋、楚两国于泓水处交战。

宋军先于楚军抵达泓水，等楚军赶到时，宋襄公已经率军在泓水南岸摆好了阵势，只等楚军渡河来战。当时宋军弱于楚军，所以在楚军渡河到一半时，公子目夷建议宋襄公立刻发动攻击，说："对方人多，我方人少，趁着他们没有全部渡过泓水，请攻击他们。"但宋襄公却拒绝了。

等楚军渡河完毕，开始乱哄哄地排兵布阵时，公子目夷再次建议宋襄公，趁楚军阵势未立马上发动攻击，但宋襄公又拒绝了。一直等楚军摆好阵势，宋襄公才下命令攻击楚军，因为双方实力悬殊，宋军大败，宋襄公也在作战中被箭射中了大腿。

国人都责备宋襄公此战失利。宋襄公说："君子不再伤害已经受伤的敌人，不俘虏头发花白的敌人。古时用兵之道，不凭借险要的地形阻击敌人。我虽是已经亡了国的商朝后代，也不攻击没有排成阵势的敌人。"公子目夷说："您不懂得作战。强大的敌人因地势不利而不成阵势，这是上天在帮助我们，阻击他们有什么不可以呢？现在实力强大的，都是我们的敌人。即使年纪很大的人，能俘虏就该抓住，还管什么头发是不是花白？鼓舞士兵勇气，教导士兵作战，目的就是为了杀死敌人。敌人受伤而未死，为什么不能再伤害他们？如果因为怜惜而不愿伤害已受伤的敌人，不如一开始就不伤害他们；如果怜惜头发花白的敌人，不如直接对他们屈服。军队就是要凭借有利的时机而行动，用锣鼓鼓舞士兵的勇气。既然要抓住有利的时机，当敌人遇到险阻，当然可以进攻；既然要鼓舞士兵的勇气，攻击未成列的敌人，当然是可以的。"

用兵作战，目的已经是要伤害对方，还讲究中正，讲究公平，岂不是迂腐吗？所以《孙子兵法》论战，从来都是以偏取胜，用多来压制少，用逸来战胜劳，用威势来让对方屈服，用诡计来让对方混乱，但治理国家就不能这么做了，因为治国不是要伤人，而是要育人。

治国之道，只是国家出现问题时采用的方针，若天下太平无事，人民行为有节，又何须去治理呢？只需要保持这种状态就可以了，此时就要靠无为。不能做到无为，对民众多加限制，民众就会贫困；民众贫困就会想方设法利己，各自利己的手段太多，国家就会昏乱；国家一乱，君主就要使用智慧设立法度，各种法度并生，大的盗贼就出现了。

《庄子·胠箧》说："圣人给天下人制定斗、斛来计量物品的多少，盗贼就连同斗、斛一并盗窃走了；圣人给天下人制定秤锤、秤杆来计量物品的轻重，盗贼就连同秤锤、秤杆一并盗窃走了；圣人给天下人制定符、玺来取信于人，盗贼就连同符、玺一并盗窃走了；圣人给天下人制定仁义来规范人们的道德和行为，盗贼就连同仁义一并盗窃走了。"

人为制定衡量事物的法度，那么大盗就会盗取这个法度本身，掌握它的定义权、解释权和施用范围，用来实现自己的利益，反而更方便剥夺民众。这便是庄子"圣人不死，大盗不止"的来由了。真正的圣人，不是使用智慧设立法度的聪明之君，而是"我无为也，而民自化。我好静，而民自正。我无事，而民自富。我欲不欲，而民自朴。"的无为之君。

21

其政闷闷，其民惇(dūn)惇。
政令宽厚，　　　　　国民就会敦厚朴实；

其政察察，其邦夬(guài)夬。
政令严苛，　　　　　国家就会分崩离析。

祸，福之所倚。福，
灾祸，是幸福的依托之所；　　　　　幸福，

祸之所伏。孰知其极？其无
是灾祸的伏藏之处。　　谁能知道这祸福的尽头在哪里？　　这是因为失

正也。正复为奇，善复为妖。
去了中正。　　制定法度，反而造就了邪僻；　　"妥善"行事，反而产生了妖异。

人之迷也，其日固久矣。
人们的迷惑，已经有相当长的时日了。

是以方而不割，廉而不刺，直而不肆，光而不耀。

因此奉行法度但不要割裂民众，审察天下但不要施以刑罚，矫正人民但不要恣意强行，教化百姓但不要强行灌输。

注

闷闷：浑浑噩噩的样子，因为不会表达自己的内心，所以看上去愚昧浑噩，这里形容政令宽厚，不扰民众。闷，本义指烦闷，内心的思绪不能向外排解；用在为政上，则指把自己的主观意志关在门内，不向外施加于百姓。

惇惇：敦厚、朴实。

察察：形容明辨是非、分别奸伪的样子。察，指审察、仔细观看，含分辨、辨别之义。因为明察的表现就是要分别出是非曲直，故"察"又常与狱讼之事有关。

其邦夬夬：形容分离、断绝的样子，这里指明察之政割裂民众，造成举国上下疏薄不亲、不和不睦的风貌。夬，指割裂、决裂。此处北大本作"其国夬夬"，传世本多作"其民缺缺"。

伏：潜藏，埋伏。

极：尽头，边界。

正复为奇：中正反而造成邪僻。人君以法度为中正，用来决是非，断曲直，本义是让民众行为符合法度，国家得到治理，结果反而造成了国家决裂、盗贼四起的局面，这便是"正复为奇"。正，有法度的，合于情理的。复，本义指返回，原路返回，即反过来、反而的意思。奇，独特、殊异的，不合常理的。

善复为妖：妥当反而造成妖异。人们以多智为美，以取巧为能，结果反而造成了国家昏乱、歪门邪道横行的局面。善，妥当的、高明的。妖，违反常理的事物或现象，意指妖异的、反常的。

方而不割：指使用法度治理国家，但不要造成分割对立，而是能兼容并包，这也是"大方无隅"的道理。方，有原则、有规矩，这里作动词用，指奉行法度。割，割裂、分割。此处原文残损，据乙本补。北大本自"方而不割"并入下一章，前无"是以"二字。传世本多作"是以圣人方而不割"。

廉而不刺：指视察天下，审察民情，但不要动用刑罚杀伤生命。廉，视察、审察。刺，杀伤。北大本作"刖"，通行本作"刿"。

直而不肆：指矫正百姓令其回归正道，但不能恣意强行。直，不弯曲、正直，这里作动词用，指纠正、矫正。肆，放肆、恣肆。

光而不耀：指照亮人民但不要耀眼夺目。用光照亮四方，有施以文明教化之义。对百姓施以教化，但是不要夺去百姓的自主意志，让他们失去自己的独立思维。光，光明、明亮，这里作动词用，照亮的意思。耀，刺眼、耀眼。

解

本章仍然是从治国角度论述"无为"的重要性。其中需要强调的是关于"祸福相依"的辩证关系。个人层面上，这种辩证会指导我们如何面对生活中的"祸""福"。但在社会治理层面，老子对这种"祸福相依"的现象是持否定态度的。他认为，有道的社会应该是长治久安的，之所以"福祸循环"是因为社会治理出了问题。

无为而治

治理国家要以"少事以至于无事"为目的,以"少为以至于无为"为宗旨。不要对民众设定诸多禁制(其政闷闷),这样他们才能保持淳朴的本性,如果设定标准明判是非曲直(其政察察),国民之间就会相互决裂,对立一旦产生,相互颠倒就会永无休止,就像对钟摆的扰动一旦形成,钟摆就会左右摆动轮换不停,因为失去了中正之位;割裂民众的法度一旦建立,天下就会分分合合永无安宁,因为失去了浑然之朴。

制定"是"与"非"的标准,就把天下人分成了是非两端;制定"美"与"丑"的标准,就把天下人分成了美丑两极。是者非议非者,美者厌恶丑者,天下人心也从此两分,再无和谐相处之时,再无混同为一之日。

《说苑·君道》记载了一个"大禹泣囚"的故事:一次大禹乘车外出巡查,遇到一个被押送的罪人,于是下车去问怎么回事。原来那人犯了罪要受惩罚,大禹听后落下泪来。左右之人惊奇道:"这罪犯不遵守法令,才被处罚判刑,您对他有什么可痛惜的?"

大禹说:"尧舜之时的百姓,都以尧舜之心为心,天下同心同德。而今我执政,百姓们各以自己的心为心,不能和我同心同德,所以才会犯罪,我对此深感痛心。"禹当即命侍从取出一块龟板,在上面刻写了"百姓有过,在予一人"。

尧舜时期,百姓都以尧舜之心为心,因为百姓是纯朴无心的。然而君王用有心去治理无心,就犯下了以"有"来指使"无"的过错,长此以往,百姓也会从无心变成有心,从淳朴变成偏私。到了大禹时期,民心思变更加剧烈,这也是尧舜有为治世的必然结果，所行有偏，越往后只会偏得更远。

天下万物，各有各的习性和喜好，如果说有一个统一标准能让万物共同遵守，那么这个标准就是"道"，因为万物源出于"道"。而"道"是无形无名的，不能落于任何"实有"，只要用语言或规范把它表达出来，它就不再是"道"了。

因此就会出现一种怪现象，即统治者设立的条令越来越多，条条都是在让百姓行正道，句句都是在教百姓做正确的事，然而长期施行下去却发现，又造就了更多的歪门邪道（正复为奇、善复为妖）。以上种种不合理的现象，让人们已经迷惑非常长的时间了。

所谓"天下之物生于有，有生于无"，没有任何一个表达出来的标准，能囊括天下万物，唯有"无"，才能统御万"有"。因此这个标准只能是"无"，圣人恒无心，百姓才能以圣人为中正，而共同向其靠拢。君王不能做到无心，不能施以无为，百姓自然不会听从于他，因此而获罪，罪过自然只在于君王一人，不在于百姓。

柳宗元写过一篇《种树郭橐驼传》，用种树的道理来讲治国，说有个叫郭橐驼的人，种树种得特别好，有人问到原因，郭橐驼说："我只不过是能够顺应树木的天性，来实现它自身的习性罢了。栽种时要像对待子女一样细心，栽好后要像丢弃它一样放在一边，那么树木的天性就得以保全，它的习性就得以实现。所以我只不过是不妨碍它生长罢了，并不是有什么能使它长得高大茂盛的方法；只不过不抑制它的结果罢了，并不是有什么能使它果实结得又早又多的方法。"

问的人说："把你种树的方法，用到做官治民上，可行吗？"

橐驼说:"我只知道种树罢了,做官治民,不是我的职业。但是我住在乡里,看见那些官吏喜欢不断地发号施令,好像是很怜爱百姓一样,但百姓最终反而因此受到祸害。一天到晚那些小吏跑过来大喊:'长官命令,催促你们耕地,勉励你们种植,督促你们收获,早些煮茧抽丝,早些织你们的布,养育你们的小孩,喂大你们的鸡和猪。'一会儿打鼓招聚大家,一会儿敲梆召集大家,我们这些小百姓连饭都顾不上吃,要去慰劳那些小吏,又怎能使我们繁衍生息,使我们民心安定呢?所以我们既困苦又疲乏。像这样治民反而不治,与我种树大概也有相似的地方吧?"

22

治人事天，莫若啬。

处理人事，修治身心，没有比敛藏精神更重要的了。

夫唯啬，是以早服。早服

只有敛藏精神不妄为，才能早早地依从于道。 早早地依从于

是谓重积德，重积德则无

道，就叫积德深厚。 积德深厚，就没有什么是不能胜

不克，无不克则莫知其极。

任的。 没有什么不能胜任，也就不知道他的极限在哪里。

莫知其极，可以有国。有

不知道他的极限在哪里， 就可以保有无穷的领域（即天下）。 能够

国之母，可以长久。

保有无穷领域的根本，在于有道。有道，于是能得以长久。

是谓深根固柢，长生久视之道也。
所以把根本扎得深，把基础固得更牢，这就是让生命得以恒远长久的方法。

注

治人事天：指处理人事，修治身心。治，管理、处理。人，人为的，这里指与人相关的事务。事，做、治理。天，天然的，这里指上天赋予我们的身心。

啬：本义指粮食收入谷仓，有收敛之义；颗粒都要归仓，又有爱惜之义。收敛而又爱惜，则精神不外逸放，精力不外耗泄，关门闭户而持守于中。

服：顺从、依从，这里指遵从于道。

重积德：把德积累得很深厚。重，形容程度深、深厚。

无不克：没有什么是不能胜任的，无所不能为。无所不能为，原因在于积德深厚，做到了"无为"，前文第十一章讲"无为而无不为"。克，指胜任，能够承担得起。

莫知其极：即俗语所说"深不可测"。因为无为之人通达于"无"，已经从有限突破到了无限，故而无法测量其深浅。极，尽头、极限。

国：疆域、地域。

有国之母：能保有让自己领域始终通达于无穷的根本。有国，指保有自己无穷的领域。母，根本、根源，这本源便是道。

深根固柢：指把本根扎得更深，把基础固得更牢。深，使深入。根，植物的根基，引申指本源。柢，树木的直根，引申指基础。

长生久视：生命恒远长久。长生，长久存在。久视，耳目不衰，形容长寿。

解

治国修身的方法论

治理国家也好，调理身体也好，一个通用的原则就是"啬"。身体有了疾病，定要安心静养，少思寡虑。因为唯有静养，才可以让已经失"中"的身体，再重新慢慢往中正处靠拢。靠近"中"、守住"中"的过程，就叫"积德"，让自己重新归顺于道而保有德。唯有积德深厚的君王，才可以让道通行于天下，因为他珍惜自己的精神而不外驰，珍惜自己的精力而不外施，不施为于天下，天下也就自然得到治理了。

《庄子·应帝王》中有这样一篇寓言，肩吾拜会狂接舆。狂接舆说："日中始都是怎么和你说的？"肩吾说："他告诉我说，做国君的一定要凭自己的意志来制定法度，人们谁敢不听从而随之改变呢？"狂接舆说："这是欺诳妄为的做法，那样治理天下，就好像徒步下海开凿河道，让蚊虫背负大山一样。圣人治理天下，难道只是外表得到治理吗？他们把天下辅助到正态，而后大道自然就会通行，任人民各尽其所能罢了。鸟儿尚且懂得高飞躲避弓箭的伤害，老鼠尚且知道深藏在社坛底下的洞穴，来避开烟熏铲凿的祸患，难道人民连这两种小动物生存自保的能力都比不上吗？"

所以天根向无名人请教治理天下的办法，无名人说："走开吧！你这个粗鄙的人，为什么会问这种让人扫兴的问题。"天根一再询问，无名人说："你的心意要处于淡漠，你的意气要合于虚寂，顺应万物的自然本性而不强加以自己的私意，天下就可以大治了。"

使用"方法"来治理天下，那是在运用自己的智力，消耗自己的体力，运用渺小的个人能力，试图去治理博大无边的天下，这不就像蚊虫背负大山一样吗？应对无穷的事物，只有自身具备无限的能力才能应对，而无限的能力，只能向道去借用。舍弃自己的智慧，抛弃自己的手段，泯灭自己的主观志欲，道才会来到你这里。因此只要认为治理天下有方法，那认知就还非常鄙陋，所以无名人才会不耐烦。

因此，古时统治天下的人，智慧即使通天彻地，也从不亲自去思虑；辩才即使克胜万物，也从不亲自去言说；才干即使能称雄海内，也从不亲自去作为。上天并不亲自创造而万物自然演化，大地并不亲自生产而万物自然繁育，帝王无为而天下自然得到治理。所以上天得以成就神妙，大地得以丰饶，帝王得以成就伟大，正是因为它们德行完备而始终不离于道，这就是驾驭万物而任用天下人的"方法"。

23

治大国若烹小鲜。
治理大的国家就好像烹制小鱼一样。

以道莅天下，其鬼不神。
用道来治理天下，鬼怪都不再起作用了。

非其鬼不神也，其神不伤人也。
不仅鬼怪不起作用，（起作用的）神灵也不再伤害人了。

非其神不伤人也，圣人亦弗伤也。
不仅神灵不伤害人，圣人也不伤害人。

夫两不相伤，故德交归焉。
神灵与圣人都不伤害人，德就会一并回归于人民了。

注

烹小鲜：指烹制小鱼。小鱼很容易碎裂，所以烹制的时候不能多翻动。烹，一种半煎半炸的烹饪方法。

莅：本义指走到近处察看，即视察。这里指管理、治理。

其鬼不神：鬼怪不再起作用。鬼，鬼怪、精怪。神，灵验、有效用。远在殷商时代，人们就相信日月星辰、风雨雷电、山川河流都是有灵的，均具备降灾降福、佑人害人的能力。这些万物的灵，就是所谓的鬼。

其神不伤人：神不再伤害人。神，指神灵，是精神性的存在，其运作也发生在精神层面，看不见、听不到而永不停歇。神破开人的心防侵入，导致人的精神受损，是谓伤人。

非：不只。

两不相伤：指神灵与圣人都不伤害人。相，表示动作，是一方对另一方，如"相劝""相问"。

交：一并，一齐。

解

治大国若烹小鲜——治国不要折腾

德行深厚的国君治理国家，就像烹制小鱼一样，不敢随意折腾。韩非子说："事大众而数摇之，则少成功；藏大器而数徙之，则多败伤；烹小鲜而数挠之，则贼其泽；治大国而数变法，则民苦之。是以有道之君贵静，不重变法。"

意思是说：役使大众做事，却屡屡让他们发生变动，功效就会很少。收藏大的器物，却总是挪动搬运，器物就容易被毁伤。烹制小鱼却翻来翻去，就会损害小鱼的品质。治理大的国家，法令却总是变来变去，民众就会苦不堪言。所以，有道的君王重视安定，不会多次更改法令。

人们做事，尤其是做很大的事情时，成事的关键往往不在于领导者做了什么，而恰恰是"不做什么"。只有领导者收敛自己的意志，减少主观的干扰，道才能在组织内通行。用道来进行管理，神神怪怪都不再起作用了，因为正道回归了。

《史记》记载了"西门豹治邺"的故事。西门豹受命到邺县当县令，初到邺地便发现这里人烟稀少，田园荒芜，而造成这一切的主要原因就是当地的一个陋习——给河伯娶妻。由于漳河连年发大水，就有祝巫勾结三老（掌管教化的乡官）、乡绅，在民间传言说是河伯作怪，只有每年给他娶上一个美妻，才可保风调雨顺。于是他们每年都要向百姓征收给河伯娶妻的费用，并且挨家查看是否有漂亮女子。有钱人家出钱便可将女儿赎回，穷苦人家的女儿可就遭了殃，被强拉去给河伯做妻子，其实就是被活活沉河。那些有女儿的人家大多都逃走了，致使邺县人口越来越少，也越来越贫困。

西门豹了解情况之后，表示下一次给河伯娶妻他也要参加。到了那一天，西门豹果然到来，三老、乡绅和祝巫们急忙上前迎接。西门豹说："叫河伯的媳妇过来，我看看她长得美不美。"人们带这个女子过来，西门豹打量了一下，回头对大祝巫说："这个女子不漂亮，请去帮我禀报河伯，需要重新找一个漂亮的女子，迟几天送她去。"就叫差役们一齐抱起大祝巫，把她抛到河中。

过了一会儿，说："为什么去这么久？叫她弟子去催催她！"又把她的一个弟子抛到河中。又过了一会儿，说："这个弟子为什么也这么久？再派一个人去催催她们！"连续抛了三个弟子。西门豹说："去的都是些女人，不能把事情说清楚。请三老替我去说明情况。"又把三老抛到河中。西门豹恭恭敬敬地面对着河水站着，等了很久。又说："祝巫、三老都不回来，怎么办？"剩下的人吓得在地上连连叩头，把头都叩破了，额头上的血流了一地。从此以后，再没人敢提起为河伯娶媳妇的事了。

除掉了作乱的鬼神之事，邺地终于迎来安定。为治理漳河水患，西门豹又征发百姓开挖了十二条渠道，把漳河水引来灌溉农田。邺地的农业生产迅速发展起来，产量要比其他地方高出四倍多。西门豹组织开凿的漳水十二渠是中国历史上有记载的第一条大型灌溉渠系，比都江堰和郑国渠要早二百多年，至今仍有遗渠留存。

所以当偏邪鬼怪之事不再发生时，百姓就能心神安定，神灵也就不会再伤害百姓了。君主也不用政令来伤害百姓，百姓就能安居乐业，国家自然也就得到治理了。国家治理有道，则人民保有其德，德盛不衰，可以长久。

24

— 61 —

大邦者，下流也，天
大的国家，　　像水一样往下方流行，　　成为

下之牝，天下之交也。牝
天下的溪谷，　万物都归往于这里。　　　雌性

恒以静胜牡，为其静也，
总是以安静来降伏雄性，　　因为安静，

故宜为下。
所以适宜处于下位。

大邦以下小邦，则取
　　大的国家以处下来对待小国，　　就能收服

小邦。小邦以下大邦，则
小国。　　小的国家同样以处下对待大国，　　就能

取于大邦。
被大国所容纳。

故或下以取，
所以有的是以处下来获取他国，

或下而取。
有的是以处下而被他国所容纳。

故大邦者，不过欲兼畜人。
所以大的国家，不过是想兼并畜养小的国家；

小邦者，不过欲入事人。
小的国家，不过是想被大的国家所容纳。

夫皆得其欲，
双方都能得偿所愿，

则大者宜为下。
大的国家尤其应该处下。

注

下流：像水一样往下行。流，本义指水的移动。

牝：本义指雌性的动物，这里指水所汇聚的溪谷。

天下之交：天下万物归往的地方。交，相会的时候或地方。传世本此句与上句顺序颠倒，作"天下之交，天下之牝"。

牝恒以静胜牡：雌性总是以安静来降服雄性。牝，雌性。牡，雄性。求偶大多是雄性主动，交配也大多是雄性主动。雌性安安静静的，就把雄性收服了。因为安静，所以在雌雄交往过程中，雌性是雌伏于下的。

取于大邦：表示被大邦所庇护包容。取，获得。传世本多作"取大国"。

或：有的，对象可为人或事物。

兼畜：合并收容。兼，合并、兼并。畜，收容、容纳。

入事人：指加入大的国家而得到任用，即被大的国家所容纳入系统之内。入，本义指由外到内，进入之义，这里指参加、加入。事，侍奉、被任用。

大者宜为下：大的国家更应当处下，因为与小的国家处下相比，它所获更大。宜，合适、适宜，这里指应该、应当。通行本末句作"夫两者各得其所欲，大者宜为下"。

解

大国的治理之道

治理有道的大国，君主的表现就像水一样，总是往下方流行。安静地处于最低下的位置，不断地汇聚水流，于是渐成天下之溪谷，得以容纳四方之民。

公元 626 年，唐太宗李世民继位大唐君主，自此中国开始了一段璀璨夺目的大唐文明。刚刚继位的唐太宗发出宣言："王者视四海如一家，封域之内，皆朕赤子。"博大胸怀加上雄才大略，让唐太宗成为中国历史上第一位被少数民族尊称为"天可汗"的中原帝王。

唐太宗从不因武力强大、文化发达而以高贵自居，总是以宽容之心来对待周围小邦。每当打败了这些周边民族，唐太宗只是责备他们的酋长和将军，并不会严厉处罚他们，还邀请他们入朝做官。在唐太宗的朝堂上，周边民族将领占朝廷官员的一半，唐太宗并不会因为他们是异族而有所疑忌。

东突厥灭亡后，唐太宗并未对他们赶尽杀绝，而是采取了"全其部落、顺其土俗"的政策，尊重并保留了突厥的民族文化和风俗习惯，实行自治制度。这一举措得到了突厥人的极大拥护，不少突厥人甚至直接迁居长安，和汉人"胡汉杂居"，和睦相处。据统计，突厥等族居长安者数万家，被编入大唐户籍者达百多万口。周边民族也由此看到了唐朝对其他民族的诚意和尊重。

公元630年，各族首领到长安，请求称唐太宗为"天可汗"。自此以后，唐太宗"以玺书赐西域、北荒之君长，皆称'皇帝天可汗'"。这个称呼既保持了中原地区最高统治者的权威，也尊重了周边各族的习惯。公元646年，唐太宗派大军击破薛延陀部，原属薛延陀的铁勒回纥、拔野古、同罗、跌结等十一姓部落请求归顺唐朝，自称为"唐民"，再请太宗称"天可汗"。各族还特意在回纥以南、突厥以北建起一条"参天可汗道"，从此形成了少数民族政权首领由唐廷册封的制度。

据史料记载，唐太宗时期，大小诸国派来朝贺的人络绎不绝，尤其到了正月初一，朝贺的人数多达上千人，形成了高度繁荣的盛世局面，中华民族也从此有了"唐人"这个代称。

唐太宗与臣下总结治理天下的经验教训时说："自古皆贵中华，贱夷狄，朕独爱之如一。……夷狄亦人耳，其情与中夏不殊。人主患德泽不加，不必猜忌异类。盖德泽洽，则四夷可使如一家；猜忌多，则骨肉不免为仇敌。"因此，历代帝王虽能平定四夷，但并不能令夷狄归服；而唐太宗却凭借宽容博爱的胸怀，不以高贵自居，令四海八方心悦诚服。

25

— 62 —

道者，万物之注也，
道，是天地万物的共同归属，

善人之宝也，不善人之所
是有道者视为珍宝的东西，　　也是无道者得以保全自身的东西。

保也。

美言可以市，尊行可
嘉美的言辞可以用来做交易，　　尊贵的礼仪可以用来

以贺人。人之不善也，何
庆贺他人。　这样做的人虽然无道，　　但又

弃之有。故立天子，置三
何必放弃他们呢？(万物有用)　所以立位天子，　　设置三卿，

卿,虽有拱之璧以先驷马,
即使用拱璧在先、驷马在后这样的隆重礼仪,

不若坐而进此。古之所以
也还不如坐下来向天子进献"道"。　　古时候为什么如此看重

贵此者何也?不谓求以得,
"道"呢?　　不正是说有求于它,就能得到,

有罪以免与?故为天下贵。
有了罪过,可以得免吗?　所以它是天下最为尊贵的。

注

万物之注:万物的共同归属。注,聚集,水往一处行。通行本作"奥"。

善人之宝:有道之人视若珍宝的东西。善人,行事妥善的有道之人。宝,本指珍宝,泛指珍贵之物。

不善人之所保:行事不当也不至于被抛弃,而是能得以保全。不善人,指行事不当的无道之人。保,看护、养护,使不受损害。

美言可以市:经过美化的言辞可以用来做交易。美言,经过修饰、美化的言辞。市,交易、买卖。

尊行可以贺人:尊行,指显示尊贵的隆重礼仪。尊,尊贵、高贵。行,原指行走,此处泛指行为举止;行为举止须遵守礼制是古代礼法的一个重要内容。贺,奉送礼物表示庆祝。通行本作"加"。

三卿:中国古代地位最尊显的三个官职的合称,一般认为指司徒、司马、

司空。通行本作"三公"。

驷马：指拉一辆车的四匹马，四马拉一车，显示地位尊贵。"拱之璧以先驷马"，是古时献奉的礼仪。

进：本义指向前或向上移动，这里指献奉、进献。

求以得：有求就能得到。上文讲道为天下万物所趋，因为有求于道，就能得到。故善人以道行事，则无所不能成。

有罪以免：罪，过失、过错，有违于道，即上文所讲"不善人"。不善人有了过错，在道的覆庇之下也仍然能得以保全自身。因为有道之人善于发现人的用处，而不会放弃人。

解

用人之道

万物以道为母，亲近于道、往道靠拢是万物生而有之的天性。而在天地之间，万物都自然去靠拢、去汇聚的地方，就是下方。

善人处于下方，则能保持拥有最珍贵的道；不善人前往下方，则能得到善人的容纳而不会被抛弃。

"战国四公子"之一的孟尝君，以善养士名扬天下，最多时有食客三千余人。他礼贤下士，有才能的让他们各尽其能，没有才能的也提供食宿，饮食与孟尝君相同。

有一次在吃饭的时候，有个食客误以为孟尝君吃得比他们好，于是愤而离席。孟尝君就端着饭食追上去让他看，果真是相同的食物。那位食客羞愧得无地自容，于是拔剑自刎了。这件事传开以后，越来越多的人前来投奔孟尝君。

秦昭王听说孟尝君贤能，就招揽他担任相国。有大臣劝说秦昭王："孟尝君的确有贤才，但他是齐王宗室，现在让他担任秦国相国，谋划事情肯定优先考虑齐国的利益，而后才考虑秦国。这样秦国可就危险了。"秦昭王觉得有道理，便把孟尝君囚禁起来，准备杀掉。孟尝君派人向秦昭王的宠妃求助，那宠妃以狐白裘作为相助条件。而狐白裘只有一件，孟尝君入秦时就已献给了秦昭王，这时一位善于偷盗的门客说："我能拿到那件狐白裘。"于是趁夜色伪装成狗，进入秦宫中偷出了这件狐白裘。有宠妃帮忙说情，秦昭王释放了孟尝君。孟尝君害怕秦昭王反悔，连夜逃离，半夜就到达了函谷关。按秦国规定，鸡叫时分才能开关放行。孟尝君焦急万分，这时门客中有一人，学了一声鸡叫，附近的鸡也都跟着叫了起来，于是孟尝君得以顺利出关。天亮后秦王果然反悔，派人追赶孟尝君等人，追到函谷关时，发现他们已经离开很久了。

　　鸡鸣狗盗之徒，尚且能在关键时刻发挥作用，更何况是善于说好话的人、善于讲礼仪的人呢！虽说"信言不美，美言不信"，话说得太漂亮往往不真实，但却可以用来打动人心，交换到自己想要的东西。所以天下没有一无用处的东西，只要用之有道。

　　有道，则能用万物，因为万物皆由道所生，都因道而体现价值。因此，做事只要向道中求，则无所不能成；做人只要向道而往，无论你是什么样的人，之前犯了什么样的过错，都能得到任用而不会被抛弃。所以道是天下最为尊贵的东西。

26

—63—

为无为，事无事，味无味。大小，多少，报怨以德。

用"无为"来作为，用"无事"来处事，用"无味"来调和。这样大的事情会变小，多的问题会变少，深厚之德可以平息怨恨。

图难乎其易也，为大乎其细也。天下之难作于易，天下之大作于细。是

谋划艰难的事情，要从容易的地方着手；成就大的功业，要从小的地方做起。天下的难事都产生于容易的事；天下的大事都兴起于细微的事。

以圣人终不为大，故能成其大。
因此圣人从来不追求做大的事情，故而最终能做成大的事情。

夫轻诺必寡信，多易必多难。是以圣人犹难之，故终于无难。
轻易地许下承诺，必然很少能做到守信；常用轻忽的态度处事，必遭遇很多困难。所以圣人做事总是踌躇谨慎，好像面对很难的事情一样，因此最终不会遇到大的困难。

注

为无为：可以看作"为之以无为"，用"无为"的方式来行事。为，做事、行事。

事无事：可看作"事之以无事"，用不生事的原则来处事。事，做、从事。

味无味：可看作"味之以无味"，用淡然无味的宗旨来调和诸味。味，滋味、味道，作动词为"使有味道，调和味道"之义。第二个"味"字，原文作"未"，通"味"，取不同字以示词性有别。

大小，多少：可看作"大，小之；多，少之"，把大的东西消解为小，把多的东西减损为少。小，作动词，削弱、使变小。少，作动词，削减、使减少。

北大本作"小大，多少"，郭简本作"大小之"。

报怨以德：指用德来制裁怨恨，令其消散。报，本义指制服、制裁罪人，即"治罪"之义。治罪，是为了消除罪恶，而不是回报罪恶。

图：谋划，反复考虑、慎重规划。

作：产生，兴起。

不为大：指不做大的事情，不等事情变大了才有所为，而是在事情还很小的时候就开始做了。为，做、干。

犹难之：指踌躇为难的样子。犹，形容谨慎、踌躇疑惧的样子。难，感到困难、为难的样子。

(解)

重视"小事"，以德报怨

有道之人，其德可以消弭过失，大的麻烦能让它慢慢变小，多的问题能让它慢慢变少。如此，则可令万物复归于自然，各得其位而发挥其用。关键是把握住以道处事的宗旨：用无为来有所作为，用无事来为人处事，用无味来调和百味。

西汉刘向所编《新序》记载了这样一个故事：梁国有个叫宋就的大夫，曾任边境地区县令，和楚国接壤。梁楚二国的农民都种瓜，梁国人辛苦些，为瓜灌溉的次数多，瓜长得好；楚国人懒惰些，为瓜灌溉的次数少，瓜长得差。楚国的县令因为梁国的瓜长得更好而生气，于是楚国人夜里偷偷地去破坏梁国人的瓜。

梁国人觉察到这件事，就向县尉请示，也想去破坏楚国人的瓜作为报复。县尉去请示宋就，宋就说："这怎么可以？这是结怨的根源啊！别人做坏事你也跟着做，为什么偏激得这么厉害呢？如果我教你们，一定每晚派人去灌溉楚国人的瓜，还不让他们知道。"

就这样，梁国人每晚偷偷地去灌溉楚国人的瓜，瓜长得一天比一天好。楚国人感到奇怪，就仔细观察，原来灌溉瓜的是梁国的人。楚国的县令听说以后，就把这件事报告给楚王。楚王听说以后，觉得很惭愧，于是用优厚的礼物道歉，请求与梁王结交，梁国和楚国的友好关系从宋就这里开始。老子说："以德报怨。"说的就是这件事啊！别人做了坏事，你为什么要效仿呢？

作为反例，《史记》记载的"二女争桑"事件则给后人留下警示：公元前518年，吴国公子光率军讨伐楚国，攻占了楚国的居巢、钟离二城，战争的起因竟然是几片小小的桑叶。楚国边城钟离和吴国边城卑梁两地相接，居民世代种桑养蚕。有一楚国少女和一吴国少女在边境处采摘桑叶，因为争夺桑叶发生了争执，继而引发双方家族怒而互相攻杀。楚国少女一方人多势众，杀死了吴国少女的家人。于是吴国卑梁地方长官率领邑兵，攻打楚国钟离。这件事由此上升到国家的高度，楚平王亲自率军攻灭了吴国卑梁。吴王大怒，于是决定伐楚，派遣公子光率军进攻楚国，攻陷楚国的钟离和居巢两地。这便是二女争桑引发的两国大战。

所以天下的大事都是由小事发展起来的，天下的难事都是由容易的事演化而来的。如果在事情还小的时候处理不当，就会成长为大的麻烦，因此圣人会非常重视小事，重视自己的一言一行。

　　《史记》记载,周成王和叔虞闲居玩游戏,成王把一片桐树叶削成圭的形状送给叔虞,说:"用这个分封你。"史佚(周王室史官,有辅政之职,与太公、周公、召公并称"四圣")于是请求选择一个吉日封叔虞为诸侯。周成王说:"我和他开玩笑呢!"史佚说:"天子无戏言。只要说了,史官就应如实记载下来,按礼节完成它,并奏乐章歌咏它。"于是周成王把唐封给叔虞。

　　在怨恨将要扩大的时候,就用德来消除它;在不信正在萌生时,就用信来镇压它。正是因为圣人从不等事情变大才开始行动,因此最终可以成就大的功业。

27

— 64 —

其安也,易持也。其
状态安稳,　　　　就容易把持。

未兆也,易谋也。其脆也,
迹象未显,　　　就容易谋划。　　　脆弱的时候,

易判也。其微也,易散也。
就容易断裂。　　细小的时候,　　　就容易消散。

为之于其无有也,治
　　　在事情还没有发生时开始行动,　　　在局势

之于其未乱也。合抱之木,
还没有混乱时着手治理。　　　环抱的大树,

生于毫末。九成之台,作于
生发于微小的萌芽。　　九重的高台,　　　兴作于卑

羸土。百仞之高，始于足下。
弱的薄土。　　　百仞的高度，　　　　　起始于脚踩的下方。

为之者败之，执之者
　　　强行施为，就会失败；　　　　　强行掌控，就会失去。

失之。是以圣人无为也，故
　　　　所以圣人不强行施为，　　　　　　因此

无败也，无执也，故无失也。
不会失败；　　　不强行掌控，　　因此不会失去。

民之从事也，恒于其
　　人们做事情，　　　　　　　总是败在事成的

成事而败之。故慎终若始，
阶段。　　　　　因此，对待事情的终结，也能像对待事情的开

则无败事矣。是以圣人欲不
始一样谨慎，就不会有失败的事了。　所以圣人以"不欲"作为自己想要的

欲，而不贵难得之货。学不
状态，　　　而不会看重难得的财货；　　　　以"不学"

学，而复众人之所过。能辅
作为自己所学，而让众人从偏斜复归于正态。　　　能辅助万物

万物之自然，而弗敢为。
回归于自然的状态，　　　　而不敢妄作有为。

注

持：掌握，控制。

未兆：指事物发生的征兆还没有显现。兆，征兆，事物发生前的迹象。

判：分开，裁断。帛书甲、乙本残缺，北大本作"判"，郭简本作"畔"，传世本多作"泮""破"。

毫末：微小的末端，形容种子刚刚萌发时微小的芽尖。

九成：即九重，形容极高。古时筑高台常用于皇家建筑，体现地位的尊贵，高台极高，则地位极尊。成，通行本作"层"。

作于羸土：作，兴起、兴作。羸土，指贫瘠、卑下的薄土。高台代表尊贵，羸土代表卑弱，贵高之台兴作于卑弱之土，体现的是"贵以贱为本"的道理。羸，形容贫弱、低劣。乙本作"蔂"，北大本作"絫"，传世本多作"累"。

百仞之高，始于足下：百仞的高度，起始于脚踩的下方。即"高以下为基"之义。百仞，形容极高。仞，古代长度单位，周制八尺，汉制七尺。传世本多作"千里之行，始于足下"。

执之者失之：越是强行去掌控，最终就越会失去掌控。执，捉拿、控制，强力抓取。

其成事：事情处于完成的阶段。乙本作"其成"，传世本多作"几成"。

慎终若始：像对待开始一样小心谨慎地对待结束。慎，谨慎、小心。终，终了、结束。始，开头、开始。

欲不欲：以"不欲"为欲，指用无所欲求的状态去行有所作为之事。

学不学：以"不学"为学，指用不逐取知识的状态去行提高认知之事。

辅万物之自然：辅助万物达到自然的状态。辅，帮助、佐助。之，往、到。自然，由自而然，指不加以主观意志的干涉，任万物遵从道所赋予自身的正德而达成的状态。

【解】

一、防微杜渐也是一种"无为"

万事万物，在状态安稳的时候就容易掌控，所以小事更容易谋划。小的麻烦很快可以让它消散，小的过错很快可以得到纠正，因此在征兆还没有显露的时候就开始布局，在祸乱还没有发生的时候就开始治理，从"有"还未生的"无"处入手，行事便容易取得成功。为之于"无"，可称作"无为"。

据《汉书·霍光传》记载，汉宣帝时期，霍家权势很大，有个叫徐福的人写信劝诫汉宣帝道："霍家掌权的时间太长了，他们的子孙人人封侯，连霍家的女婿都掌握了兵权，权势实在太盛了。您如果不采取措施抑制他们的势力，说不定霍家要走上反叛灭族之路啊！"

汉宣帝把书信丢在一边不予理睬。事隔不久，霍家果然阴谋政变，幸好被人告发，没有造成大害。汉宣帝大怒，严令消灭霍家，重赏告发的人，唯独没有赏赐三次上书的徐福，于是有人上书替徐福抱不平。

上书的人讲了一个"曲突徙薪"的故事：有个人路过一户人家，看见这家的烟囱是笔直向上的，旁边还堆着不少柴草，就劝告主人说，这种状况很容易发生火灾，应该把烟囱砌成弯曲的，把柴草搬到较远的地方去。主人说烟囱已经砌了几年，就是这个样子，从没有出过事。不久这家真的失火了，附近的人都赶去救火。火灾扑灭了，主人请救火的人到他家去吃酒，唯独没有请那个提醒他注意火灾的人。后来经人提醒批评之后，才把那个人请到宴席上坐了上位。

汉宣帝觉得这个人说得有道理，就把徐福召进宫予以重赏，还让他当了个郎官。其实徐福得到的回报，要远远低于他的实际功劳。因为世人认为相比起来，只不过说了几句话而已，又哪里比得上灭火、平叛的功劳大呢！为何说"善战者无赫赫之功"？因为他在谋略的层面就已经把战争结束了，又哪里来的战功呢！

治之于未乱，则天下不乱。如果等到天下大乱的时候才开始行动，那就很容易失败。所以圣人想让百姓不起私欲，从一开始就不会拔高难得之货的价值；想让百姓不走上歪门邪道，在他们刚要偏离于中的时候，就会纠正他们的偏差。这样就能辅助万物复归于自然了，而不是在他们已经偏离很远之后，又使用强力手段加以刑罚管制。

从前商纣王命人制作了象牙筷子，箕子非常担忧，他认为纣王使用象牙筷子就一定不会再用陶制器皿，一定会配以犀牛角杯或玉杯。用了象牙筷子、玉杯就一定不会再吃豆汤，一定要去吃稀有的珍品佳肴。吃着珍贵的食物，就一定不会再穿着粗布短衣在茅屋食用，一定要穿多层的织锦衣服，住宽敞房屋和高台。过了五年，商纣王摆设肉林，建炮烙之刑，登上酒糟山，俯临酒池，最终因此而灭亡。

所以如果行事之初稍有偏差，继续发展下去就会造成大的祸患。能够始终保持审察而及时纠正偏差，就不会再有失败的事了。

二、慎终若始

唐太宗总结得失，问周围的大臣："创业与守成，哪个难？"

宰相房玄龄说:"开创基业时,各地豪强并起,经过战争一一让他们臣服,创业艰难啊!"魏征则说:"从古以来的帝王,没有谁不是从艰难困苦中得到天下的,但守成常在贪图安逸中失去天下,守成难啊!"

唐太宗说:"二位说得都对。玄龄跟我出生入死一起打天下,所以知道创业的艰难;魏征跟我一同治理天下,常担心在富贵中滋生骄傲与奢侈之心,常忧虑因小疏忽而引起大祸乱,所以知道守成的艰难。然而创业的艰难已经过去了,守成的艰难如今正要与各位慎重对待!"

28

— 65 —

故曰：为道者非以明民也，将以愚之也。民之难治也，以其智也。故以智治邦，邦之贼也，以不智治邦，邦之德也。恒知此两者，亦稽式

所以说，用道来治理国家的君王，不会让民众开启机心，而是让他们处于浑然不觉的无知状态。民众之所以难以治理，是因为他们智巧很多。因此用智巧机心来治理国家，是国家的灾祸，用愚人之心来治理国家，是国家的福德。深刻地认知这两者，也就知道了治国的法则。

也。恒知稽式，此谓玄德。
持久地贯彻这个法则，就是最深远的德。

玄德深矣，远矣，与物反矣，
最深远的德，深不可测而又广远长久，与万物的欲求是相反的方向，

乃至大顺。
这样才能平复它们的偏差，辅助它们归顺于道。

注

故曰：有"古人言"的意思，因为是流传下来的经验总结性言论，又有"所以说"的意思。故，过去的、原有的。"故曰为道者"，通行本作"古之善为道者"。

为道者：指行道之人，即用道来行事的人。为，做、行事。

明民：让民众变得聪明、智巧。明，明察、明智，此处作动词用。

愚之：指令民众变得敦厚、朴实。愚，本义指傻、笨，这里指敦厚、朴实。

贼：本义指危害、败坏，这里指作乱祸害国家、危害民众的人。

以不智治邦：指用混沌之心来治理国家。不智，不明智、不明察。

邦之德：是国家有道的表现。德，恩惠、恩德，从道所得谓之德。通行本多作"福"。

稽式：指用来审察事物的准则，这里审察的是国家治理情况。通过审察而及时纠偏，令国家始终保持在正态，即"稽式"的运用。稽，考核、审察。北大本、部分传世本作"楷"。

玄德：最深远的德。玄，幽远、深远。

与物反：物，万物众生。反，相反的、对立的。

大顺：天地万物莫不顺从于道。指归顺于道而呈现出来的自然状态。顺，本义指朝着同一个方向，引申指顺从、顺应。

(解)

本篇很容易被误解为是老子为统治阶层提供的愚民策略，这里必须指出的是：一、老子思想体系中的"愚"多是正向的，本篇中的"智"也并非"智慧"，把它理解为小聪明、伪诈、心机更合理。二、"民愚"要以"君不智"为基础，从而实现"君民同愚"。

智巧的罪过

人民的智巧是如何产生的？它源于统治者率先使用智巧来对付人民。《庄子·胠箧》说："统治者喜好智巧而不遵从大道，那么天下必定会大乱啊！怎么知道是这样的呢？弓弩、鸟网、弋箭、机关之类的智巧多了，那么鸟儿就只会在空中乱飞；钩饵、渔网、鱼笼之类的智巧多了，那么鱼儿就只会在水里乱游；木栅、兽栏、兽网之类的智巧多了，那么野兽就只会在草泽里乱窜；智伪巧诈的欺骗之言、奸猾狡黠的坚白之说、言辞诡诈的同异之论等权变之术多了，那么世俗的人就只会迷惑于诡辩。所以天下常常大乱，罪过就在于喜好智巧。"

只有国家治理者不使用智巧对付人民，人民才会放下智巧而归于纯朴；只有国家治理者用深厚的德来立世治民，才能让人民重新建立信任，重新以统治者为效法的对象。

据《史记》记载，秦国的商鞅打算变法，法令已经制订完毕，还未公布的时候，他担心百姓对新法令不相信，于是准备先把信任建立起来。他叫人在国都集市的南门竖起一根三丈高的木柱，公开宣布：有谁能把这木头搬到北门去的，就给予他十两金子。百姓都感到奇怪，搬动一根木头这么简单的事，就可以获得十金，怀疑是骗局，因此谁也不愿去搬。过了一会儿，商鞅又重申道："如能搬移木柱到北门的，就给他五十两金子。"有一个人果真将木头搬到了北门，于是商鞅就给了他五十金，以此表明官府是不欺骗大家的。百姓这下相信了，于是商鞅下令发布新法。

法令推行了十年，秦国的百姓都非常满意。道路上有东西丢落，也无人去拾取；山野中没有盗贼；百姓家中粮食、费用充足。大家都勇于公家的战事，畏惧私下斗殴，乡间城里都很太平。

因此善于以道治国的圣人，不是挑逗大家互相争斗，而是"使民不争"，防止争斗启发智巧。不是去教唆民众变得聪明有智，而是让民众保持淳朴真实，防止朴实被伪诈打破。在民众智巧将开未开之时，就"镇之以无名之朴"。如果等到人人伪诈，智巧百出的时候才想让民众重归淳朴，就已经为时太晚了。

29

— 66 —

江海之所以能为百浴(gǔ)
江海之所以能成为天下水流的归往之处，

王者，以其善下之，是以
因为它妥善地处在低下的位置，所以能成为天

能为百浴(gǔ)王。是以圣人之
下水流的归往之处。因此圣人要处于民众之上，

欲上民也，必以其言下之，
就必须在言语上处下；

其欲先民也，必以其身后
要处于民众之前，就必须在地位上处后。

之。故居前而民弗害也，
所以圣人处在民众的前面，但民众不会认为受到妨害；

居上而民弗重也,天下乐
圣人处在民众的上面,但民众不会认为受到负累(压迫)。 天下人都乐于推举他,
推而弗厌也。非以其无争
而不会厌弃他。 不正是因为他不与人争吗?
与?故天下莫能与争。
所以天下没有谁可以与他相争。

注

百浴王:众多水流归往的地方。百,概数,指众多。浴,同"谷",即溪谷,指山间的流水,这里泛指水流。王,君主,天下的统治者。

善下之:很妥善地处在低下的位置。善,高明、妥善。下之,使位置处在低处。

上民:处在民众的上方。上,处于上方,指处在领导者的位置。"圣人之欲上民也",通行本作"欲上民"。

言下之:指在言语上处下。"言"又指声教政令,下达政令时把人民放在高处,即"以人民为天,为人民服务"的意思。

先民:处在民众的前方。先,处于前方,指领导、率领。

身后之:指把自身的地位放在后方。身,自身,这里指身份、地位。后,处于后方。

居前而民弗害:指处在民众前方,而民众不觉得是妨害。害,妨害、损害。乙本、北大本"居上"句在"居前"句之前。

推:推举,拥戴。

解

领导者的重要智慧——谦下

国家治理者不要总以智者居上的态度,把百姓当成愚昧者,而使用智巧去对付他们,真正能成就大功业者,从来不会靠使用聪明。大海成就其大,在于善于处下,故而吸引天下水流来投;圣人成就其大,在于以言处下、以身处后,故而吸引天下百姓归服。下方,是道停留的地方;有道,则无人能与之相争。

齐桓公是齐国的国君,春秋时期的霸主。他听说有个姓稷的人有贤才,于是一天之内三次登门拜访,可都没有见到。齐桓公打算第二天再去拜访,他的随从说:"作为有一万辆兵车的大国君王,去见一个平民百姓,一天去了三次却未见到,也可以停止了。"

齐桓公说:"不是这样的。有才能的人傲视爵位和俸禄,当然也会轻视他们的君王。而君王如果轻视霸主的功业,自然也会轻视有才能的人。就算士子小臣稷看不起爵位和俸禄不愿见我,我又怎敢看不起中原霸主的大业呢?"

就这样,齐桓公去了五次才见到小臣稷。天下诸侯听说了这件事,都说:"一个布衣之士,齐桓公尚且如此低姿态来对待,又何况是我们这些国君呢?"于是一起来朝拜齐桓公,很少有不到的。齐桓公之所以能够多次联合诸侯,一统天下,原因正是他能够用谦卑的态度对待士人啊。那如果国君以倨傲的态度对待士人,又当如何?

魏国的太子子击出行,在路上遇到老师田子方,赶忙下车行礼拜见,田子方却不还礼。子击心中愤怒,认为老师无礼,于是说:"是富贵的人可以傲视他人呢?还是贫贱的人可以傲视他人?"田子方说:"是贫贱的人可以傲视他人!富贵的人怎敢傲视他人!国君如果傲视他人,就会失去国家;大夫如果傲视他人,就会失去封地。失去国家的人,没有听说有以国君的礼遇对待他的;失去封地的人,没有听说有用大夫的礼遇对待他的。至于那些贫贱的士人,要是言论不被采纳,做事不合上意,马上就可穿鞋离去,到什么地方得不到贫与贱呢?对他们而言毫无损失!"听了这番话,子击恍然大悟,马上向田子方道歉。

所以越是大的领导者,越是地位高贵的人,越应该处下。处下而不与人争高,于是能容纳"高人"。作为天下的溪谷,万物皆向我汇聚,天下皆为我所用,又还有谁能与我相争呢?

30

— 80 —

小邦寡民，
国家小，民众少。
使十百人
以至于有多人操作的大型器
之器毋用，使民重死而远
具也无人使用，　　让民众看重生命而不到处流动迁徙。
徙。有车舟，无所乘之。
　　　　有船只车辆，　　　但是没有人乘坐。
有甲兵，无所陈之。使民
有衣甲兵器，　　但是不知道用来对付谁。　　让民众回归到
复结绳而用之。甘其食，
可结绳来记事的简单生活。　　民众以其食为甘（安于当下饮食），
美其服，乐其俗，安其居。
以其服为美，　　以其俗为乐，　　以其居为安。

邻邦相望，鸡狗之声相闻，
邻国之间互相看得到，　　　　鸡鸣狗叫互相听得到，

民至老死，不相往来。
但两国的民众却直到老死，都不互相往来。

―― 注 ――

小邦寡民：小国家，百姓数量很少。小邦，小国家、小城邑。邦，通行本作"国"。

使：让，以至于。

十百人之器：需要十人、百人共同操作的大型器具。十百人，北大本作"什佰人"，传世本多作"什伯"。

重死：以死生之事为重，这里指看重生命，重视养生。重，重视、以之为重。死，丧失生命。

远徙：避开迁移，远离颠沛流离。远，远离、避开。徙，迁移、转移。通行本作"不远徙"。

陈：排列，摆设。

结绳：把绳子扎接成结，是文字产生之前人们用来记数、记事、传递信息的方法。

甘其食：以其吃食为美味。指满足于当下的饮食，没有追求更美好口味的欲望。甘，甜美的、味道好的。

美其服：以其穿着为漂亮。指满足于当下的服饰，没有追求更美穿着的欲望。美，好看的、漂亮的。

乐其俗：以其习俗为安乐。指满足于当下的风俗，没有追求更时尚潮流的欲望。乐，安乐。俗，长期形成的风尚、礼节、习惯等。

安其居：以其住所为安定。指满足于当下的居住，没有追求更大更豪华住宅的欲望。安，安定、安稳。传世本多将"安其居"置于"乐其俗"之前。

(解)

小邦寡民——老子心目中的理想社会

天下不能与我相争，天下皆服从于我，于是天下无争。一个无争的天下，表现出来就是"小邦寡民"。

小邦，是因为从大的集体回归到了小的组织；寡民，是因为从多的群体回归到了少的个体。从集体意识中抽离出来，最终返归于自我，意识到自己是作为一个独立的个体而存在，拥有了自己的独立思维，才算是承袭了道。

个人只有实现了精神独立，才能直接上承于道，而不是服从于家庭、乡里等集体意志。没有了这些"非道"意志的干涉与掌控，道才能够得以通行。

春秋战国号称"大争之世"，从春秋初期的一百余国到战国初期的二十余国，可见各国相争有多么激烈。在这样恶劣的生存环境下，小的国家要么抱团求生，要么成为大国附庸，而战争机器一旦发动，个人独立意志也将完全泯灭，一切服从于集体。

秦国在经过商鞅变法之后，成为一部精密运转的战争机器。商鞅推行了被后世沿用数千年的郡县制，加强了中央集权，并在民间实行户籍制、五保制，让中央的意志可以更顺畅地贯彻到地方。因此，秦国在同样的人口和土地情况下，可以募集更多的士兵和粮草。

商鞅又制定法律，禁止秦国的商业、手工业、服务业、娱乐业及文化产业，奖励耕战，鼓励垦荒，禁止私斗。商鞅的目的，就是让秦国的劳动力全部投入农业生产，或者去打仗。

为了鼓励士兵作战，商鞅还设立了军功制，将整个社会阶层的调整与军功绝对挂钩，无军功不授爵，并设定二十个爵级，根据军功依次积累。这一系列的举措让生活在秦国的人，不论何等职业，都会被一套完整的制度纳入国家军事体系中，要么上战场，要么做后勤，唯一的社会活力来源有且只有战争。

秦国横扫六合一统天下之后迅速衰败，就是由于维持这套战争体系运转的动力消失了。没有战争、无法扩张，当权者又未能及时对制度作调整，西汉贾谊在《过秦论》中将其总结为"仁义不施，而攻守之势异也"。秦国在取得天下之后，并没有从战争回归到社会生活，从服从集体回归到关照个人，仍行战争管理之制，以致迅速灭亡。

天下有道，是不存在战争的。所以即使有军队有武器，也不知道要拿来对付谁；即使有大型的器械，也无处可以使用。国家发生的值得记录的事少得可怜，用绳子打结就可以记下了。人民安于自己的风俗，有自己的娱乐与生活，没有向外追求的欲望，故而车船都没人使用。不需要抱团求生存，故而乡与乡之间、国与国之间很少有沟通往来，邻村之间互相能听到鸡狗的声音，却并无交往。人民生于斯、长于斯、安于斯，此为治世。

31

— 81 —

信言不美，美言不信。
真实的言语不华美，　　华美的言语不真实。

知者不博，博者不知。善者不多，多者不善。圣人无积，既以为人，己愈有。
知"道"者，不会追求见闻广博；　　追求见闻广博者，对"道"没有认知。　　有道之人，不会求多；　　求多的人，不是有道之人。　　圣人不会积敛成多，　　都用来成就他人，　　自己就会越富有。

既以予人矣，己愈多。
都拿来给予他人，　　自己就会越富足。

故天之道，利而不害。
所以遵循自然之道行事，　　是有利于万物而不侵害；

人之道，为而弗争。

遵循有为之道行事，是有所作为而不相争。

注

信言：真实诚信的语言。信，诚实、真诚。

知者：知道（道）的人。知，知道、明白。

博者：指追求积累广博知识的人。博，宽广、广博。

善者：行事高明的有道之人。善，妥善、高明。

多者：指追求积敛成多的人。多，超出、有余。"善者不多，多者不善"，原文部分残损，据乙本补。北大本和多数传世本作"善者不辩，辩者不善"。

无积：不聚积、不积敛无度。积，聚积、累积。

为人：行事于人，即成就他人之义。为，做、行事。

天之道：即自然之道。天，天然的、自然的，一直以来就存在的，如"天理"。道在天地还没有出现的时候就已经自然存在了，天地万物出现之后，遵循着这个自然存在的道而呈现出来的规律，是谓"天之道"。

人之道：即有为之道。人，人为的、人造成的。此处原文残损，据乙本补。传世本多作"圣人之道"。

解

道需内求

所以人间真正的治世，是人们各自发挥作用而不相争，各自满足于当下,安守于自我而不向外逐求。因为真正的满足,是内在本自的满足,而不是依靠从外界获取满足,不是依赖从外物得到满足。

所以信实的言语,不依赖文辞修饰;被华丽辞藻修饰的言语,往往内在实情不足。认知中有道的人,不依赖外在的知识装饰自己;处处表现知识渊博的人,还没有认知到道。行事有道的人,不会积敛成多;积敛无涯之人,行事没有道。

《世说新语》里记载,东晋名士王恭,年少时就有美名,德行操守超于常人,心怀宰辅之志。一天,王恭从会稽回到京城,族叔王大去看望他。王大见到他坐着一张六尺宽的竹席子,很是羡慕,想到会稽盛产竹席,王恭从那里回来,应该带了不少。于是说:"你从会稽郡回来,所以有这么好的竹席子,可以送我一张吗?"王恭没有说什么。王大离去后,王恭就把所坐的竹席子叫人送去王大府上。王恭送出竹席后,就用草垫子做坐席。王大知道了这件事,十分惊讶地说:"我本以为你有好几张竹席,所以才会讨要一张。"王恭说:"您不太了解我,我为人没有多余的东西。"这便是成语"身无长物"的出处。

《庄子·逍遥游》说:"鹪鹩巢于深林,不过一枝;偃鼠饮河,不过满腹。"如果把整片树林都绑在小鸟身上,它又该如何逍遥而飞?如果把整条河水都让偃鼠打包带走,它又该如何自在而行?被多余所滞,被外物所累,不能通达于道。

《唐国史补》记录了这样一个小故事:唐朝的刘颇,有一年冬天经过渑池。山高路难行,有一辆装着瓦坛的车,因为太重上不了坡,停在了窄道上,进退不得。眼看天都要黑了,数百辆马车堵在后面无可奈何。这时刘颇骑马赶到,问车主:"车上的坛罐值多少钱?"车主回答说:"大约七八千吧。"刘颇解开钱袋,给了他七八千钱,便叫仆人爬上车子,斩断系着的绳索,把瓦坛推落悬崖。车子一轻,便能前行了。道路一通,跟在后面的马车,都又继续前进。

我们都知道"补不足"是利,却很少能认识到,"损有余"也同样是利,都是上天令其往道靠拢,达到"中"的状态。这便是"天之道,利而不害"。圣人持守这个原则,不会积敛财货阻断流通,而是让它发挥所用,用来成就他人。成就的人越多,自己就越富有;拿出去的越多,自己的收获就越多。

32

天下皆谓我大，大而
天下人都说我（关于道的论述）太宽泛（不着边）了，宽泛到不像任何
不肖。夫唯大，故不肖。若
具体的东西。　　正是因为博大无边，才不像任何具体的东西。
肖，细久矣。
如果和具体的东西相像，那早就很渺小了。
我恒有三宝，持而宝
我一直都有三样宝贝，　　　　持守并珍爱着它们，
之。一曰慈，二曰俭，三曰
第一个叫作"慈"，　第二个叫作"俭"，　第三个叫作
不敢为天下先。夫慈，故能
"不敢为天下先"。　　　　慈，所以能具备大勇；

勇；俭，故能广；不敢为天下先，故能为成事长。
俭，所以能成就宽广；　　不敢为天下先，所以能领导大家有所成就。

今舍其慈，且勇；舍其俭，且广；舍其后，且先，则必死矣。夫慈，以战则胜，以守则固。天将建之，如以慈垣之。
如今舍弃了慈，而求勇敢；舍弃了俭，而求广博；舍弃了后，而求居前，这样就必然会走向灭亡。慈，用以作战则无不能胜，用于防守则坚不可摧。所以，上天将要成就一个人，才会用"慈"来环卫着他。

注

大：广泛、宽泛，形容博大无边。"天下皆谓我大"，原文残损，据乙本补，通行本作"天下皆谓我道大"。

大而不肖：不与事物相像，即不能与任何事物相匹配，不能落于任何具体的实处，宽泛而无具体用处。肖，相像、相似。原文残损，据乙本补。北大本作"以不宵",传世本多作"似不肖"。

夫唯大，故不肖：乙本作"夫唯不宵，故能大"，传世本多作"夫唯大，故似不肖"。

天下先：次序排在天下人的前面，以自身意志为第一优先。先，次序在前的，与"后"相对。

慈：本义指爱护人、成就人。有慈之人，为了保护他人免受伤害，具有莫大的勇气，所以慈最常见于母爱。

俭：收敛，不放纵。"俭"的反面是"铺张"，收束自己的欲望不往外延伸铺张，就是俭。北大本作"敛"。

成事长：指领导着大家把事情做成功的人。长，领导人、负责人。事，乙本、北大本及多数传世本作"器"。

且：取，拿。

建：建树，建立。北大本及通行本作"救"。

如：这才，然后。通行本无此字。

垣：筑墙围绕，这里指护卫。通行本作"卫"。

解

本章首先是对世人不解真"道"的感叹，于是提出了三个具体的修道手段：一是慈，二是俭，三是不敢为天下先。这些是对第一段中"世人觉得过于宽泛"的回应。

修道三宝

成就他人，就叫慈；不外逐求，就叫俭；安守于中，就叫不敢为天下先。这三样东西,是有道之人视若珍宝的东西。有了慈,才可以铸就勇武;有了俭,才可以成就宽广;不敢为天下先,才可以成为领导者。

《资治通鉴》记载,唐太宗极其体恤兵卒伤员,在白岩城之战中,右卫大将军李思摩身中弩箭,唐太宗亲自为他吮血,士卒无不感动。大战后,唐太宗会收集将士遗骸,亲自写祭文哭祭。有将士父母感动地说:"吾儿死,而天子哭之,死何所恨?"

一代战神吴起,也曾为士卒吮脓血。吴起在魏国担任将领时,与士卒中地位最低的人同衣同食,睡觉不铺席子,行军不乘车马,亲自捆扎包裹、背负军粮,为士卒分担劳苦。士卒中有个生了毒疮,吴起亲自替他吮出脓血。这个士卒的母亲听说后,却失声痛哭。有人不解地问她:"你儿子只是个普通士兵,将军亲自为他吮吸脓血,你应该高兴才是,哭什么呢?"

那位母亲回答说:"不是这样的。前些年吴将军也曾为我孩子的父亲吮过毒疮,他为报答吴将军的恩德,在战斗中奋不顾身,结果死在了敌人手里。如今吴将军又为我的儿子吸吮毒疮,我的儿子肯定也要死了,只是还不知道会死在什么地方,所以我才会哭他啊。"

士兵有了成就将军之心,故而拼死作战;母亲有了成就孩子之心,可以不顾性命。吴起和唐太宗,正是用自身之慈,成功激发了士卒之慈。拥有慈德,则战无不胜,守无不固,古往今来能够建功立业的,都是被慈所护卫的人。

《说苑》中,收录了这样一段对话。秦穆公问由余:"古时圣明的帝王,因为什么得国和失国呢?"由余说:"我听说,是以俭得国，以奢失国。"秦穆公说："我想听听，奢与俭的关键所在。"由余说："我听说尧得天下时，用瓦器吃饭，用瓦盆喝汤。他的领土，南到交趾，北到幽都，东西到日出、日落的地方，天下没有不归顺的。尧让帝位，舜接受天下，用木头做食器，用铜铁做刀具，还要漆成黑色。诸侯认为这样奢侈，不肯臣服的诸侯国有十三个。舜让帝位，禹接受天下，制作祭器，外面涂了漆还要用朱色绘内壁。用锦帛做席褥，酒杯和勺子施以彩色装饰，更加奢侈。这时不肯臣服的诸侯国已达到三十二个。夏后氏灭亡以后，商、周接管天下，他们制作大型的礼器，设置九旒仪仗，食器酒器都要精心雕琢，墙上要有帷幔的装饰，席褥饰以花纹，这比过去更加奢侈了。不肯臣服的诸侯国多到五十二个。由此看来，俭朴是得国的道理。"秦穆公深以为然。

君王简朴，约束自己的欲望而不逐求于外，专一精神而不被外物所动，万物不被君王截留积滞，于是生生不息，得以成就博大宽广。

《庄子·庚桑楚》中说，老子有一个很出色的弟子，叫庚桑楚，独得老聃真传，居住在北边的畏垒山。只三年，畏垒山一带就获得了大丰收。人们相互传言道："这恐怕就是圣人了吧！大家为什么不一起来推举他为主而敬奉他呢？"

庚桑楚听到大家的议论，心里很不愉快，弟子们见状都感到非常奇怪。庚桑楚说："你们又有什么好奇怪的呢？春天阳气蒸腾勃发百草生长，秋天庄稼成熟果实累累。春天与秋天，难道无缘无故就能够这样吗？这是自然的运行啊！畏垒山获得大丰收，我又有什么功劳可言呢？我听说道德修养极高的人，安然处于方丈小室之内，而百姓纵放不羁悠然自得，根本不会去关注这个人。如今畏垒山一带的百姓私下里谈论，想把我列入贤人的行列而加以供奉，我难道乐意成为众人注目的人吗？面对老子的教诲，我深感不安。"

庚桑楚认为，真正的圣人只需要关门闭户，安守在自己的小房间里不出来，天下自然就能得到治理。而如今人们却要把自己从小房间里推出来，让自己处在所有人的前方下达指令，让大家听命行事。这是因为自己的德行还不够，不能让人不关注自己而自然行事。

所以真正的"大"，不会用言语告诉别人怎么去做，不会用行为示范大家如何行事。他的言行不与任何具体的事物相匹配，不落于任何有形，如此才不会有所局限，才能叫作"大"。

33

— 68 —

善为士者不武，善于做统帅的人，不会逞勇武。**善战者不怒，**善于作战的人，不会被激怒。**善胜敌者弗与，**善于战胜敌人的人，不会与敌人正面相抗。**善用人者为之下。**善于用人的人，处于众人之下。**是谓不争之德，**这就是不争的德性，**是谓用人，**这就叫善于用人，**是谓配天，**这就叫与天道相匹配，**古之极也。**是自古以来的最高准则。

注

士：将领，统帅。

武：勇敢，勇武。

与：交往、彼此往来，这里指相抗、相敌。

用人：通行本作"用人之力"。

配天：匹配于至高无上的法则，即符合天道。天，指自然存在的最高法则。

解

不争之德——用人需要不争

真正高明的统帅，不会迷信武力；真正高明的战士，不会勃发怒气。善于胜敌的人不会拘泥于正面对攻，善于用人的人，不会总以上位者的姿态凌驾于人。这叫不与外物相争，因为只要自身落于有形，便会被有形所局限，有形对上了其他有形，只能产生碰撞争斗，而无法收容为己所用。唯"无形"可以任用"有形"。

《庄子·徐无鬼》说："以贤临人，未有得人者也；以贤下人，未有不得人者也。"以贤才傲视他人，只会让人反抗斗争；以贤才居于人下，才会让人心悦诚服。"处下"，其下深不见底，即居于虚空，处于无形。如果轻易被人探出虚实，知道了局限之所在，也就会被对方所掌控了。

项羽手下大将曹咎有勇无谋，被项羽指派坚守成皋十五天，开始时尚能坚守不出，但却被刘邦军看出破绽，连续几天派了几百个大嗓门的士兵在成皋城外大骂曹咎，嘲笑曹咎是个胆小如鼠的缩头乌龟，只会躲在女人的怀里。汉军士兵拿着白色的布幡，上面写着曹咎的姓名，下面画着猪狗等畜生，极尽侮辱之能事。后来汉军又连项羽一起骂，曹咎终于受不了了，召集兵马，怒气勃发地杀出城来，结果在汜水边中了汉军的埋伏，全军覆没，曹咎等人虽然侥幸得以逃脱，但愧于面对项羽而自杀。

项羽正是因为不会用人，最后导致失败，缘于他的个性张狂，刚愎自用而又心胸狭隘。《史记》记载，汉高祖刘邦夺得天下后，在洛阳南宫举行酒宴。高祖说道："各位列侯、各位将军，不要对朕隐瞒，都来说说这个道理：我能取得天下的原因是什么？项羽失掉天下的原因又是什么？"

高起、王陵回答说："陛下派人攻城略地，攻取了城邑、土地就分封给他，与大家同享利益；项羽却不是这样，他对有功的人嫉恨，对贤能的人猜疑，这就是他失去天下的原因。"

高祖说："你们是只知其一，不知其二。谈到运筹帷幄之中，决胜千里之外，我不如张良；镇守国家，安抚百姓，供给粮饷，保持运粮道路畅通无阻，我不如萧何；统率百万大军，战必胜，攻必取，我不如韩信。这三位都是人中英杰，而我能够任用他们，这就是我所以能取得天下的原因。项羽虽然有一个范增，却不能信任使用他，这便是项羽被我擒拿的原因了。"

34

用兵有言曰：吾不敢
用兵的人说过这样的话，　　　　我不敢主动进犯而
为主而为客，吾不进寸而
是被动防守，　　　　　　我不前进一寸而是后退一尺。
退尺。是谓行(xíng)无行(háng)，攘无臂，
这就是说，行军不成阵列，　　士气不得提振，
执无兵，乃无敌矣。
手中不拿兵器，　　这样便能天下无敌了。
祸莫大于无适，无适
最大的祸患，是不知道节制，　　　不知道节制几
近亡吾宝矣。故称兵相若，
乎让我丧失了"道"。　　所以当采取军事行动的双方兵力相当的

则哀者胜矣。

时候，心怀悲悯的一方获胜。

注

主：与"宾"相对，是邀请并接待宾客的人。这里指拥有决定权、占主动地位的一方。客，则指外来的人。这里指听从、顺从对方的一方。

行无行：指行军不成阵列。没有阵势可作依仗，这样将士们就会量力而行，而不会成为骄兵。行，走路、行进。无行，指没有队列，不成行列（直排为行，横排为列）。

攘无臂：指无人振奋，这里形容情绪平淡，不激动昂扬。没有情绪上头失去理智，这样将士们就可以沉着不怒，冷静对敌。攘臂，捋起袖子露出胳膊，指群情振奋。

执无兵：手上没有拿着兵器，这里指兵锋不外显，利器不示于人。没有利器催生争杀之心，不争而又有慈，则战无不胜。执，拿着。兵，兵器。

乃无敌：这样就没有敌手了。乃，于是、就。北大本作"乃无适"，传世本多作"扔无敌"。

无适：指不加以节制。适，本义指切合、恰当，要做到恰当就不能太过，引申指节制。乙本作"无敌"，传世本多作"轻敌"。

近亡吾宝：指差一点就让我丧失了道。近，接近、差不多。宝，指代道。

称兵相若：指采取军事行动的双方兵力相当。称兵，指兴兵，采取军事行动。若，相当、等同。乙本作"抗兵相若"，北大本作"亢兵相若"，传世本多作"抗兵相加"。

哀者：指心怀悲悯，以杀人为悲哀的一方。

解

不争之德——用兵需要不争

不但用人需要不争，即使是用兵作战，在最为争竞的战场之上，也是不争者胜。

春秋时期，重耳为避祸来到楚国，楚成王以国君之礼相迎，待其如上宾。一日，楚成王设宴款待重耳，笑问重耳："有朝一日你若返晋登上王位，该如何报答我呢？"重耳："美女珍宝、珍禽异兽，楚国都不缺，晋国哪有什么珍奇物品献给大王呢？"

楚王说："即便如此，总该有所表示吧？"重耳说："若是托您的福，果真能回到晋国当上国君，愿与贵国交好。将来万一两国在战场相遇，我便命令士兵后退九十里。若还不能得到您的原谅，我再与您交战。" 后来重耳真的回到晋国当了国君。公元前632年，晋国和楚国发生冲突，爆发战争。晋文公为实现自己许下的诺言，下令晋军后退九十里，驻扎在城濮。楚军见晋军后退，以为对方害怕了，马上追击。晋军利用楚军骄傲轻敌的弱点，集中兵力大破楚军，最终取得了城濮之战的胜利。

古往今来，善于用兵的人总结经验得失，认为作战最忌骄狂，不知道节制自己的争竞之心，不知道适可而止，恐怕连命都会丢掉。然而战场上此类案例比比皆是，从古到今都未能断绝。所以真正高明的将领，总是会尽量让士兵以平常的心态去交战，甚至以悲天悯人、解救危难的情怀去作战。

《资治通鉴》记载，秦国名将王翦奉命率领六十万大军去攻打楚国。秦军与楚军对阵，楚军屡次挑战，王翦却下令坚守营寨，始终不出战。王翦每天让士兵休息沐浴，并用丰盛的饮食抚慰他们，和士兵一道用餐。这样过了一段时间，王翦便派人去询问："军营中现在有什么游戏活动吗？"回报说："部队正在比赛投石和跳跃等游戏。"听此报告后，王翦说："士兵可以用来作战了。"楚军见秦军始终不出兵应战，就挥师向东而去，王翦趁机下令追击，让精锐士兵发起突袭，大败楚军。追到蕲南，杀了他们的将军项燕，占领了楚国城邑。一天后，俘虏了楚王负刍，最后平定了楚国各地，设为郡县。

《庄子》用一个"呆若木鸡"的故事，揭示了什么才是作战最好的状态。从前有一个叫纪渻子的斗鸡高手，周宣王请他来训练斗鸡。十天后，周宣王问："斗鸡怎么样了？"纪渻子答："还不行，它表面上骄傲得不得了，内在却又虚浮不堪，这样的鸡出去就得打败仗。"又十天后，周宣王问："斗鸡现在可以了吗？"纪渻子答："还是不行，听见响声就叫，看见影子就跳，太过浮躁了。"又过了十天，周宣王来问，纪渻子说："还是不行，仍然是斗志昂扬，眼神锐利，意气太过强盛了。"再过了十天，周宣王来问，纪渻子说："现在就差不多可以了。别的鸡即使打鸣挑衅，它也不会有什么变化，看上去像木鸡一样。"果然，别的鸡没有敢于应战的，看到它掉头就逃跑了。

所以不要以主人凌驾客人的姿态去打仗，不要以进犯的方式去侵略，不要依赖人多势众、兵强马壮就骄矜逞强。外物并不是必胜的依仗，真正起决定作用的是内在有德，为了坚守正道，为了解救危难，为了保卫亲人而战，才能保全内在之德，才能常胜。

35

—70—

吾言甚易知也，甚易行也。而人莫之能知也，而莫之能行也。言有君，事有宗。夫唯无知也，是以不我知。知我者希，则我贵矣。是以圣人被(pī)褐而怀玉。

我说的话非常容易理解，也非常容易实行。但世人却都听不明白，也不能实行。我说的话，都有准则可依；我做的事，都有宗旨可从。只有认知不到我说话的那个准则，认知不到我做事的那个宗旨，才会不理解我。理解我的人很少，那么我就尤其珍贵。所以圣人外面穿着粗布衣服，怀中却抱着无价的美玉。

注

言有君，事有宗：君，表示发布命令治理事务。本义指君主、主宰，这里指准则、纲领。宗，祖先、祖宗，这里指根本、主旨。乙本、北大本、传世本作"言有宗，事有君"，"君""宗"二字位置与原文相比，恰好颠倒。"君"发号施令与"言"字对应，故本句取原文。

无知：缺乏认知，无所知。就上文所讲"君"与"宗"而言。

则我贵矣：部分传世本作"则我者贵"。

被褐而怀玉：穿着粗布衣服，怀中抱着美玉。美玉为何在怀中？因为能认知到他珍贵的人很少，故而珍贵在内。粗布衣服为何在外面？因为人们对他的普遍认知，是宽泛无用，没有价值，故而低贱在外。被，搭衣于肩背，指穿戴。褐，粗布或粗布衣服。

解

一、最简单的反而最难做到

人们常说"大道至简"，因为事物越接近其本源，就越呈现出质朴与简化。所以最高端的智慧与行为方式，表现出来反而朴实无华，都是一些很常见、很简约的东西，而非奇巧繁杂的诡异与古怪。但越是这种简单，世人却越是难以做到。

无所求和欲求不满，哪个简单？不生事和滋生事端，哪个简单？少思虑和绞尽脑汁，哪个简单？减损和累积，哪个简单？单纯和复杂，哪个简单？平静和浮躁，哪个简单？最简单，要做到反而最难，因为世人偏离那个本源大道太远了。这就好像书法家数十年苦练而得其真谛，写起字来轻描淡写，很简单很轻松，但是旁人却没有谁能做到，因为不具备他的基础功底。

　　简约朴实，正是有道的表现，玄奇繁复，是走入歧途，只会离大道越来越远。但世人却往往以玄奇为技巧，以繁复为聪明，如此才会"正言若反"，完全颠倒过来。我明明说的是光明正道，听的人却觉得违背常理；我明明说的是进取之道，听的人却觉得是在倒退；我明明说的是平顺之道，听的人却觉得阻碍重重。因此无人能懂得，也无人能做到。

　　二、圣人被褐而怀玉

　　春秋时，楚国有一个叫卞和的琢玉能手，得到一块璞玉。便捧着璞玉去见楚厉王，厉王命玉工查看，玉工说这只不过是一块石头。厉王大怒，以欺君之罪砍下卞和的左脚。厉王死，武王即位，卞和再次捧着璞玉去见武王。玉工仍然说只是一块石头，卞和因此又失去了右脚。武王死，文王即位。卞和抱着璞玉在楚山下痛哭了三天三夜，眼泪流干了，接着流出来的是血。文王得知后派人询问，卞和说：我并不是哭我被砍去了双脚，而是哭宝玉被当成了石头，忠贞之人被当成了欺君之徒，无罪而受刑辱。于是，文王命人剖开这块璞玉，见真是稀世之玉，命名为和氏璧。

　　和氏璧为何难以被世人所认识？正是因为它"被褐而怀玉"，外表朴素而内在丰华，所以并不符合大众的认知。"处下""不争"等道理，其实很容易理解，也很容易实行，但却没人能理解，能实行。因为他们认知不到我说这些话的依据，懂我的人实在太少了，因此我才尤其珍贵。

36

— 71 —

知不知，尚矣。不知不知，病矣。是以圣人之不病，以其病病，是以不病。

知道自己有所不能知，这是认知得到了提升（离道近矣）。不知道自己有所不能知，这是认知被自身所困（不能见道）。所以圣人不会有困顿，是因为把被自身所局限当成是弊病，故而不会有困顿。

注

知不知：知道有不能落于知见的存在，即道。知，知道，明白。不知，不能落于知见的存在，不能被思维所认知的存在。

尚：本义指增加、高出，这里指在认知上得到了进步与提升。尚矣，北大本作"上矣"，传世本多作"上"，无"矣"字。

不知不知：不知道有不能被思维所认知的存在。乙本、通行本作"不知知"，北大本作"不智智"。

病：本义为"困"，困苦、困扰之义，指被限制而无法摆脱。

病病：指把被困扰、被限制当成是弊病，而尽力克服。第一个"病"是动词，指以之为病，忧虑之义；第二个"病"指被限制、被困扰，形容困顿的状态。"自知者明"，圣人不会有困顿，是因为他认知到自身的局限，故而不会困于无知却不自知的状态无法自拔。

解

西方哲人苏格拉底也说过类似的话，书读得越多越觉得自己无知。越是孤陋寡闻之人越容易局限于自己的认知中，反而越觉得自己无所不知。而在老子的思想中，还有另外一层意思，即正是知道自己的未"满"，才有了持续提升的可能，正是知道自己的不足，才会避免不足而不会不足。

自知之明的重要性

《庄子·天地》中说：知道自己愚昧的人，说明他还不算蠢得彻底；知道自己是处在迷惑状态的人，说明他迷惑得还不深。那些大迷惑之人，终身都不能得到解救，因为他们认知不到自己的迷惑；那些大愚蠢之人，终身都冥顽不灵，因为他们认知不到自己的愚蠢。

所以如果一个人生了病，尚能把自己的病情说清楚，就说明不是大病。如果连自己都不知道病在哪里，那才是真正的重病了。救这样的人是一件非常难的事情，因为你要对他的状态进行改变，如果他并不认为自己当前的状态有问题，你的施救只会让他反感。

故而俗语有云"师不顺路，医不叩门"。教人和救人一样，都需要对方先认知到自己有问题，才能受教。所以除非对方求教，这时说明他"知不知"，就可以接纳新知进来。如果他一直处于"不知不知"的状态，你对他说新知，只是对他的否定和冒犯而已。这种强行施教，让别人不愉快的同时还损耗了自己，没有半分意义。

《庄子·秋水》中有这样的寓言：秋天，洪水按时而至，百川汇流于黄河，黄河水位暴涨，水面顿宽。一眼望去，两岸沙洲间迷蒙一片，连是牛是马都不能分辨。河神洋洋得意，欣然自喜，认为天下之大，不出乎己。

后来，河神顺着黄河流到大海一看，浩浩荡荡，举目无涯，连水的边际都看不到。河神这时才改变了脸色，叹道："我一直以为自己是最大的了，还好今天看到了大海，不然岂不是一辈子被有识之人嘲笑还不自知！"

海神笑道："对井里的青蛙，不能和它谈论井外的事情，因为它被环境局限住了；对夏天的虫子，不能和它谈论冬天的事情，因为它被时令局限住了；对浅薄的人士，不能和他谈论大道，因为他被教条局限住了。今天你从黄河出来，见识到了大海，认识到了自己的局限之所在，就可以和你谈一谈大道理啦。"

所以知道自己有所不知，这就还有提升的空间；如果完全认知不到自己的无知，那就陷入困顿没得救了。圣人从来都有自知之明，所以不会陷入这样的困顿之中。

37

— 72 —

民之不畏威，则大威
<small>当民众不再畏惧强权威压的时候，　　　　　　大的祸患就要到来了。</small>

将至矣。毋狭其所居，毋
<small>　　　　　　　　不要让民众的居处越来越狭小，不要让民众的生存</small>

厌(yā)其所生。夫唯弗厌(yā)，是
<small>越来越窘迫。　　　　　　只有不压迫民众，民众才不会憎恶。　所以</small>

以不厌(yàn)。是以圣人自知而
<small>圣人有自知之明，　　　　而不会用自己的意志施加于人；</small>

不自见也，自爱而不自贵
<small>　　　　　　　　圣人爱惜自身，而不会自作高贵。</small>

也，故去彼取此。
<small>　　　因此去除后者（自见、自贵），而取用前者（自知、自爱）。</small>

―――――――――― 注

威：采取某种行动以展示力量或声势，进行威逼、胁迫。"民之不畏威，则大威将至矣"，前后两个"威"程度不同，"大威"要更严重一些，而且"大威"是由"不畏威"引发的。

狭：窄，不宽阔。原文作"闸"，通"狭"。乙本作"伵"，北大本作"柙"，王弼本作"狎"，河上公本作"狭"，严本作"挟"。

夫唯弗厌，是以不厌：前后两个"厌"字，音、义均不相同。第一个"厌"音同"压"，压迫之义，指统治者而言（上对下）；第二个"厌"指厌恶，指民众而言（下对上）。弗，传世本多作"不"。

自见：以自己的主观成见为正确的标准。圣人有自知之明，故而不会把自己的主观当成标准，所以不会强行施加于人民，如此民众也不会感到被压迫。

自贵：自作高贵，用自己的高姿态去凌驾别人。

―――――――――― 解

上一章讲了"自知之明"的重要性，本章则论述"自知之明"在治国层面上的具体应用，治国者最大的自知之明就是能够客观地看待自己所处的位置以及清楚民众的真实需求，要自爱，不要自作高贵，要让民众富足，不要忽视民众的生存需求。

"自知之明"在治国层面的应用

没有自知之明的人，不知道自己的局限之所在，不知道自己的根本之所在，所以不知道进退取舍。这样的人做统治者，对人民的威逼不知道停止，对人民的压迫不知道停止，而当人民不再畏惧他的威压时，他自己就要大祸临头了。中国历史上就发生过多次因迫于压力而爆发的农民起义，并导致了一个个强大王朝的崩塌。

高以下为基，贵以贱为本，人民就像水一样，托起了统治者的高与贵。然而"水能载舟，亦能覆舟"，统治者如果认知不到自己的立身基础是人民，而一再对其逼迫压榨，最终必然会被人民所颠覆。

宰相房玄龄向唐太宗上奏说："我统计了仓库里的盔甲与兵器，远远超过隋朝。"唐太宗说："盔甲兵器等武器装备，确实不可缺少。但当年隋炀帝的盔甲兵器难道不充足吗？他最终还是丢失了天下。如果你们尽心竭力，使百姓平安，这才是我真正的盔甲兵器啊！"

《说苑》也记载了类似的事。齐桓公问相国管仲："做国君的人应该重视什么？"管仲说："应该重视天。"于是齐桓公仰头望天。管仲说："我所说的天，不是头上的苍茫之天，君王应该把百姓视为天。百姓跟随他，国家就安定；百姓辅助他，国家就强盛；百姓反对他，国家就危险；百姓跟他背道而驰，国家就灭亡。"

所以圣人有自知之明，知道自己的立身之本是百姓，故而不会自恃高贵凌压百姓；知道个人的主观有局限，故而不会把主观意志施加给人民。

保护好自己的根本不失去，才能得以长久。

38

— 73 —

勇于敢者则杀,勇于不敢者则活。此两者,或利或害。天之所恶,孰知其故?天之道,不战而善胜,不言而善应,不召(zhào)而自来,坦而善谋。天网恢恢,疏而不失。

勇于进犯就会身死,勇于退让则会存活。

这两种行为,一个让人得益,一个让人受害。

上天好像尤其厌恶刚强,谁知道这是什么缘故呢?

天道的规律,是不征战而自然取得胜利,不下令而自然得到遵行,不征召而万物自然前来归附,坦荡荡而图谋自然得以实现。天道的作用就如同一张宽大的网,网眼虽然稀疏,但却没有谁能钻得过去。

注

勇于敢：勇于进取，敢于进犯，意指刚强。敢，毫不畏惧地进而取之。

勇于不敢：勇于退让，勇于居后处下，意指柔弱。原文"敢"后有"者"字，乙本、北大本及传世本皆无。结合下文"此两者，或利或害"可知，"此两者"指的是"勇于敢"与"勇于不敢"两种行为。

天之道：即自然之道。天，天然的、自然的，一直存在的，如"天理"。道在天地还没有出现的时候就已经自然存在了，天地万物出现之后，遵循着这个自然存在的道而呈现出来的规律，是谓"天之道"。

不战而善胜：不需要征战，自然能取得胜利。"善"的最高境界就是自然而然，顺畅而没有多余的动作，恰当而不需要外力的施加，如流水一般。"战""言""召"，都是用外力推动的行为，有失自然。此句原文残损，据乙本补。战，北大本、通行本作"争"。

言：政令，号令。此处作动词，指发布政令，发号施令。

坦而善谋：指不用思虑计议，图谋自然得以实现。坦，本义指平而宽广，形容心安而不险诈、心宽而不思虑的坦然状态。原文作"弹"，乙本作'单'，均通"坦"。通行本作"繟"。

天网恢恢：天道的作用看上去非常宽泛、稀松。天网，形容天道的作用如同罗网。恢恢，形容宽阔广大的样子。

解

天之道在于不争和守柔

一味进取的人就会身死，因为他在用自己的意志和行动不断侵犯他人。如果不知道适可而止，就会酿成大的祸患。

《庄子·徐无鬼》讲了一个小故事，说吴王泛舟于长江，登上猕猴聚居的山岭。猴群看见吴王的队伍，惊惶地四散奔逃，躲进了丛林的深处。唯独有一只猴子没有跑，它身形灵活地抓住树枝跳来跳去，在吴王面前显示它的灵巧。吴王用箭射它，它身手敏捷地接住飞速射来的利箭。于是吴王下令随从打猎的人一起上前射箭，猴子躲避不及，抱树而死。

"勇于敢"者，往往容易成为众矢之的，就算有猴子般灵活的身手，也无法躲避千万支箭矢。处在天下人的前方，被天下人所共同谋算，又如何会不身死呢！

公元375年，前秦丞相王猛病重，死前谏于苻坚："臣死后，望陛下不要图灭晋室，鲜卑和羌族才是我们的敌人，应该尽快铲除，以利于国家。"王猛看出苻坚的基础尚不稳固，所以劝苻坚暂停扩张，先安稳内部再谋攻晋。然而苻坚自认国力强大，决定亲自统率大军讨伐晋朝。朝臣大多反对，阳平公苻融劝谏他说："知足不辱，知止不殆。自古以来，穷兵黩武的人没有不灭亡的。"但苻坚心意已决，说："现在我有百万大军，光是把马鞭投进长江，就足以截断江流，还有什么好怕的？"于是他亲率八十万大军伐晋。东晋以八万兵力迎击秦军主力，大败秦军于淝水。前秦从此一蹶不振，苻坚本人也被羌族将领姚苌所害，终四十八岁。

所以，天道厌恶这些使用强力的攻伐进取之人，而眷顾那些不使用强力的处后守柔之人。因此，天之道的表现是：不争斗作战，却能得到胜利；不强行下令，却能得到回应；不强制征召，却能得到归附；不费心谋算，规划却总是能得到实现。

39

— 74 —

若民恒且不畏死, 如果民众一直都是不害怕死亡的, **奈何以杀惧之也?** 那又何必用死亡来恐吓他们呢? **若民恒畏死,则而为者,** 如果民众一直都是害怕死亡的,那么那些胡作非为的人 **吾将得而杀之,** 我将把他们抓来杀掉, **夫孰敢矣!** 又还有谁敢进犯作乱呢? **若民恒且必畏死,则恒有司杀者。** 就算民众一直都是害怕死亡的,那也从来都有专门掌管死亡的存在。 **夫代司杀者杀,是代大匠** 代替掌管死亡的存在来杀人,就好像代替技术高明的工匠斫(zhuó)也。夫代大匠斫者,则希不伤其手矣。

砍削木头一样。代替技术高明的工匠砍削木头,那么很少有不伤到自己手的。

注

若民恒且不畏死:假设民众一直都处于不畏惧死亡的状态。恒,持久、长远。且,又、而且。恒且,指持久保持一个状态。传世本多作"民不畏死"。

惧:恐吓,使害怕。

若民恒畏死:原文作"若民恒是死","畏"字误写为"是"。乙本作"使民恒且畏死",北大本作"若使民恒不畏死"。传世本多作"若使民常畏死"。

为者:妄作之人,志欲强盛胡作非为的人。为,做、干,这里指妄作有为。乙本、北大本作"为畸者",传世本作"为奇者"。

必畏死:肯定害怕死亡。必,一定、肯定。"若民恒且必畏死",北大本、传世本中均无此句。

司杀者:掌管死亡的人,负责使万物失去生命的存在。司,掌管、职掌。

代大匠斫:代替技术高明的大匠砍削木头。大匠,是对某种技艺造诣极高之人的称呼,即上文所说的"司杀者"。斫,砍、削。

希不伤其手:指用自己的意志去替代天道而行事,必然会遭到反噬,最终伤到自己。希,罕见、稀少。

解

刑杀永远不是最好的治理方式

无道的统治者，总是觉得武力威胁民众是有用的管理方法。然而，如果人民一直都很怕死，武力威胁这种方法早就奏效了，历史上也就不会有那么多朝代更替了，但事实却并不是这样。如果人民一直都不怕死，那么武力威胁又有什么用呢？退一步说，就算人民一直都很怕死，那也不该是由统治者来决定当死不当死，而是由那个赋予他们生命的存在来决定。你代替这个伟大的存在来行生杀予夺之事，必然会被反伤。

明朝对臣子百姓的监察是最彻底的，管理也是最严苛的，却被许多人认为是中国历史上最黑暗腐朽的朝代。朝廷的权力触角伸到了家家户户，对百姓的管控深入到了日常的衣食住行。农民、商人、伶人等穿什么样的衣服，戴什么样的帽子，穿什么样的鞋子都有严格规定；女人的发型，首饰的材质、颜色、形制等更是不能逾越；房屋、伞盖、桌椅、酒器、床榻、床帐等各个方面，都有相关的限制和规定。

如果犯了错，就要被处以严酷的刑罚。其中最出名的，当属用来对付贪官的"剥皮揎草"酷刑，贪污六十两以上的官员都要抓捕到府、州、县、卫衙门左边的"皮场庙"，在众人的围观下把皮活剥下来，然后塞进稻草，制成人皮草袋悬挂在官府衙门前，以警示后来者。然而在如此重刑之下，明朝吏治败坏程度却堪称历史之最，鲁迅先生讽刺道："大明一朝，以剥皮始，以剥皮终，可谓始终不变。"

明朝以《大明律》和《大诰》为核心的重典体系，恢复了许多前朝已经废除的酷刑，甚至臭名昭著的人殉制度，也在明朝死灰复燃。广施酷刑的同时，朝廷还实行特务统治，锦衣卫就是皇帝直属的恐怖组织，后来又设立了东厂、西厂，专门负责监视百官和百姓。在这种高压统治下，人人噤若寒蝉，满朝文武人心惶惶，不可终日。

除外在的禁锢外，明代理学反人性灭人欲的精神洗脑，也是空前的。严刑峻法加上精神控制的结果，是让官吏对朝廷离心离德，让百姓怨声载道，士人不愿入仕，官员不敢做事，最后屈辱灭亡。历史再一次证明，靠严刑峻法是不可能维护社会长治久安的。

40

— 75 —

人之饥也，以其取食税之多也，是以饥。

人们之所以饥饿，是因为拿出了太多粮食来上税。

百姓之不治也，以其上有以为也，是以不治。

百姓之所以不能得到治理，是因为他们崇尚有为进取。

民之轻死，以其求生之厚也，是以轻死。

民众所以轻视生命（不顾性命），是因为追求厚养生命（满足人生中的各种欲望）太过了，因此才会轻视死亡。

夫唯无以生为者，是贤贵生。

只有不以厚养生命为务的人，才是真正掌握了珍重生命的精髓。

注

人之饥：饥，指肚子饿。人，指人们、天下之人。传世本多作"民"。本章依次使用"人""百姓""民"三种称呼，所指应有不同。"人"泛指天下之人，其义最广；"百姓"指有姓之人，是天下各个族群的统称；"民"指归属于某一国之人，是具有国家身份的人，其义最窄。

取食税：食税，指粮食之税，古代征收粮食作为税赋。取，拿出、取出。传世本多作"上"。

不治：不能得到治理，不能达到安定的状态。通行本作"难治"。

上：本义为高处、上面，这里作动词用，指崇尚，以之为尊贵。

有以为：有目的而作为，这里指志欲旺盛，意欲有所作为。

轻死：轻视死亡，不顾性命。轻，轻视、看轻。死，丧失生命、死亡。

求生之厚：指追求荣养自身的欲望太过深重。生，本义指滋生、滋长，这里指荣养自身。厚，形容程度深。通行本在"求生之厚"前有"上"字。

无以生为：不以厚养自身为目的而有所作为。如不贪求让自己得到更多，享受更好，生活更奢靡。

贤贵生：在珍视生命这方面有特长，即掌握了珍重生命的精髓。贤，本义指多财，引申为多才能，多出众人的便可称为"贤"。贵，珍视、珍重。传世本多作"贤于贵生"。

解

国家被统治者败坏的三种表现

一、人们受饥挨饿，因为要缴纳巨额赋税供统治者享用；

二、百姓崇尚进取，以钻营取巧为能事，以出人头地为目的；

三、民众无视天道、轻视死亡，只求富贵荣华以厚养生命，却不知厚养生命只会违背生命所需，是在戕害生命。

从前，一只海鸟飞到鲁国，鲁君把鸟接到太庙供养，奏《九韶》来取悦它，用"太牢"的宴席来喂养它。海鸟于是眼花缭乱，心中忧悲，不敢吃一块肉，不敢饮一杯酒，三天就死了。

什么才是生命所喜欢的呢？是安静的内心，是清淡的饮食，是与自然相处。辛勤劳作，心中充满算计与欲望，两耳充满嘈杂的乐声，厚味佳肴流然于席，以酒为浆醉以入房，即使求得了最尊贵的地位与珍贵的食物，难道就能让生命得到滋润而充盈吗？

因此鲁侯用养自己的方式来养鸟，导致鸟很快就死了。如果用养鸟的方式来养鸟，就应让鸟栖息于丛林，漫游于沙洲，浮游于江湖，啄食小鱼泥鳅，跟随鸟群，自由自在地生活。它们最讨厌听到人的声音，又为什么还要弄得那么喧杂呢？养生的道理，与追逐荣华的道理并不相同，生命喜爱的是简朴，是啬，是清静。

周太祖郭威生活俭朴，他对大臣王峻说："朕出身于贫寒之家，饱尝艰辛困苦，遭遇时世动乱，如今一朝成为帝王，岂敢优厚自己的供养而让下面的百姓吃苦呢！"遂命令王峻清理四方贡献的珍美食物，下诏令全部停止进贡。诏书说："所供养的只给朕一人，而受损害的却遍及黎民百姓。"又说："贡品贮存在官府之中，大多成为无用之物。"

魏武帝曹操非常节俭，他推崇简朴的生活方式，主张薄葬而非奢华厚葬。他明确要求自己死后不要进行豪华的陵墓建设。

要后代把自己葬在贫瘠的土地上,保持地面原有的高度,陵墓上不要堆土,不要种树,甚至不能有过多的陪葬品,金银珠宝铜器等物,一概不要随葬。

周太祖在世时得到了众人的拥护与爱戴,曹操去世后不会受到掘陵盗墓的侵扰,这就叫善于养护生命。

不要因为厚养自己而剥削百姓,不要因为厚葬自己而劳苦活着的人。只有不逐求外物来厚养自己的人,才是真正懂得了养生的精髓。《咸池》《九韶》的乐曲,演奏于广漠的原野,鸟儿听到高飞,野兽听见远走,鱼儿听到潜游,人们听见了却围观不休。失去自然太久了,人们已经不知道该如何与生命相处。

41

人之生也柔弱，其死也恒韧坚强。万物草木之生也柔脆，其死也枯槁。故曰：坚强者死之徒也，柔弱微细生之徒也。兵强则不胜，木强则恒。

人活着时身体柔弱，但死了就身体僵硬，变得坚强了。万物如草木之属，活着的时候都是柔软而脆弱的，死了以后就变得干枯坚硬。所以说，坚强的东西归属于死的那一类，而柔弱微小的东西，归属于生的那一类。军队逞强就不能胜利，树木强硬就会失去生机。

强大居下，柔弱微细居上。
所以强大的东西属于下乘的，而柔弱微小的东西属于上乘的。

注

人之生：指人活着的时候，有生命时的状态。生，有生命的。

恒韧：形容人死后的僵硬状态。原文作"揰仞"，乙本作"䑋信"，北大本作"俊信"，传世本无此二字。恒，固执、不变，用于草木（揰），指干枯、不弯曲；用于身体（䑋），指僵硬、不柔软。"仞"通"韧"，指状态不发生改变。"恒韧"，即表示"恒"的状态不发生改变。下文"木强则恒"，"恒"正代表死亡的状态，上下文相应。

柔弱微细生之徒：柔弱微小的东西归属于生的那一类。细，细小、微小。徒，从属、种类。本章原文两处"柔弱微细"，其余诸本均无"微细"二字。

兵强则不胜：军队一味骄矜逞强，就不能取得胜利。

木强则恒：树木变得强硬，失去了柔弱的特性，也就意味着失去了生机，成了枯死之木。恒，持久、不改变。帛书乙本作"兢"，北大本作"核"，王弼本作"兵"，传世本多作"共"。

居下：属于下等的。居，占据、属于。下，下乘的、下等的。

解

柔弱者生，刚强者死

生命得到滋润而充盈的表现，就是柔弱，柔弱是充满生机的象征。万物在活着的时候都是柔弱的，而死后就僵硬了，所以刚强坚硬是死亡的象征。

汉朝的开始与终结，就很好地诠释了柔弱而生、刚强则死的道理。汉朝建立之初，民生凋敝，甚至连天子出行都找不到四匹相同颜色的马，将相出行只能坐牛车。刘邦吸取了秦朝迅速灭亡的教训，采用黄老无为之道治国，通过赋税减免、降低徭役、宽厚政令等方式减轻百姓负担，同时鼓励农副业生产，放宽刑罚禁制，废除多种酷刑。对于周边少数民族，也以怀柔为主，严饬武备而从不轻启战衅，文帝在位期间仅与匈奴发生过一次大规模战争，大获全胜。

在经过文帝、景帝数十年的休养生息之后，呈现出国泰民安的盛世景象，史称"文景之治"。据《史记》记载，到了景帝后期，国库里的钱堆积如山，串钱的绳子都朽断了；仓廪内堆满了粮食，新粮压旧粮，以至底层的粮食都腐烂了。普通百姓也拥有马匹，吃得上细粮和肉食，民心安定不思迁徙，做地方官吏的到老死都不改任，代代相承甚至以官为姓氏名号。

而到了汉武帝时，一切发生了翻天覆地的变化。汉武帝彻底抛弃了"休养生息"的无为之政，而是"罢黜百家，独尊儒术"，开启了自己称雄海内的霸主之路。为了支撑自己穷奢极欲的生活开支、好大喜功的巡游封禅，以及穷兵黩武的巨额军费，汉武帝对百姓盘剥到了极致。他把食盐和铁的经营收归国有，然后对商人课以重税，并肆意增加税种，首创车船税，首征屠宰税，加重丁口税，用铸币权收割民间财富，靠卖官鬻爵来聚敛钱财。民众的财税负担因此呈几何级数增加，以致"百姓疲敝，起为盗贼"。

汉武帝在位的54年里，国内"生灵涂炭，哀鸿遍野，""天下虚耗，人复相食"。对匈奴连年开战，不但将"文景之治"的财富耗费殆尽，并且大肆搜刮民间，造成"海内虚耗，户口减半"。司马光在《资治通鉴》中对汉武帝的评价是："穷奢极欲，繁刑重敛，内侈宫室，外事四夷。信惑神怪，巡游无度。"

汉武帝之后，汉朝国力迅速衰败，最后被王莽所篡，但汉武帝崇尚有为的政治理念却一直延续了下去，最终"汉以强亡"。老子说："军队逞强就不会胜利，树木坚强就没有生机。"确实是至理名言。汉朝战力雄强，对外战事看似总在取胜，然而打着打着却把国家打没了，立足之本都丧失了，胜又从何而来，又有何强可言？

42

— 77 —

天之道，犹张弓者也。
天道的规律，就好像给松弛的弓上弦一样。

高者抑之，下者举之，有余者损之，不足者补之。
压抑高位的，而拉高低位的，多余的进行减损，不足的进行补充。

故天之道，损有余而益不足。人之道则不然，损不足而奉有余。孰能有余而
所以天道的规律，是减损有余的而增益不足的。但人道就不一样了，减损不足的，而供奉有余的。谁能在有余时而把多余的取出献奉

有以取奉于天者乎？唯有
给天（由天之道来分配）呢？　　　　　　　　只有那些有

道者乎？是以圣人为而弗
道的人吧？　　　　　所以圣人有所成就而不占有，

有，成功而弗居也。若此，
　　建立功业而不占据。　　　　　这样做，

其不欲见^{xiàn}贤也。
是因为不想呈现自己多于众人。

注

天之道：即自然之道。天，天然的、自然的，一直以来就存在的。道在天地还没有出现的时候就已经自然存在了，天地万物出现之后，遵循着这个自然存在的道而呈现出来的规律，是谓"天之道"。

张弓：上弦的弓，弦拉紧的弓。古代的弓为了保养，使用时才上弦，平常是不上弦的，称为"弛弓"。弓在"弛"的状态下，其弯曲方向与"张"时正好相反，故有"角弓反张"一词。因此张弓的过程，是一个反转的过程，原本处在下位的，会反过来在上；原本处在上位的，会反过来在下。弓一上弦，就充满了张力，其蕴含的势能就好像原动力，推动

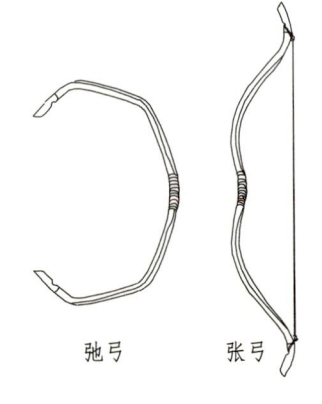

弛弓　　张弓

着天地的运行发展。

抑：压抑，抑制。

举：向上抬，向上托。

人之道：即有为之道。人，人为的、人造成的。

取奉：拿出来进献。取，取出、拿出，与前文第四十章"取食税"用法相同。奉，进献，下对上送东西。"孰能有余而有以取奉于天者乎"，通行本作"孰能有余以奉天下"。

见贤：呈现自己（的才能）多出众人。见，同"现"。贤，本义指多财，引申指多才能。

解

减损有余的补充给不足的，才符合天道

天道好像厌恶坚强，而喜欢柔弱。坚强的人雄踞在上，于是天道令其颠仆倒下；柔弱的人雌伏处下，于是天道令其居尊处高。天道就好像一张上弦的弓一样，充满了张力，它抬举处下的而抑制在上的，减损有余的而补充不足的，所以天地之间是流动而活泼的。但人之道却不是这样，本来就高的还要让他更高，本来就多的还要让他更多，所以人世间上下的流通是趋于阻断的，只会造成整体的堵塞。

《隋书》记载，隋文帝杨坚在位第十二年，有一位户部的大臣上奏说，朝廷的银子太多，国库已经堆满了，没有空余的地方放置。杨坚问："我不是已经减免了百姓的赋税吗？而且我赏赐功臣出手阔绰，从来不会吝啬，为什么还会有这么多堆积的银两呢?"

那位大臣回答说:"用钱的地方花出去了,收钱的地方又有钱财进来。粗略计算了一下,每年赏赐出去达到数百万段,可还是没有多少减损。"对此,大臣提议再建一个库房来存放这些银子。杨坚没同意,思考了片刻,说了一句千古名言:"宁积于人,无藏府库。"

谁能在有余时,可以像天道一样去补充不足呢?只有有道的人。所以有道的人不会居高,不会居功,不会出众,而是持守柔弱,居于下方,因为他遵从于天道。

《庄子·徐无鬼》说:"以德分人谓之圣,以财分人谓之贤。"把自己的德分给别人,让别人也具备德,这叫圣人;把自己的钱财分给别人,让别人也能富裕,这叫贤人。因此孔子前来拜见老子,临别时老子说:"吾闻富贵者送人以财,仁人者送人以言。吾不能富贵,窃仁人之号,送子以言。"在老子看来,人们得到了教导,也应挑选好的去教别人,这便是损己之有余,而益他人之不足,是遵天道而行。

43

— 78 —

天下莫柔弱于水,而
天下没有比水更柔弱的,　　　　　　　　但是攻
攻坚强者莫之能先也,以
克坚强的东西却没有谁能超过它。　　　因为它
其无以易之也。水之胜刚,
的柔弱没有什么能够改变。　　水战胜刚硬,
弱之胜强,天下莫弗知也,
以柔弱战胜强横,　　天下没有人不知道这个道理,
而莫能行也。
但是却没有谁能做得到。
故圣人之言云,曰:
所以圣人的话是这么说的:

受邦之垢，是谓社稷之主。
能够承担国家的屈辱，才可以说是国家的君主；

受邦之不祥，是谓天下之王。
能够承担国家的苦难，才可以说是天下的君王。

正言若反。
这种合于道的话，听起来就好像说反了一样。

注

先：超过，在前。甲乙本皆残，北大本作"失"，"先"之讹字。

无以易之：没有什么能够让它发生改变。易，改变、更改。水之所以能攻克坚强、战无不胜，是因为它的"上善"之品性始终都不会发生改变，一直持守着柔弱处下之道。有道，故无往而不胜。

莫能行：行，践行、施用。柔弱胜刚强是很简单的道理，但却没有谁能去施行，因为不能做到像水一样始终如一地持守柔弱。

受邦之垢：指能忍受国家带来的屈辱。国家遭受屈辱时，需国君来承担。

受邦之不祥：指国家遭遇危难时，需要国君来排解。

正言若反：指合于道的话听起来好像说反了一样。正，有法度的。

解

领导者的担当

柔弱被天道所喜欢，坚强被天道所厌恶，故而天下最柔弱的水，攻克天下最坚强的东西。柔弱到了极致，就没有什么力量可以作用于它，也没有什么坚强能伤害得了它。无论你如何击打、折辱它，它依然保持原有的形态；无论你如何挑拨、诱惑它，它依然保持静定，不为所动。正是因为没有什么能让它作出改变，所以没有什么能战胜它。

天下没有谁不知道这个道理，却没有谁能践行这个道理，因为人性喜欢高高在上，而不喜欢柔弱居下。但是真正的王者，却一定要能承受居下的屈辱与不祥，这样才能承托起国家。

《史记》记载，公元前480年，火星运行轨迹走到了宋国所对应的天区，宋景公很担忧。认为火星象征上天的惩罚，灾祸要降临到国君身上。宋国掌管星象的子韦对景公说："可以把灾祸转移到相国身上。"景公说："不行，相国是我的左膀右臂。"子韦又说："可以转移到百姓身上。"景公说："不行，君王的统治依靠的就是百姓。"子韦又说："还可以转移到收成上。"景公说："这更不行了，年岁歉收，百姓贫困，到时我去做谁的国君呢！"作为一国之君，国之荣耀系于一身，国之灾祸也同样需要君主来承担。

贞观二年，京城一带发生旱灾，唐太宗前往上林苑视察禾苗，他见有蝗虫，便抓了几只骂道："百姓靠五谷来活命，而你们吃掉禾苗，是在加害百姓。你们要是真的有灵性，就来啃食我的心，不要伤害百姓！"说着就要把蝗虫生吞下去。群臣劝说："吞下蝗虫会生病的！"太宗说："我所希望的是把灾难转移到我身上，为什么要逃避疾病呢？"

唐太宗吞蝗或许对治理蝗灾并无用处，但他展现出来的这份悯农之心，重视民生的担当，却由此被天下人所知。

44

— 79 —

和大怨，必有余怨，
调和大的怨恨，必然有余怨不能消除，

焉可以为善？是以圣人执
又怎么能说是妥善的处理方法呢？　　所以圣人持有契券，

右契，而不以责于人。故
　　但从不向人讨还。　　　　　　有德之人就像契券

有德司契，无德司彻。夫
的保管人，持有但不去讨还；无德之人就像掌管税收的税吏一般，分毫都不能差少。

天道无亲，恒与善人。
天道不会有意亲近谁，它从来只和"善人"在一起（"善人"与"道"通）。

注

和大怨：调和大的怨恨。和，本义指调和乐声，使音乐和谐；引申指调解冲突，使事端平复。"和"只是和谐、和解，而并非使声音消散，故"和大怨"也只是调解怨恨不爆发，不能完全消除至无怨的状态。

右契：指右券。债权人执右券，用以向负债者责取。乙本、北大本及传世本皆作"左契"。

责：索要，责取。

司契：指掌管契券，持有契券但不去向人讨还。司，主管、掌管。契，契约、契券。

司彻：指掌管税收。彻，周代的田税制度。税收是分毫都不能差少的，税缴不足便是犯法有罪，要受到惩处。

亲：感情深厚，关系密切。这里指有意的亲近与偏爱。

与：交往，交好。

善人：指行事高明的有道之人。善，指高明、妥善。

解

善者不责于人

柔弱为什么可以消除怨恨？因为柔弱到极致便是虚无，虚无不会与任何实有产生争斗与冲撞，故而不会承接怨恨的力量，怨恨自然就会随之消散。

《庄子·达生》说："复仇者不折镆干，虽有忮心者，不怨飘瓦。"报复心再强的人，也不会怨恨伤害自己的兵器，因为知道兵器只是无心之物,不会接收自己的愤怒。嗔恨心再重的人,被屋顶掉下来的瓦片砸到,也不会怨恨瓦片,因为知道瓦片只是无心而动,不会承载自己的怒火。

从前有个叫士成绮的人去拜见老子,说:"我听说你是圣人,这才不远千里前来拜见,脚都起茧子了也不敢歇息。但是我现在看你不是圣人!老鼠们到处偷吃百姓的粮食,而你不闻不问就是不仁!这才会生熟食品堆积成山,而老鼠们还积敛不已!"

老子很淡漠地不作回应。士成绮第二天又来见老子,说:"昨日我用言语刺伤了你,今天我已有所省悟,没了之前的嫌隙,我也不知道为什么会这样。"

老子说:"圣明智巧的人,我不是。你说我是马,那就叫我马好了;你说我是牛,那就叫我牛好了。我有所显露,让你认为我是圣人或者不是圣人,这就已经是过错了。如果你给予我名而我确有其实还不接受,这就是双重过错了。我接受,是顺其自然地接受,而不是有心想要接受才接受。"

士成绮有自己的一套行为准则,推崇自己认为的道义,他喜欢仁义而排斥无为,沉迷于自己的认知局限。但大音希声,大方无隅,大音不会与其他声音比高低,大方不会与其他棱角比方正,因为已经超脱出了这些局限。所以老子自然地接受士成绮的观点而不会与他发生冲突,却并不是因为想要避免冲突才去接受。

故而王者不会与民相争,而是用德覆盖人民,虽然知道对方的过错也不会指责,即使掌握了对方的借据也不会主动讨要,这样又哪里会有怨恨呢?怨恨一旦产生就会越积越深,必须用德才能消除它。

《战国策》记载，孟尝君世袭的封地在薛，有一年孟尝君让门客冯谖去薛地收债。临行时冯谖问孟尝君："债务全部回收后，买些什么带回来？"孟尝君说："你看我家里缺什么就买什么。"于是冯谖赶到薛地，叫差役把欠债的百姓召集起来，都来核对债券。债券核对完毕之后，冯谖宣布把应收的债款全部免了，且当场烧毁债券。百姓们都很高兴，高呼"万岁"。

　　冯谖回来后，孟尝君问："买了什么东西回来？"

　　冯谖说："您说'看我家缺什么就买什么'，我想您家中什么都不缺，缺的只是'义'，于是替您买了'义'。"

　　孟尝君问："买'义'是怎么回事呢？"

　　冯谖说："如今您只有小小的一块薛地，却不仅不爱惜您的百姓，还要去盘剥他们。所以我假托您的命令，把债务全免了，把债券都烧了，百姓高呼'万岁'，这就是我替您买的'义'。"

　　孟尝君听了很不高兴，但也不好说什么。一年后，新即位的齐王罢免了孟尝君的相位，孟尝君只得回自己的封地薛。离薛地还有一百多里，当地的百姓扶老携幼赶来迎接他。孟尝君回过头对冯谖说："先生给我买的'义'，今天我见到了！"

　　无德之人，就像收税的税吏一样，亏欠我的分毫不能差少，否则便要处以刑罚，又哪里有德可言呢？只是强制索取而已。道生万物，畜万物，长万物，育万物，可从来没有向万物讨还过什么。所以天道，从来只会与有德的善人在一起。

下篇

道经

45

— 01 —

道可道也，非恒道也。
道是可以言说的，但可以言说的道，并不是那个恒久常存的道。

名可名也，非恒名也。
名是可以定义的，但可以定义的名，并不是那个恒久常存的名。

无名，万物之始也。
无形无名，是造生万物的起始；

有名，万物之母也。
有形有名，是孕育万物的母体。

故恒无欲也，以观其妙；恒有欲也，以观其所徼（jiào）。
因此守住无欲的状态，来察知万物未生时道的莫可名状之妙；守住有欲的状态，来察知万物成形时道的作用之分界。

两者同出，异名同谓，

有欲无欲，同出于人；有名无名，同出于道。定义不同，讲述的道理却一样。

玄之又玄，众妙之门。

它们互相缠绕，来回切换，无限延伸。这种"玄"之又"玄"的形态是我们认知天下万物、认知"道"的门径，也是道生天下万物的神妙之门。

注

非恒道：不是那个恒久常存的道。可以言说的"道"只是现象，而不是道本体。没有永恒不变的现象，因为现象只是依据于本体而显化，并没有恒定的自身属性。恒，通行本作"常"。

名可名：名称是可以被定义的。名，指名字，人或事物的名称，用来代表它自身。第二个"名"为动词，命名之义，北大本作"命"。

非恒名：不是那个可等同于事物本身的名称。与事物本身相等同，也就意味着这个名称是恒定不变的，是谓"恒名"。"恒名"代表事物自身，是事物在名象世界的一种表达，事物的影响只要存在，它的"恒名"也便存在。

无名：指没有名称。有实方有名，无名也就意味着还没有任何实的出现。

万物：传世本多作"天地"。

母：本义指母亲，这里指事物据以产生的本源，构建事物的母体。"始"是实体还没有出现的时候，"母"是实体已经产生的时候，"始"尚无实体故无名，"母"已有实体故有名。

妙：精微，奥妙。原文作"眇"，本义指眼睛失明，这里指用眼睛看不到的精微深奥之处，通"妙"。

徼：指边界，边境。王弼注："徼，归终也。"事物之终，便是它的边界，边界之外就是它到达不了的地方，事物也因此而各自有了界限，作用于不同事物上的"道"，也因此有了分界。表现出来的就是万物各自从道所得不同，如"天得一以清，地得一以宁"，天清、地宁各不相同。

异名同谓：指名称不一样，可讲述（呈现）的道理是一样的，表示"两者"都遵循同一个原理在运作。谓，告诉、讲述。通行本作"同谓之玄"。

玄之又玄：玄，甲骨字形 𖽧，本义指染丝晾晒时打的丝结，这种丝结就像两股绳搓在一起一样，呈双螺旋结构。这样的结构可以一直缠绕下去，只要长度足够，就没有终结，所以叫"玄之又玄"。这里可以是"有名"和"无名"的缠绕，也可以是"有欲"和"无欲"的缠绕，就像两股绳搓缠在一起，在这个时刻可能是这股绳拧到了我的面前，下一刻就是另一股绳拧到了我的面前，两股绳是来回切换的。正因为"有名"和"无名"是这样一种切换着、缠绕着的形态，我们才能用"有欲"和"无欲"这样切换着来看。

众妙之门：指众多奥妙事理的门径。妙，精妙、微妙，精微深奥的事理。

────── 解 ──────

本章首段强调道无法言说，无法明确指出。

上篇中说"天下之物生于有，有生于无"，所以第二段讲无名是万物之始，有名是万物之母。

第三段的大意则是，我们可以通过无欲的状态来察知"道"运行的奥妙，可是在有形的世界里，我们又是有欲的，但我们可以通过有欲的状态来获知"道"作用于有形世界的规律。

接下来我们讲讲本章的两个重要概念，即名与实、有与无。

一、名与实

我们面对天地自然时,尚且有无法用语言形容的感慨,何况面对博大玄奥的"道",就更加无法言说。因此只能用"无名"来指代它,用"无欲"来觉知它。而对它的认知一旦确立,对它的定义一旦建立,这种落于具体的存在也便不再是它,而只是由它映射出来的名与象。

中国古代有一个很有名的命题,是战国时期名家代表人物公孙龙提出来的,叫"白马非马"。据说公孙龙有一次牵着一匹白马过关,关吏说:"人可以过去,马不行。"

公孙龙说:"我这是白马,不是马。"和关吏一番论证之后,关吏竟让他牵马过关了。

从"实"来看,白马自然是马;但从"名"来看,白马与马并非同一概念。白是指颜色,马是指外形,白马是同时包含颜色和外形的概念。白色与黑色同属一个概念,可以相叠;大马与小马同属一个概念,可以相加,然而颜色的概念与马的概念却不能简单地相加,而是以一种全新的结合方式,组成了一个全新的概念,因此"白马非马"。

名有名的一套演绎规则,实有实的一套演绎规则,名确定之后,就与实形成了实际意义上的脱离,很容易造成"名不符实"的情况。好比我们看的历史书,与真实的历史是两回事,二者是互相割裂的。老子也说,圣人留下的书籍,就像脚踩下的印迹一样,已经不是圣人本身的内涵了。

从前,齐桓公在堂上读书,有一个叫轮扁的老人,在堂下砍削木头做车轮。他看到齐桓公读书入迷的样子,就放下锥子和凿子走上朝堂,问齐桓公道:"您读的书说的都是些什么呢?"

齐桓公说:"是圣人的话语。"

轮扁又问道:"圣人还在世吗?"

齐桓公说:"已死了。"

轮扁说:"这样,那您所读的书,全都是古人的糟粕啊!"

齐桓公怒道:"寡人读书,你一个制作车轮的人怎敢妄加评议呢!"

轮扁说:"从我做车轮子的经验来看,就能明白这个道理。砍削车轮,轮孔做得宽了,就松滑而不坚固;做得紧了,就滞涩而难进入。不松不紧,得心应手,有技巧存在其间,但说不出来。所以这个技巧我教不了我的儿子,我的儿子也学不来。因此我七十岁了,如今还在砍削车轮。古时候的人,已经跟他们不可言传的东西一块儿死亡了,那么他们所留下来的书,正是古人的糟粕啊!"

有些道理,是只可意会而不可言传的,而这些不可言传的东西,却又恰好都是精髓之所在。用眼睛看而可以看见的,是形和色;用耳朵听而可以听到的,是名和声。然而世上的人们却以为,通过形、色、名、声就足以获得事物的实情,真是可悲啊!

庄子总结说:我们只要对一个事物进行描述,描述出来之后就变成了三个东西。一个是这事物本身,一个是它被描述的部分,一个是描述出来的言语。因此我们只从言语去寻找真实,就需要从"三"追溯到"一",何其之难!有道的人少之又少,原因就在于此。

二、有与无

老子给出的方法，是从"有"和"无"的层面交替着来观察万物。在"有"的层面，事物遵循着一种规则，而到了"无"的层面，事物又遵循着另一种规则。从这规则的变换之中，就能最直观地感受到"道"的运作发动。世人大多只停留在"有"的层面，故而不能把握"道"的运作。

《庄子·人间世》中有这样一个故事。有一位木匠，在齐国看到一棵被人们供奉为神树的栎树。这棵树非常粗壮高大，树荫之下可以遮蔽数千头牛，树围之宽足有百尺，树高直达山顶，树干七八十尺才有分枝，能用来造船的旁枝都有几十根。这位木匠却看都不看，继续往前走。他的徒弟在那看了半天，跑着赶上木匠说："我从未见过木材这么好的大树，先生却不肯多看一眼，这是为什么呢？"

木匠回答说："不用说了，这是个无用之材，做成船会沉没，做成棺材会很快腐朽，做成家具会很快毁坏，做成门窗会渗出污水，做成柱子会被虫子蛀蚀。这是棵不成材的树木，没有一点用处，所以才会有这么长的寿命。"

木匠回来后，晚上梦到神树对他说："你要拿什么来和我相比呢？你要拿那些有用之树来和我比吗？像山楂树、梨树、橘树、柚树，还有结瓜果之类的树，果实成熟就会被人剥落，剥落的时候就会受到折辱。大的树枝断折，小的树枝萎落，这就是因为它们的才能而害苦了自己的一生，所以不能尽享天年而中途夭折。自显有用而招来世俗的打击，万物无不是这样。我寻求一无所用于世俗已经很久了，中间差点死掉，如今才得偿所愿，这（一无所用）就是我的大用。如果我也显露出有用，又怎么能长到现在这么大呢?"

　　天下间的万事万物,都是有形的一面和无形的一面共同构成的,有的树是有形的一面发挥作为,被做成器物;有的树是无形的一面发挥作用,被供奉为神树。所以当我们从"有"的一面来观察时,万物会呈现出"有"的特性;当我们从"无"的一面来观察时,万物又会呈现出"无"的特性。"有""无"二者互相缠绕,来回切换,这种形态既是我们认知天下万物、认知"道"的途径,也是道生天下万物的门径。老子说它是"众妙之门",名副其实。

46

— 02 —

天下皆知美、为美，
天下都在传播美、造作美的时候，恶就深入人心了（美是通过拒斥恶
恶已。皆知善，訾(zǐ)不善矣。
来表达的）。天下都在传播善时，那就都在非议不善了（善是通过否定不善来传达的）。
有，无之相生也。难，
"有"是由"无"生成的。　　　　　　　　　　"难"
易之相成也。长，短之相形
是由"易"演化的。　　　　"长"是由"短"形成的。
也。高，下之相盈也。音，
"高"是由"下"积满而成的。　　　　"音"
声之相和也。先，后之相随，
是由"声"相和而起的。　　"先"是由"后"随从才有的。

207

恒也。
这是一个恒定不变的规律。

是以圣人居无为之事，
所以圣人以无为的方式来处理事情，

行不言之教。万物作而弗始
以不言的方式来实施教化。　　万物兴作而不干涉它们，

也，为而弗持也，成功而弗
　　有所成就而不把持不放，　　建立功业也不去占有。

居也。夫唯弗居，是以弗去。
　　只有不去占有，成功才会一直相随，而不会离去。

注

　　知美、为美：知美，谈论与传播美。知，本义是谈论和传授经验、使他人知道。为美，造作美。为，做、从事。乙本、传世本皆作"知美之为美"。北大本作"智美之为美"。

　　訾不善矣：只是在非议不善而已。訾，指非议、毁谤，通过非议不善来传播善，与上文通过厌恶丑恶来传播美是一样的。人们内心有恶，口中有非议，就已经失去纯朴而偏离真德了。乙本、北大本作"斯不善矣"。郭简本作"此其不善已"，传世本多作"斯不善已"。

　　相生：由此而造生出彼。"相"是一方对另一方的动作，是单向的而不是

相互的，如"相劝""相问"。"有，无之相生也"，北大本作"有无之相生"，传世本作"有无相生"。

相形：由此而显形出彼，构成、形成了对方。形，使现形、显露。

相盈：由此而盈满成彼，成就了对方。盈，盛满、充满。郭简本作"浧"，满盈之义，北大本作"顷"。"高，下之相盈也"，传世本皆作"高下相倾"。

相和：由此而调和出现彼，造成、产生了对方。和，本义指调和乐声，使音乐和谐。古人认为声和音是有差别的，但不是相反相成的关系，而是"声"生"音"的关系。如《诗序》："情发于声，声成文，谓之音。"疏："此言声成文谓之音，则声与音别。"又如《乐记注》："杂比曰音，单出曰声。"

弗始：不主导，即不干涉万物的兴作生长。始，滋生、滋长，这里指主导、引领。此处原文残缺，据乙本补。北大本作"弗辞"，传世本多作"不辞"，并在该句后增"生而不有"。

为而弗持：成就了万物但是不掌控它们。为，作为、有所成就；这里"为"的对象是万物，即成就万物。持，掌握。原文作"志"，乙本、北大本作"侍"，传世本多作"恃"。各字的使用与前文第十四章情况接近，仍取"持"。

成功而弗居：成功但不占有。因为不欲盈，不欲堆积成多。居，占据、占有。

夫唯弗居，是以弗去：只有不占据成功，才不会失去成功。因为功成也就意味着完结，居功也就意味着始终停留在这个完结的状态，也便不会再有新的成功了。只有不居功，自身一直处于"虚"而不盈的状态，才可以一直接纳新的成功。

(解)

本章很容易被人们误以为是关于"美与丑""善与恶"的辩证关系，实际上老子在这篇中仍然是在强调"有"和"无"

的概念。

在"无"的状态下,是不存在美与丑、善与恶的,此时民众的表现就是"浑然不觉""混沌无知"的朴实敦厚。而当这种不知不觉的状态被打破,进入"有"之后,是非善恶也就随之而生了。

因此老子认为,解决是与非的争斗、善与恶的对抗,最根本的方法就是让民众进入"无知"的状态,而不是让他们"明智"起来。老子的言下之意:我们提倡美、善,还不如让民众回到自然状态,不让丑恶滋生(下一篇将会讲到具体方法,如"不上贤"等)。

所以圣人要以无为来处理事情。提倡美,其实只是在让人们厌恶"丑";提倡善,其实只是在教人们非议"不善"。本义是传播美与善,结果却在天下人心中种下了"厌恶"与"非议",适得其反。让万物重回到自然的状态,就没了恶,也不用提倡善,这才是治本。

无与有

在名象世界中,万事万物各有边界互不相容,因为只有区别于其他事物,自身才能得以存在。所以任何新概念的建立,都来源于对原有概念的否定,有分别而后才有新生。天下万"有",最初都来源于对"无"的否定,故而"无"是"有"的根本。

庄子在《达生》中说:"忘足,屦之适也;忘腰,带之适也;知忘是非,心之适也。"鞋子舒适你会感受不到自己的脚,腰带舒适你会感受不到自己的腰,心里舒适你就会感受不到是非。脚没有了,腰没有了,自身没有了,是非没有了,这不就是"物我不分"的浑然如一吗？

一旦鞋子里进了石头，就会对这种浑然状态进行否定，而产生不舒服的感觉；拿掉石头，对不舒服的状态进行否定，又产生了舒服的感觉。所以美与善的产生，其实已经对浑然如一的自然状态进行了两次否定，它存在的基础是恶与不善，就像难起于简易，长起于短小，高起于低下，音由声相和而起，先由后跟随而来一样。因此有心追求美与善，也就永远不可能达到最高的自然状态；有心追求伟大与高尚，也就永远不可能达成真正的伟大与高尚。

《列子》记载了一个关于放生的故事。春秋时期的晋国有一个很有权势的大臣赵简子，他喜欢在过年时让百姓替他捉斑鸠送到他府中，让他放生。大年初一这天，百姓们也能破例进入赵简子的府第，他们都是来进献斑鸠好让赵简子放生的。赵简子非常高兴，对他们一个个都给予优厚的赏赐。于是从早到晚，进献斑鸠的人络绎不绝。

赵简子的一位门客在一旁看了很久，问他为什么要这样做。赵简子回答说："大年初一放生，表示我对生灵的爱护，有仁慈之心嘛！"

门客说："您对生灵有如此的仁慈之心，这是难得的。不知大人您想过没有，如果全国的百姓知道大人您要拿斑鸠去放生，从而对斑鸠争先恐后地进行追捕，结果被打死打伤的斑鸠一定是很多的啊！您奖励老百姓捕捉这许多的斑鸠送给您，您再放生，那么大人您对斑鸠的仁慈确实还不能抵偿您对它们人为地造成的灾祸啊！"

赵简子如果真的对斑鸠有仁慈之心，就应该任它们自由自在地生活，而不是这样抓了又放来折腾它们；君王如果真的对百姓有爱护之心，就应该让他们自由自在地成长，而不是以繁苛的政令来折腾他们之后，又施仁义让他们感恩戴德。仁义的光鲜亮丽，建立在百姓的苦难之上，又有什么好歌颂的呢！不如绝弃之而归于浑然之道。

所以《庄子·大宗师》说："与其誉尧而非桀也，不如两忘而化其道。"人们对美的认知，来源于对丑恶的否定；对善的传播，来源于对不善的非议。当天下都在传播美与善的时候，人们心中充斥的却是排斥与否定，人心之间互相阻隔不能相谐，已经与德远矣。

因此圣人从来不在是非、美恶中颠倒折腾，而是保有一颗混沌之心，无为而天下治，不言而天下正，万物成长而不加以干涉，功业成就而不据为己有。从来都是把握"无"而不降维为"有"，如此才能一直处于本源位置，而成为天下的根本。

47

— 03 —

不上贤，使民不争。
不拔高贤人的地位，　　　　使民众不互相争斗。

不贵难得之货，使民不为盗。
不看重难得的财货，　　　　使民众不偷不盗。

不见(xiàn)可欲，使民不乱。
不展现容易诱发欲望的东西，　　使民众不作乱。

是以圣人之治也，虚其心，实其腹，弱其志，强其骨。恒使民无知无欲
所以圣人治理天下，　　让民众内心清虚，　　而腹内充实，　　意气柔弱，　　而根骨强健。总是让民众处于质朴自然的状态，

也，使夫智不敢。弗为而已，
让那些善于使用智巧的人不敢有所行动。　　只要不妄作为，

则无不治矣。
那么就没有治理不好的国家。

注

上贤：使"贤"人处在高位。上，本义指高处，上面，这里作动词用，使处于高位。贤本义指多财，引申指多才能，只要多出众人的便可称为"贤"。使这样的人处在高位，即以多出众人为贵。大家都力求比他人更多，纷争也便随之而来了。上，通行本作"尚"。

虚其心：让思虑变少、内心清虚。心，思虑、主观意念。

实其腹：指让腹内饱满，让根本充实。腹，这里指事物的根本。

弱其志：指让志欲、意气柔弱下来。志，想要有所作为的意愿或决心。

强其骨：指让根基强健。骨，根骨，在躯体中起支撑作用的根基。

无知无欲：指达到无知觉、无欲求的一种浑然天真的状态。

智：聪明人，智士。这里指善于利用智巧兴风作浪的人。"使夫智不敢"，通行本作"使夫智者不敢为也"。

弗为而已：通行本作"为无为"。

解

一、不上贤

不要去拔高"贤人"的地位，因为这是对众人进行否定而

成就的崇高,没有人愿意被否定,必然就会引发争斗。

从前晋文公喜欢穿粗劣衣服的士人,以之为贤才,于是文公的臣下都穿着母羊皮缝的衣服,系着牛皮带来挂佩剑,头戴熟绢做的帽子。从前楚灵王喜欢细腰之人,以之为美好,于是灵王的臣下就一天只吃一顿饭来节食,吸一口气然后才系上腰带,扶着墙然后才站得起来。等到第二年,朝臣都饿得面黄肌瘦。从前越王勾践喜爱敢于拼命的士兵,以之为勇武,于是他的臣下都争先恐后赴汤蹈火,一场普通的演练都死亡一百多人。

二、不贵难得之货

不要去抬升难得之货的价值,因为难得就要否定容易与简朴,否定自身的流通性而造成匮乏,必然就会引发偷盗抢劫的行为。

宋太祖赵匡胤攻灭后蜀以后,有人送来蜀主孟昶所用的七宝溺壶,赵匡胤感慨道:"用七宝装饰溺器,该用什么来盛饭呢?如此行径,不亡何待!"立即命人将其砸碎。赵匡胤崇尚简朴,平时只穿一般衣料做成的衣服,乘坐的轿子还是后周传下来的,皇后劝他用黄金装饰一下,但赵匡胤没同意。他对皇后说:"不要说装饰一顶轿子,就是用黄金建造一座宫殿,朕也能办到。但是朕为天下守财,不可乱用。只想厚自奉养,如何能让天下之人拥戴你呢?"有一次,赵匡胤的爱女永庆公主穿着一件用翠羽装饰的小短袄入宫,赵匡胤对她说:"你知道这件短袄要伤害多少翠鸟的生命才能做成吗?你做公主的一穿,肯定会引起人们的效仿,京城翠羽的价格就会大涨。小民逐利,辗转买卖,捕捉伤生,由你而起。你生长富贵,应当惜福,岂可造此恶业之端？"于是不许公主再穿这件衣服。

三、不见可欲

不要用众人都想得到的东西作为诱惑，因为得到就要否定不占有，人人欲占有，就会破坏秩序乱来。

从前，演门有个死了双亲的人，只是因为他善于哭泣，表现得哀伤悲痛，让闻者伤心见者落泪，就凭这一手，被封了爵位。于是有无数同乡，只盼双亲早死，也好展示一下哭丧的本事，结果因为演得太过火，死者过半。

从前，尧要禅让天下给许由，许由坚辞不受，逃到了箕山，于是享有崇高的名声。等到商汤想把天下禅让给务光的时候，务光就已经给自己加戏，开始大发脾气了，于是名声愈盛。等到纪他知道了这件事，干脆率领弟子隐居在窾水一带，时刻准备上演投河拒仕的戏码，诸侯们赶忙纷纷前往慰问，于是名声更盛。再过了三年，申徒狄仰慕其名，真的投河死了。

为求名，而丧失其实，这在庄子看来是最愚蠢不过的事情。德，因为求名而愈荡愈偏；朴，因为争斗而愈偏愈远。所以圣人持守根本，而让人民也不要偏离。虚其机心，实其根本，弱其志欲，强其基础。不崇贤名，人民就不会愈演愈烈；不起争斗，智巧就不会越来越多。人民达到无知无欲的状态，就可以让那些有智之人不敢乱来。这便是无为治国，则无不能治。

48

— 04 —

道盅，而用之又弗盈
道就像一个空虚的容器，而作用无穷无尽，因为这容器永不盈满。

也。渊呵，似万物之宗。
它是那么幽深啊，好像万物的宗主。

挫其锐，解其纷，和其光，同其尘。湛呵，似或存。吾不知谁子也，象帝之先。
它挫去万物锋锐的棱角，理顺万物的纷乱与杂扰，把万物的光芒调至柔和，把万物与微尘相统一。它是那么澄澈啊，若隐若存。我不知道谁造生了它，只知道在最早的有形之物出现以前，它就已经存在了。

注

盅：空虚。此处原文残损。乙本、北大本及诸传世本作"冲"。"冲"字表示"空虚"的义项，在帛书本中写作"盅"。

盈：充满，充塞。这里是把道比作一个空虚的容器，因为永远不会被充满，所以它的功用是无穷无尽的。

渊：深邃，深远。

万物之宗：万物的祖先都在道这个容器内。宗，本义指宗庙，引申指祖先、祖宗。

挫其锐：消磨万物的锋芒。挫，折断。其，他们的，这里指万物的。锐，尖锐、锋锐。万物在道的治下，凡有棱有角、尖锐锋利的，就会被挫去锋锐。

解其纷：解除万物的纷杂。解，解除、解脱。万物在道的治下，杂乱会在清静中消除，纷扰会在无为中平息，而归于平顺。

和其光：调和万物的光亮。和，调和、调治。万物在道的治下，凡光芒夺目的，都会被调和至"光而不耀"。

同其尘：齐一万物与微尘。同，齐一、统一。万物在道的治下，都如同微尘一般，是高度统一而不会被区分对待的。

湛：清澈透明，深而又清澈。

象帝：指有形之物的始祖。象，指形状，这里指有形之物。帝，根源、始祖。

解

道作用下的万物

人始终处于虚心的状态，于是不与外物相抵牾，而能容纳他人；道始终处于空虚的状态，于是容纳万物而不盈满。正因为道渊深无极，才成为万物的宗主。

《庄子·寓言》里有一段阳子居见老子的故事，阳子居往南到沛地去，刚好老子西游秦地，就与老子相约于郊外，到了梁城方才见到老子，二人一起去旅店。途中老子仰天长叹说："起初我以为你可以受教，如今看来你不行。"阳子居一句话也没说。

到了旅店房间，阳子居侍奉老子梳洗，把鞋子脱在门外，跪着上前说道："刚才弟子正想请教先生，先生没有空，所以不敢问。如今先生闲暇下来，恳请先生指出我的过错。"

老子说："你仰头张目，傲慢跋扈，谁还能跟你相处呢？最洁白的东西好像总有污垢，最高的德行好像总有不足。"

阳子居羞惭不安地说："弟子由衷地接受先生的教导。"

阳子居刚来旅店的时候，店里的人都迎来送往，旅店男主人亲自为他安排座席，女主人亲手为他拿着毛巾梳子，先坐的人见了他都赶忙让出座位，烤火的人见了他赶紧远离火边。而等到他离开旅店的时候，旅店的人已经可以无拘无束地跟他争席而坐了。

只取光明与洁白，也就无法容得下黑暗与污浊；只取大德与广德，也就无法容得下卑下与不足。有生于无，实生于虚，高生于下，洁白出于污浊，光明出于暗昧，纯粹的光明与洁白是不存在的。再高的楼阁也必有低下作为根基；再高的德行也必有不足作为基础。任何"有"，必须以"无"来容纳才能得以产生；任何高，必须以下来承托才能得以尊贵。以虚无和卑下为根本，方能容天下万物。

《史记》记载，孔子去拜见老子，临走时老子赠言道："聪明深察而近于死者，好议人者也。博辩广大危其身者，发人之恶者也。为人子者毋以有己，为人臣者毋以有己。"不能容忍别人的错误，喜欢议论他人的不是，就会危害到自己。作为子女与人臣，如果不能虚心放下自己的成见，就无法侍奉双亲与君王，因为不能容纳他们不好的那一面。

所以道以柔弱容纳锋锐，而令锋锐敛藏；以无为容纳有为，而令纷乱解除；以和谐容纳强盛，而令光芒柔和；以公正容纳微小，而令万物齐一。正因为道具备这样的特性，所以成为天地万物的根本。

49

— 05 —

天地不仁，以万物为刍狗。圣人不仁，以百姓为刍狗。天地之间，其犹橐tuó籥yuè与！虚而不屈，动而愈出。多闻数穷，不若守于中。

天地不以仁爱对待万物，而是把万物当作祭祀时用的草狗来看待。

圣人不以仁爱对待百姓，而是把百姓当作祭祀时用的草狗来看待。

天地之间，不就好像一个大风箱吗？

空虚而不竭尽，鼓动而风愈出。

越是向外追求见闻知识，内心就会越发失去对道的把握，所以不如安守于中虚（本源、起点，道所居的地方）。

注

不仁：指不施以亲爱，无差别视之。仁，仁爱、亲爱。

刍狗：古代祭祀时用草扎成的狗。

橐籥：古代冶炼时用以鼓风吹火的装置，犹今之风箱。这个东西只要一拉动，就会源源不断地有风吹出，形容万物生发延绵不绝。

虚而不屈：形容风箱不会干瘪，内部空间不会竭尽。虚，空虚、有空间。屈，弯曲而无力伸展，引申为竭尽、枯竭。比如气球吹起来，气球里面有空间，这叫"虚"；把气放完，气球就瘪下来，里面的空间也消失了，这叫"屈"。

多闻数穷：指一味追寻见闻知识而失去对规律的把握。闻，本义指听到、听见，这里指向外追寻见闻知识，传世本多作"言"。数，法则、规律。

守于中：指安守自己的根本，固守自己的精神。中，内里、中心。

解

一、不以"仁爱"对待万物

天地遵从于道，处于虚空的状态就好像一个大风箱，却具有源源不断的动力，演化万物而不会衰竭。万物在天地的治下，是齐一而不论高低贵贱的，就好像祭祀时扎的草狗一样，轮到你登场的时候就出生，轮到你退场的时候就死亡。天地养育你，并非爱你；天地灭杀你，也并非恨你，一切只是恰逢其时而已。

《庄子·天运》说："用草扎成的狗还没有献祭的时候，用竹制的箱笼装着，用绣有图纹的饰物盖着，主祭人斋戒后迎送着。等到它被献祭以后，行路的人踩踏它的头颅和脊背，拾柴的人捡回去烧火做饭罢了。如果再次拿来用竹筐装着它，用绣巾披着它，日夜侍奉着它，即使不做噩梦，也会一再被困扰。"

刍狗发挥过作用后就被丢弃了，这是因为时过境迁了。时间不断推移，万物不断演化，又哪里有尽头呢？庄子感慨地说："吾生也有涯，而知也无涯，以有涯随无涯，殆已！"一物便有一知识，万物层出不穷，知识源源不断。寄希望于追逐知识来明白宇宙的真相，不要说一辈子，怕是十辈子的时光都还不够。

二、不追逐万物

孔子去沛地拜见老子。老子说："听说你是北方的贤者，你是已经得道了吗？"孔子说："还没有。"老子说："你是怎样寻求大道的呢？"孔子说："我在规范和法度里寻求大道，五年还未得到。"老子说："你又怎样寻求大道呢？"孔子说："我在阴阳变化中寻求大道，十二年了还是未能得到。"

为什么会是这样呢？阴阳变化并非道的本源，规范和法度只会与时迁移，它们都是依托于万物的演化而发生，自身并没有一个定准，不足以作为依托来探寻大道。所以把眼光从物象变化上移开，把注意力从外物上收回，道从来都不在外面，不会由外而进入到心里面。只有把内心调整到符合道的形态，道才会自然出现，这个形态就是空虚。因此圣人不追逐外物，而是内守于中；不固守成见，而是持守空虚。

后来孔子再访老子，感慨地说："我终于感受到造化的存在。多少年了，我拒绝接受造化的安排。我自己都不肯接受造化的安排，又怎么去化人啊！"老子说："可以了，孔丘得道了。"

50

— 06 —

浴(gǔ)神不死,是谓玄牝。
空虚而蕴育生机的运作永不停歇,这就是玄奥的母体。

玄牝之门,是谓天地之根。
这个母体的生育之门,是天地得以产生的根源。

绵绵呵若存,用之不堇。
它的运行就像丝一样细微,而又连绵不断,无论怎么使用,都会竭尽。

注

浴神不死:空虚而蕴育生机的运作永不停歇。浴,通"谷",指两山之间有水流出口的低地,低洼故而空旷;泉水汇聚成水流由谷口奔涌而出,又有生生不息的意象,因此"浴(谷)"在这里代表空虚而有生机。

玄牝:指玄奥的母体。玄,神妙、玄奥。牝,指雌性,这里指具备生育之能的母体。

根：根本，事物的本源。

绵绵：形容细微而连续不断的样子。这里是指道的运行就像丝一样细微，让我们察觉不到，同时又连绵不断，从不停止。

用之不堇：指无论怎么用，也不会有不足，也不会竭尽。堇，不足，竭尽。北大本作"堇"，传世本多作"勤"。

―――――――――――― 解

守于中虚，则与道通

河上公说："万物中皆有元气，得以和柔，若胸中有藏，骨中有髓。草木中有空虚与气通，故得久生也。"植物茎中都是空的，与天地之气相通；人和植物一样，胸中有空以藏脏腑，骨中有空以盛骨髓。最关键的是，心中有空虚而与道通。

大道以空虚孕育万物，这种运作永远都不会停止，这种功用永远都不会竭尽。所以天地守于中虚，则虚而不屈，动而愈出；圣人守于中虚，则虚怀若谷，容纳万民。

天下容量最大的，就是大海了。万千条水流归向大海从不停止，可大海却不会满溢出来；海底的海眼泄漏海水从不停止，可大海却不曾有所不足；无论春天还是秋天，大海都不会有所增减；无论干旱还是洪涝，大海也不会受到影响。这得到增益而自身不见扩充的，得到损耗而自身不见减少的，便是圣人所要持守的东西。渊深莫测就好像大海，崇高无上没有终结也没有开始，运化承载万物也不会不足。万物全都从它这里得到资助，而它从来不会减损匮乏，这就是道。

有道，则生机不灭，"浴神不死"。"浴"是水流充盈的山谷，"神"是"神韵"的神。我们说一个人看上去很有精神，眼睛炯炯有神，其实是在说他内在很活泼，很灵动。神，体现的是一种内在的灵动。山谷流水不绝，好像虚空造物一般永不竭尽，这种造生功能的运转让人难以捉摸，难以预计，犹如高深莫测之"神"在背后推动一般。

庄子用艺术的语言，描述了"浴神"的形象：在遥远的姑射山上，有神人居住，肌肤白皙如冰雪，体态柔美似处女，不食五谷，吸清风饮露水，乘云气驾飞龙，遨游于四海之外。他的精神凝聚，使万物不受灾害，年年谷物丰熟。外物无法伤害到他，就算滔天的大水他也不会被淹溺，就算大旱让金石熔化、土山焦裂，他也不会感到灼热。他身上的尘垢，脱落的残渣，都可以塑造出像尧舜那样的圣贤。

这便是"浴神"，取之不尽，用之不竭，不死不灭，妙用无穷。

51

—07—

天长地久。天地之所以能长且久者，以其不自生也，故能长生。

天地长远恒久。天地之所以能够长久，是因为天地不以自身意志生发万物，所以才能得以长久存在。

是以圣人退其身而身先，外其身而身存。不以其无私与？故能成其私。

因此圣人把自身（意志）放在百姓的后面而不强施于人，故能得到众人的追随；把自身（作为）放在百姓的外面而不妄作有为，故能被众人爱戴。这不正是因为圣人没有自己的志欲吗？反而成就了他自己。

注

自生：由"自"而生发，即以自身（意志）主导万物生长。生，本义指草木从土中萌发，这里指生长、生发。

退其身：指把自身（意志）放在百姓的后面，以百姓的意志为先，以百姓之心为心。退，向后移动、退却，通行本作"后"。

外其身：指把自身（作为）放在百姓的外面，不妄作干涉，不强行施为。外，外面、范围之外的。

身先：指得到百姓的追随。

身存：指得到百姓的关心与爱戴。存，本义指问候，这里指关心、爱戴。

无私：指不存在属于个人的东西，如主观的意志，施加的行为等。私，属于个人的、自己所有的。

成其私：指成就了他自己。成，成就、使人达到目的。

解

守于中虚，即"无为"

天地守于中虚，而不以自身意志主导万物生长，因此得以天长地久。守中故不外施，守虚故无干涉，圣人也是如此，不施加自己的意志于众人，故能身处众人之先成为领导者；不把自己的行为强加于众人，故能得到众人的爱戴而尊贵崇高，这便是无私无欲反而成就其私。

《庄子·天道》里说，古时统治天下的人，智慧即使能通天彻地，也从不亲自去思虑；辩才即使能克胜万物，也从不亲自去言说；才干即使能称雄海内，也从不亲自去作为。上天并不亲自创造而万物自然演化，大地并不亲自生产而万物自然繁育，帝王无为而天下自然得到治理。所以说没有什么比上天更为神妙，没有什么比大地更为富饶，没有什么比帝王更为伟大。所以说帝王的德行与天地相合，这就是效法天地驾驭万物而任用天下人的办法。

"鞠躬尽瘁，死而后已"，可以说是诸葛亮一生的真实写照，但"出师未捷身先死"，享年不过五十四岁，却又让人扼腕叹息。诸葛亮为何英年早逝？事必躬亲以致操劳过度，正是首要原因。

事必躬亲是管理者最忌讳的一点，然而诸葛亮却严重犯了这个错误。据《魏氏春秋》记载，诸葛亮与司马懿对阵之时，司马懿坚守不出，诸葛亮便屡次派使者给司马懿送战书，还送了女人衣服，想要激怒司马懿。而司马懿与蜀国的使者交谈，却并不问他战事，而是问诸葛亮的起居饮食等小事。使者回答司马懿："诸葛公夙兴夜寐，罚二十以上，皆亲览焉，所啖食不过数升。"也就是说，诸葛亮处理公务夜里都很少休息，军士受罚二十军棍以上的事情，他都要亲自去处理，每天还吃得很少。司马懿一听，说少睡而事多，不得长久，判断诸葛亮命不久矣。于是更加坚定了防守的策略，无论蜀军怎么挑衅都坚守不出，终于把诸葛亮熬死在了五丈原，司马懿不战而胜。

所以庄子说："无为也，则用天下而有余；有为也，则为天下用而不足。"清虚无为，就可以任用天下人，故而无所不为；济事有为，则只能被天下人所用，很快就会被压垮。如此，又如何能长久呢？

52

— 08 —

上善治水。水善利万
具有至高的"善",就是安定之水。安定之水的"善"在于,有利于

物而有静,居众人之所恶(wù),
万物而又安然守静,　　处在众人都厌恶的地方(处下),

故几(jī)于道矣。
所以与道很接近了。

居善地,心善渊,予
最妥善的居住在于依托大地。最妥善的用心在于渊博宽广。最妥善的

善天,言善信,政善治,
施予在于顺天应物。　最妥善的言语在于诚实有信。最妥善的为政在于安定无事。

事善能,动善时。夫唯不争,
最妥善的处事在于发挥所长。最妥善的行动在于把握时机。正因为不争,

故无尤。
所以从来不会有过失。

注

上善治水：安定之水具有至高的美好。与"大哉乾元"句式相同，这里也可读作"上善哉治水"，隐有赞叹之意。上善，指至高的美好，极致的完满，只有以道行事才能达到这种状态，所以"上善"有最接近于道的意思。"治"，这里作形容词，指安定、太平，与"治世""治平"用法相同。水本就有静定之性，即使洪水如潮，也只是因为追寻安定。"治水"即安定之水，与下文"有静"相应。乙本、北大本作"如"，传世本多作"若"。

有静：指呈现安静。乙本、北大本作"有争"，传世本多作"不争"。

几于道：指接近于道。几，将近、接近。

居善地：即"居之善，在于地"。指最为妥善的居住，在于依托大地。善，高明、妥善。地，陆地、大地。

心善渊：即"心之善，在于渊"。指最为妥善的用心，在于渊博能容。心，古人认为心的功能是思维，用心即思忖、揣度之义。渊，深远、广博。

予善天：即"予之善，在于天"。指最为妥善的给予，在于顺天应物。予，给予。天，天然、自然发生。此处原文作"予善信"，当脱"天言善"三字，据乙本、北大本补。传世本多作"与善仁"。

言善信：即"言之善，在于信"。指最为妥善的发言，在于坦诚不欺骗。言，本义指说话，这里指发号施令。信，诚实、不欺骗。

政善治：即"政之善，在于治"。指最高明的为政，在于安定无事。政，主持政事。治，安定、无事。

事善能：即"事之善，在于能"。指最高明的处事，在于擅长并胜任。事，做事、从事。能，胜任、善于。

动善时：即"动之善，在于时"，指最妥善的行动，在于把握时机。动，行动、发作。时，本义指季节、时节，这里指时机。

夫唯不争，故无尤：以上七条综合来看，便是"不争"。居住在地，而不争高；心怀宽广，而不争执；顺天应物，而不争强；言之有信，而不争巧；无为施政，而不争功；处事有方，而不争能；应时顺势，而不争先。如此行事，故而不会有过失。尤，过失、罪过。

解

上善治水

上一章用天地讲"长久"，本章用水讲"上善"。最符合道的处事，就是安定之水的状态，对万物都有利而安然守静，不施于万物故不与物争，有利于万物故不为物害。不与物争高而居住在地上，不与物争执而渊博能容，不与物争强而顺其所需，不与物争巧而诚信相待，不与物争功而无为处事，不与物争能而尽己所长，不与物争先而是应时顺势，如此就不会有过错了。

范蠡的一生，就很好地诠释了"上善治水"。范蠡是我国历史上著名的政治家、军事家、谋略家、经济学家，被后人尊称为"商圣"。范蠡出身贫寒，但智慧才能超群，师从计然（传为老子亲传弟子），学习道家之术。

当时的楚国贵族专权，政治黑暗，低贱出身的人不得入仕。于是范蠡与时任楚宛县令的好友文种商量，一起投奔越国。到了越国，二人凭借出色的才干很快得到越王勾践的赏识，范蠡被拜为上大夫、相国，辅佐越王勾践。如果范蠡一直居于楚国，则可能埋没终身，但到了越国就能很快得到任用。

这便是"居善地"，选择最妥善的地方安身，正如欲起高楼，就一定要以坚实之地为基。

当时吴越两国经常发动战争。范蠡到越国时，吴国在伍子胥的辅佐下已日渐强盛，越王勾践担心吴国强大之后会来报复，于是决定主动进攻，范蠡前去劝谏，一讲不要使用阴谋违逆德行，二讲不要使用凶器伤害生命，三讲不要以身与他人相争。综合而言，即"水善利万物而有静"，像水一样拥有"善"的德行，有利于万物，而不主动相争。然而勾践不听劝阻，执意进攻，结果被打得大败。面临亡国之灾，勾践问范蠡怎么办。范蠡说："持满者与天，定倾者与人，节事者以地。卑辞厚礼以遗之，不许，而身与之市。"遵从天道来保持强盛，处理人际关系来挽回倾覆，因地制宜才能把事办好，劝勾践向吴国委屈求和，卑辞厚礼，只要不被灭国，把自己卖身给夫差都行。于是勾践重金贿赂吴国的大臣，并且自愿做奴仆去侍奉吴王，夫差见他诚意满满，便接受了他的投降，退兵回国。无论在什么样的逆境之下，先保全自己，一时的屈辱都不算什么，这便是"心善渊"。勾践当时有心杀掉妻子儿女，焚烧宝器，亲赴疆场拼一死战，果真这么做的话，又哪里有越国后来的霸业呢？

勾践本想让范蠡留在越国管理国家政务，范蠡却主动要求跟随勾践去吴国为奴，并说："百姓之事，蠡不如种，敌国之制，种不如蠡。"去敌对国作奴仆，可以说是极卑下污辱之事了，而范蠡主动请往，这便是"居众人之所恶"。

范蠡对自身有明确的认知，他认为自己更擅长外交事务，而文种更擅长内政，所以留文种处理国政，自己随勾践去吴国做人质，这便是"事善能"。

公元前493年，勾践、范蠡君臣入吴为奴。勾践操持贱役服侍夫差，亲自充当夫差的马前开道者，三年后才被放还。勾践回到越国后，卧薪尝胆，励精图治，在范蠡的建议下劝农桑，务积谷，不乱民功，不逆天时，越王夫妇亲自耕种织布，吃饭没有肉，不穿两层衣，折节下士，厚待宾客，救济穷人，悼慰死者，与百姓共同劳作。一系列的措施，使百姓得到安定，越国慢慢强大起来。这便是"政善治"。

夫差杀掉了伍子胥，勾践召见范蠡说："吴王已经杀死了伍子胥，阿谀奉承的人很多，可以攻打吴国了吗？"范蠡回答说："不行。"到了第二年春天，吴王到北部的黄池去会合诸侯，带走了吴国的精锐部队，只留下老弱残兵和太子在吴都。勾践又问范蠡是否可进攻吴国，范蠡说："可以了。"于是尽起精兵攻打吴国，吴军大败。范蠡善于选择时机行事，正合"动善时"。

吴国既败，吴王夫差被围困在姑苏山上，夫差以非常卑微的姿态请求与勾践讲和，勾践不忍心，想答应吴王。范蠡说："天与弗取，反受其咎。时至不行，反受其殃。"吴王之所以落到今天这个下场，正是因为当年天赐越国给他他不要，这就是逆天的下场。天赐予的你不要，就会有祸事发生；机会来了你不行动，自己反而会遭殃。这便是"予善天"。

夫差终于自杀，勾践消灭吴国后，成为一方霸主。这时范蠡反而要离开了。勾践说："今后如果我不原谅您的过失，不宣扬您的美德，就让我客死在越国之外。您不走，我把国家分一半给您；您一定要走，就杀掉您全家。"范蠡去意已决，说："君行令，臣行意。"大家各行其是罢了。勾践最终并没有杀他，在范蠡带人乘舟浮海而去之后，还把会稽山作为范蠡的封地，以表彰范蠡的功德。这便是"言善信"，说离开就是诚心想要离开，只是通知勾践而已，威逼利诱均不为所动。而正是范蠡的明智之举，让他得以保全性命，而文种自以为有功，没有听劝离开勾践，最终被勾践赐死。

范蠡乘船过海到了齐国，更名改姓为"鸱夷子皮"，在海边经营产业，很快就积累财产达几十万。齐人听说他贤能，让他做了国相。范蠡叹息道："治家能积累千金，做官能高居卿相，这是平民百姓能达到的极致了。长久享受尊贵的名号，不祥。"于是归还了相印，把自己的家产散给好友和同乡，秘密离开齐国到了陶地。《史记》记载，范蠡"十九年之中三致千金，再分散与贫交疏昆弟。此所谓富好行其德者也"。范蠡曾经三次巨富三次散尽家财，搬到哪里就在哪里成名，最后老死在陶地，世人相传叫他"陶朱公"。

范蠡善于获取财富但不积敛财富，就像水一样，流通天下，滋润万物。后人评价"春秋战国近五百年，以功名始终者惟范蠡一人"，可谓"善始且善成"。

53

— 09 —

揸而盈之,不若其已。
zhī
牢牢把持而积聚盈满, 不如停止下来。

揣而允之,不可长保之。
chuǎi
揣度测量而保持均平, 不能长久维持。

金玉盈室,莫之守也。贵富而骄,自遗咎也。
金玉珍宝填满屋子, 无法守护得住。 富贵而骄纵, 给自己留下灾祸。

功遂身退,天之道也。
功成身退,这才是符合天道的做法。

注

持而盈之：通过"持"的方式达到"盈"的状态，牢牢把持而积聚盈满。持，持也，拿着、握住。在这里除了执持之义，还有"对峙"的意思，表示硬挺着对抗，阻挡万物流通。

已：停止。

揣而允之：通过揣度和测量来保持中正（不偏不倚）。揣，测量、度量。允，诚信、信实，因为信实而得到认可，引申指公正、得当。传世本多作"锐"。

自遗咎：给自己留下灾祸。遗，留下、招致。咎，灾祸、灾殃。

功遂身退：指大功告成以后，抽身而退，因为人为之功不可长久。上文"持而盈之""揣而允之"均是人为之功，通过强行持有而得来的盈满，通过揣度测量而得来的公正，均不能持久，所以不宜长居久留。

天之道：即自然之道。天，天然的、自然的，一直以来就存在的，如"天理"。道在天地还没有出现的时候就已经自然存在了，天地万物出现之后，遵循着这个自然存在的道而呈现出来的规律，是谓"天之道"。

解

功成身退，才是符合天道的做法

财富就像水一样，本质是流通的。倘若把财富截流，牢牢把持，让它一直充盈下去，这就像在河中筑堤一样，随着河水不断上涨，最终就可能冲垮堤岸。所以老子说"金玉盈室，莫之守也"，获取财富但不贮藏财富，而是"既已为人""既以予人"，"圣人不积"就不会有倾覆的危险。

石崇是西晋时的著名富豪，他任荆州刺史时，劫掠来往富商，成为巨富。王恺是京城洛阳屈指可数的富豪，与石崇斗富。王恺家用糖水刷锅，石崇家就用蜡烛烧火；王恺在家门前路两边做了四十里的紫丝布屏障，石崇就做了五十里的屏障，用的是更名贵的锦缎，把王恺比了下去。王恺向外甥晋武帝司马炎求援，司马炎赞助了他一株两尺多高的珊瑚树，结果石崇不以为意，拿起铁如意就把珊瑚树打碎了，随后让随从把家里的珊瑚树都搬来，这些珊瑚树高达三四尺的有六七株，像石崇打碎的珊瑚树那样的就更多了。

石崇的奢华胜过了皇帝，但是好景不长，在石崇五十二岁那年，因与司马伦争斗，被司马伦假传惠帝诏命诛杀。在被押往刑场的路上，石崇说："这些奴才是图谋我的家产啊！"押他的人道："知道是家财害了你，为何不早点把它散发掉！"石崇无法回答。他的母亲、兄长、妻妾、儿女不论老少都被杀掉。

想要保持最强盛的状态而不衰落，就像走钢丝一样艰难，即使能平稳走一段路，一直走下去也一定会颠覆。因为无论如何度量贵贱、分配轻重，想借此保持住平衡而不倾倒，都不可能持续长久。以人的认知来度量万物，无论精确到什么程度都仍然会产生偏差，只有至公至大的道，才能把万物像微尘一样齐一而无偏差，容纳万物而永不盈满。

《荀子》中记载了这样一个故事：孔子在鲁桓公的庙里参观，看到有一只倾斜的器皿。孔子问守庙人："这是什么器物？"守庙人说："这是宥坐之器。"孔子说："我听说这种器物，空虚时倾斜，倒入一半水就会端正，注满水就会翻倒。"孔子回头对弟子们说："注水吧！"弟子们舀了水往里面倒，注入一半时就端正了，注满后就翻倒了，空了就又恢复倾斜了。

孔子长叹说："唉！哪有满了不翻倒的呢？"子路说："请问保持盈满有什么方法吗？"孔子说："聪明睿智，就要用笨拙来保持它；功盖天下，就要用谦让来保持它；勇猛过人，就要用怯懦来保持它；富有天下，就要用节俭来保持它。这就是所谓的保持盈满的方法啊。"

既然人道不能做到至公，那就向天道靠拢，做到无分别；既然人道不能长久保持盈满，那就向天道靠拢，做到无极限。所以最大的盈满就是空虚，最高的均平就是齐一，最大的聪慧就是不动用智巧，最高的功劳就是功成而不居。事情做成了就不要再牢牢把持，而是退去放下，这才是符合天道的做法。

54

—10—

载营魄抱一，能毋离乎？抟气致柔，能婴儿乎？修除玄鉴，能毋疵乎？爱民治国，能毋以智乎？天门启阖，能为雌乎？明白四达，能毋以知乎？

形体与魂魄合抱守一，能做到不分离吗？结聚精气而致柔和，能做到像婴儿一样吗？修治心镜而恢复洁净，能做到没有瑕疵吗？爱护百姓，治理国家，能做到不运用智巧吗？万物芸芸，出生入死，能做到持守柔弱吗？知晓天下，通达明白，能做到不使用知见吗？

生之畜之，生而弗有，
　　生成万物，畜养万物。　　　　生养万物而不占有它们，
长而弗宰也，是谓玄德。
统领万物而不主宰它们，　　　这就是最深远的德。

注

载营魄：把形体与精神合于一处而不分离。载，装载，合于一处。营，本义指在四周围绕而居，提供养护，这里指身体，因为身体营养精神。魄，指依附于形体的精神。

抟气：把气凝聚成团。抟，把东西揉弄成球形，引申为结聚、聚集之义。

修除：修治而使恢复清洁干净。传世本作"涤除"。

玄鉴：玄妙之镜，即"心镜"。玄，深奥、玄妙。鉴，镜子。我们认知万物，就好像万物投影于内心，因此把心比拟为镜。通行本作"览"。

能毋以智乎：大意为，能不使用智巧吗？此句原文残缺，据乙本补。传世本多作"能无知乎"。

天门启阖：开门见天，指与天道相连接的门户。启阖，指打开与闭合。

为雌：守住柔弱的状态。雌，柔顺的、柔弱的。原文残损，据乙本补。为，掌管，持守。传世本多作"无"。

毋以知：指不使用自己固化的认知去判别事物。知，认知、成见。原文残损，据乙本补。传世本多作"无为"。

生而弗有：生养而不占有。有，获得，占有。弗，传世本作"不"，并在此句后增"为而不恃"。

玄德：最深远的德。玄，幽远、深远。

241

解

一、以"无"修身

道生成万物、畜养万物而不占有它们，统领万物而不主宰它们，这便是道之玄德。

人若遵从于道，对待自己的精神，则是用空虚蕴养之而不使其分离（载营魄抱一，能毋离乎）；对待自己的身体，则是用柔弱和顺之而不使其衰老（抟气致柔，能婴儿乎）；对待自己的感官，则是保持虚心而不怀有主观偏见（涤除玄鉴，能毋疵乎）；对待国家人民，则是无为而不用智巧去主宰他们（爱民治国，能毋以智乎）；对待万事万物，则是雌柔而不以强势去凌压它们（天门启阖，能为雌乎）；对待天道，则是无知无欲而不用自己的知见去局限它（明白四达，能毋以知乎）。

《庄子·应帝王》中说明了"无"的功用："无"是名象的主宰，因为无生有，有生万物；"无"是谋略的府库，因为不使用机心方能善谋；"无"是成事的职掌，因为无为方能无不为；"无"是智慧的宗主，因为无成见方能明白四达。潜心地体会"无"的渊深无穷，自在地游放于"无"的无迹无涯。秉承着自然赋予的真性，而从来没有迹象显露，只是清静虚无罢了。道德修养高的人，其用心就像一面镜子，来者即照去者不留，应合事物真情而没有隐藏的私心，所以能承应万物而不会损心劳神。

二、舍弃小聪明，成就大智慧

《庄子·外物》里有这样一个故事：从前，宋元君半夜梦到一个人，自称是清江的使者，出使河伯的路上被渔夫余且给抓住了，求宋元君搭救。宋元君醒来后，派人占卜，卜者说："这是一只神龟。"宋元君就问："有一个叫余且的渔夫吗？"左右侍臣回答："有。"宋元君说："叫余且来见我。"

第二天，余且来朝。宋元君问："你捕捞到了什么？"余且回答："我的网捕捉到一只白龟，周长五尺。"宋元君说："献出你捕获的白龟。"白龟送到，宋元君一会儿想杀掉，一会儿又想养起来，心里犯疑惑，于是又叫人再卜一卦。卜者说："杀掉白龟用来占卜，一定大吉。"于是宋元君命人把白龟剖开挖空，用龟板占卜数十次，没有一次失误。

孔子知道后说："神龟能显梦给宋元君，却不能避开余且的网；才智能占卜数十次不失误，却不能逃脱剖腹挖肠的祸患。如此说来，才智也有困窘的时候，神灵也有考虑不到的地方。即使存在最高超的智慧，也匹敌不了万人的谋算。鱼儿只知道害怕鹈鹕，却不知道畏惧渔网。摒弃小聪明，方才显示大智慧；除去矫饰的善行，方能使自己真正回到自然的善性。"

眼光通彻叫作明，耳朵通彻叫作聪，鼻子通彻叫作膻，口感通彻叫作甘，心灵通彻叫作智，智慧通彻叫作德。屋里狭窄，婆媳之间就会争吵不休；内心抑郁，六种官能就会出现纷扰。人们为什么一到了森林与山丘的旷野之处，就会感到心旷神怡？正是因为人们的内心本来就促狭，不能让心处于虚空，就会心神不通啊！

通眼者，无也；通耳者，无也；通鼻者，无也；通口者，无也；通心灵者，虚空也；通天道者，无为也。屋内有无，则空且旷，亲人相处才不会争吵；内心虚空，精神才能运转自如，逍遥自在。

55

— 11 —

卅(sà)辐同一毂(gǔ)，当其无，
三十根辐条共同汇集在一个车轮毂上，正在于轮毂有了中空的地方，
有车之用也。埏(shān)埴(zhí)为器，当
才有车的作用。　　　　揉和泥土制作器具，正在于泥土有了中
其无，有埴器之用也。凿户
空的地方，　　才有器具的作用。　　　　开凿门窗，
牖(yǒu)，当其无，有室之用也。
正在于墙壁内有了中空的地方，　　才有房屋的作用。
故有之以为利，无之
　　　　所以说，"有"，之所以可以给人便利，　　是因为存在着
以为用。
空无，可以让它们发挥作用。

注

卅辐同一毂：卅，三十。辐，古代车轮中插入轮毂以支撑轮圈的细条。毂，车轮中心的部分，周围与车辐的一端相接，中有圆孔，可以插轴。春秋战国时期的车轮有三十根辐条，这些辐条互相间隔，共同穿插在车轮毂上，组装成一个车轮。而车轮要想装配车身，也需要车轮毂中间有孔。正是因为有了这些中空的地方，才有了车的作用。

当其无：指正在于其空无。当，正在那个地方。无，空无、空间。

埏埴为器：指揉和泥土制作器具。埏，用水和土。埴，黏土。

凿户牖：指在墙壁上开凿门和窗。户，本指单扇的门，后用作门的通称。牖，窗户。传世本此句后多有"以为室"三字。

有之以为利：有，这里指成形的器具、用具之类，可以给人带来便利。利，好处、益处。

无之以为用：无，这里指器具内的空间，可以让人使用的部分。用，使人或物发挥其功能。

解

万物因"无"而有用

处于空虚的状态，则万物均可为我所用，因为它们需要空无来发挥作用。车轮三十辐，需要空无才能组装车身；和泥制陶器，需要空无才能盛装东西；凿门窗成屋室，需要空才能用来居住。有了空无，才有了万物之用，才可发挥万物之利。

《庄子·外物》细说了"有"和"无"之间的关系。"有"

与"有"相处，只会产生冲突，就像木与木互相猛烈摩擦，就会产生火焰，这火焰会把两根木同时焚毁。人与人不也是同样的道理吗？各怀成心，就不能相容，互相抵触，互相伤害，产生的大火会让两个人都受不了。

腹腔有了空旷之处，因而能容纳五脏怀藏胎儿；内心虚空，才能没有拘束，顺应自然而游乐。所以说，只要内心闭塞，沦为具体之物，就必然会失去能够进退自如、畅通无阻的"无"；没有那个"无"的通彻，就必然会产生梗阻，而与其他外物发生冲突。

你看那些梗阻于"忠"的，关龙逢被斩杀，比干遭杀害，箕子被迫装疯，伍子胥被赐死，苌弘血化碧玉。你看那些梗阻于"孝"的，孝己愁苦而死，曾参悲切一生。又有尾生与女子约定相见桥下，女子爽约而时逢洪水，尾生抱柱不肯离去被淹死。还有申徒狄多次劝谏君王而不被采纳，于是背负大石投河而死。为何冲突到了必死的境地，原因就在于内心少了清静虚无的作用啊。

惠子对庄子说："你的言论无用。"庄子说："懂得无用方才能够跟他谈论有用。大地宽广，但人能用到的只是脚踩的一小块罢了。既如此，那么只留下脚踩的一小块，其余全都挖掉，一直挖到黄泉，大地对人来说还有用吗？"惠子说："无用。"庄子说："如此说来，无用的用处也就很明白了。"

56

— 12 —

五色使人目盲。 绚丽色彩，会让人视力受损，不能正确辨识事物。 **驰骋田猎使人心发狂。** 纵情追逐猎物，会让人心态受损，心浮气躁狂乱难收。 **难得之货，使人之行妨。** 难得的稀有财货，会妨碍人行正道。 **五味使人之口爽。** 厚味佳肴，会让人味觉受损，失去品味淡然的能力。 **五音使人之耳聋。** 美妙乐曲，会损害人的听力，让人听而不闻，昏聩莫名。 **是以圣人之治也，为腹不为目，故去彼取此。** 因此圣人治理天下，只会注重经营民众赖以生存的根本，而不会偏向于声色浮华。所以摒弃那些让人偏离正道的物欲，而是守住根本。

注

五色：指青、黄、赤、白、黑五色，这里泛指各种绚丽的色彩。

目盲：眼睛看不见东西，指丧失视力，对事物不能辨认。盲，原文作"明"。眼睛被五色致眩，白茫茫一片不能视物，即"目明"。为防止误解，此处从乙本作"盲"。

驰骋田猎：骑马奔驰追逐猎物。驰骋，骑马奔跑。田猎，打猎、狩猎。

心发狂：内心狂乱难收。狂，本指精神失常，引申指纵情任性或放荡骄恣的态度。

行妨：阻碍在路上行走。行，在路上走。妨，阻碍、伤害。

口爽：味觉出差错，失灵。爽，指差错、失误。

耳聋：听觉丧失，听而不闻。聋，指丧失听觉能力。

圣人之治：北大本、通行本作"圣人"，无"之治"二字。

为腹不为目：指经营根本而不是逐求浮华。为，做、从事。腹，本义指肚子、内腹，这里指事物的根本。目，本义指眼睛，入眼所见，这里指事物的表象。

解

守住本心，不要放纵欲望

空虚的视界，会被五色遮蔽；清静的内心，会被娱乐纵逸；轻松的身体，会被财货负累；清淡的口味，会被五味掩盖。因此圣人治国，只会经营稳固根本，而不会追逐虚华，虚华过度则会损害根本。

《战国策》记载，梁王魏婴在范台宴请诸侯，酒兴正浓的时候，请鲁共公举杯共饮。鲁共公站起来，离开座位，正色道："从前，舜的女儿仪狄擅长酿造美酒，仪狄把酒献给了禹，禹喝了之后也觉得味道醇美。禹于是就疏远了仪狄，戒绝了美酒，并且说：'后代一定有因为喜好美酒而使国家灭亡的。'齐桓公有一天半夜里肚子饿，易牙就煎熬烧烤，调和五味制成佳肴给他送上，齐桓公吃得很饱，一觉睡到天亮还不醒，醒了以后说：'后代一定有因贪美味而使国家灭亡的。'晋文公得到了美女南之威，三天不理朝政，于是就把南之威打发走了，说：'后代一定有因为贪恋美色而使国家灭亡的。'楚灵王登上强台远望崩山，左边是长江，右边是大湖，辗转徘徊，沉浸山水之乐连生死都忘记了，于是发誓再也不来游山玩水了，说：'后代一定有因为修高台、山坡、美池，而致使国家灭亡的。'现在您酒杯里盛的好似仪狄酿的美酒，吃的好似易牙烹调出来的美味佳肴，您左边的白台，右边的闾须，都是南之威一样的美女；您前边有夹林，后边有兰台，都是强台一样的风光。这四者中占有一样，就足以使国家灭亡，现在您兼而有之，能不警惕吗？"梁王听了，连声称好。

　　孔子在齐国听到了《韶》乐，竟然三个月尝不出肉的滋味。食肉都不知味了，耳朵里还能听得进别的声音吗？这就叫"耳聋"，耳朵没法再保持清静，而失去了听闻的能力。

　　一位叫韩娥的善歌者，经过齐国的时候因路费用尽，便在齐国都城的雍门卖唱。唱完以后，余音三日不绝，听众都聚在雍门不肯散去。真的是余音绕梁三日不绝吗？其实是绕耳不绝，在听众的耳朵中回响。那么这三天，听众的耳朵都被韩娥的歌声充满，不正是"耳聋"吗？

圣人的"聖"字，本义是指听觉敏锐，闻声而知情。要具备敏锐的听觉，就需双耳时刻保持清静的状态。同样地，口要能准确分辨味道，需时刻保持清淡的状态；目要能明察细微的端倪，需时刻保持清明的状态；心要能自如地应对事物，需时刻保持清虚的状态。因贪恋五色、五味、五音、娱乐、财货而损毁了五官最重要、最根本的功能，可谓是舍本逐末的行为了。

57

—13—

宠辱若惊,贵大患若身。
受到恩宠或是折辱内心都会惊震,看重大忧患比得上自己的性命。

何谓宠辱若惊?宠之
什么叫"宠辱若惊"呢? 受宠是因为把

为下,得之若惊,失之若惊,
自身放在下位, 得到来自上位的恩宠就会惊喜,失去了又是惊恐,

是谓宠辱若惊。
这叫"宠辱若惊"。

何谓贵大患若身?吾
什么叫"重视大的忧患(如名利)如同自己的性命"呢? 我之所

所以有大患者,为吾有身
以有大的忧患, 正是因为我有自己的身体,

也，及吾无身，有何患？
如果连身体都丧失了，又还有什么可忧患的呢！
故贵为身于为天下，
所以，把养护自身看得比治理天下更重要，
若可以托天下矣。爱以身
这样就可以承托起天下了。总是不顾惜自身而治
为天下，如何以寄天下？
理天下，这样拿什么来寄放天下？

注

大患：大的忧虑、忧患。

宠之为下：将自身放在下位，接受外来的尊荣。宠，使人处于尊贵的位置。然而这个尊贵的位置是别人给的，有失去的风险，失宠则为辱。为，于、在。

及吾无身：等到我丧失身体（性命）的时候。及，至、达到。

贵为身于为天下：看重治身之事甚于治天下之事。贵，看重、重视。为，做、从事。北大本及多数传世本作"贵以身为天下"。

托天下：承托起天下。托，本义指用手掌承着东西，泛指承托。

爱以身为天下：喜欢用自己的身体去行治理天下之事，有事必躬亲之义。爱，本义是喜爱、爱好，意为对人或事有深挚的感情。

寄天下：把天下委托给我，寄放在我这里。寄，委托、托付。乙本、郭简本、北大本同为"托天下"在前，"寄天下"在后；王弼本、河上公本等恰好相反。

"如何以寄天下"之"何",乙本、北大本及传世本作"可"。

解

养护自身,比治理天下更重要

以自身为本,那么外来的荣辱就是虚华。如果因太过在意荣辱而惊慌失措,失去了清静的内心,便会导致根基受损,反害自身。

庄子在濮水边,楚王派两位大臣前往致意,说:"楚王愿将国内政事委托给先生,恐怕要让先生受累了。"庄子手持钓竿头也不回地说:"我听说楚国有神龟,被杀死时已活了三千年了,楚王用竹箱装着,用巾饰覆盖着,珍藏在宗庙里。这只神龟,是宁愿死去留下骨骸而显示尊贵呢,还是宁愿活着在泥水里拖着尾巴呢?"两位大臣说:"宁愿拖着尾巴活在泥里。"庄子说:"你们走吧!我仍将拖着尾巴生活在泥水里。"得到了尊荣,失去的却是生命,如何取舍,就看以什么为重了。

使人处于尊贵的位置,叫"宠"。然而这个"宠"是外来的,接受它,就必然要把自身放在下位,放在从属的位置,这样才能得到来自上位的恩宠。把自己的独立地位丧失了,只属于附庸,岂不是和丧失了生命没有区别吗?一个人若是能如庄子所说,"举世誉之而不加劝,举世非之而不加沮",被全天下称赞也不为所动,被全天下非议也不觉沮丧,还有谁能给他宠辱呢?

《说苑》记载了"曾子辞邑"的故事。孔子的学生曾参，穿着破旧的衣服在地里耕种。鲁国的国君派使者前往封赠他一座城邑，说："请用这座城镇的收入，修饰一下你的衣服。"曾参不肯接受，使者只得返回；不久后，使者又来，曾参仍然不肯接受。使者说："先生又不是向国君求来的，是国君自己封赠的，为什么不肯接受呢？"曾参说："我听说过这样的话：'接受了人家赏赐的东西，就会畏惧对方；赏赐人东西的人，就会傲视对方。'纵然鲁君赏赐我城邑，不会傲视我，但我能不畏惧他吗？"最终还是没有接受。孔子知道了这件事，说："曾参说出这样的话，足以保全他的气节。"

世人以忠义之名为荣，但忠义却未必能得到君主之信；以孝悌之称为美，但孝悌却未必能得到双亲之爱。用欲得之心去与外物相处，吉凶能有个定数吗？所以那些有求于外物又想要趋吉避凶的人，心存忧喜，在这两种心境中越陷越深，而没有办法逃避；小心翼翼、恐惧不安，而又一无所成。内心就像在天地之间高悬而惴惴不安，利害得失在内心中碰撞，于是只能焦躁万分，忧郁犯病。最终戕害了生命，连自己的身体都丧失了。

身体都丧失了，又还有什么荣辱大患可言呢！所以哪怕是治理天下这样的大事，也比不上治理自身更加重要。如果为天下舍弃自身，那么终也不过是天下的附庸而已，拿什么去得天下呢？

《汉书》记载，汉文帝从霸陵上山，想从西边纵马驰下山坡。袁盎纵马上前拉住了文帝的马缰绳。文帝说："将军胆怯了吗？"袁盎说："我听说家里有千金的人，就座时不靠近屋檐下；家里藏有百金之人，不会跨骑在楼台边的栏杆上。英明的君主不去冒险求取侥幸的成功。现在您要放纵驾车的六匹马，奔驰下高山，假如驾马受惊车辆毁坏，您即使看轻自己，又怎么对得起高祖和太后呢？"文帝这才停止。

  为游玩丧生不值得，为天下丧生难道就值得吗？《庄子·让王》记载，越人先后三代杀掉自己的国君，王子搜十分忧惧，逃到山洞里去。越国没有了君主，就到处寻找王子搜而没能找到，便追踪来到洞穴。王子搜不肯出洞，越人便点燃艾草熏他出来，用国王的车驾请他乘坐。王子搜拉着登车的绳索，仰天大呼说："国君之位啊，国君之位啊，为什么就是不能放过我啊！"王子搜并不是憎恶做国君，而是憎恶做了国君会引来杀身之祸。

58

— 14 —

视之而弗见，名之曰微。
看也看不到，　　　　　称之为"微"；

听之而弗闻，名之曰希。
听也听不见，　　　　　称之为"希"；

捪(mín)之而弗得，名之曰夷。三者不可致诘，故混而为一。
摸也摸不着，　　　　　称之为"夷"。　　　　这三者的区别很难去追究，　　　　所以混同为一来看。

一者，其上不攸，其下不忽。寻寻呵不可名也，
这个"一"，　　它的高处不呈攸远，　　低处也不显忽微，　　不知始终而莫可名状，

复归于无物。
只能把它归结为"无"的存在。

是谓无状之状，无物之象，是谓惚恍。随而不见其后，迎而不见其首。
"无"，并不是说它什么也没有，而是具备没有形状的形状，没有形体的形象，这就叫恍惚难明。跟随着它，看不到它的末尾；面向着它，看不到它的前端。

执今之道，以御今之有，以知古始，是谓道纪。
把握住当下的这个"道"，用来驾驭当下的现实，由此得知其中的规律，进而窥见它本始的面貌。这就是认知"道"的纲领。

注

微：本义指隐蔽、隐匿，隐而不可见。北大本、通行本作"夷"。

希：本义指麻布织得不密，空洞很大。这里指声音空洞，听不到具体内容。

㨉：抚摸，触摸。通行本作"搏"。

夷：本义指讨伐、平定，引申指平顺、平坦，摸上去非常丝滑，感受不到阻碍。北大本、通行本作"微"。

致诘：施以诘问。致，本义指送给、给予，这里指施加、施行。诘，询问、追问。

其上不攸：指它的高处并不长远，并不会让人感觉高不可攀、远不可求。上，上面，位置在高处的。攸，久、长远。乙本作"谬"，北大本作"杲"，传世本多作"皦"。

其下不忽：指它的低处并不忽微，并不会让人感觉不到存在。下，下面，位置在低处的。忽，不受重视的，容易被忽略的。原文及乙本作"物"，同"忽"。北大本作"没"，传世本多作"昧"。

寻寻：形容不知根底莫可名状的样子。寻，指在一堆乱丝中找出头绪。北大本作"台台微微"，通行本作"绳绳"。

无物之象：指没有内容的形象。物，指事物的内容或实质。象，形状、样子。

惚恍：形容深微而看不真切的样子。惚，形容深微的样子。原文残损，乙本作"沕"，同"惚"，北大本作"没"。恍，形容不清楚、不真切的样子。

执今之道：掌握运作于当下的道。执，掌握。今之道，指当今之道，当下之道。事物在不同的发展阶段，所遵循的规则也不相同。今，北大本及多数传世本作"古"。

御：驾驭，统御。

有：具体的事物。这里指现实的存在。

古始：指过去的开端。古，过去的、时代久远的。始，开端。

道纪：道的纲领。纪，纲领、纲纪。

解

一、用"无"才能寻到"道"

如何才能让"身"保持长久呢？这就需要把它依托于更为深厚的根基之上，即天地万物之母的大道。这个道，看不见，听不到，摸不着，但只要你能觉知到它，就可知它是真实存在的，是有据可凭的。而如果要想把它像实物一样看得一清二楚，就会发现不可得，心念落于实反倒无有，处于虚便会得见，就是这样一种惚惚恍恍的状态。

《庄子·天地》讲了一个小故事，说黄帝在赤水的北岸游玩，登上昆仑山巅向南观望，返回后发现玄珠丢了。于是派才智超群的"智"去寻找，未能找到；派善于明察的"离朱"去寻找，未能找到；派善于闻声辩言的"喫诟"去寻找，也未能找到。于是让无智、无视、无闻的象罔去寻找，结果象罔找回了玄珠。黄帝说："奇怪啊！只有象罔才能够找到吗？"

是啊，为什么使用心智寻找不到，使用眼睛寻找不到，使用耳朵寻找不到，唯独无心、无视、无听才可以寻找到呢？

玄珠，在这里指代的是"道"。道，同时也具备微、希、夷的特性，是视力、听力、言谈所无法辨识的。制作钟磬，会使用金属和石头，因为金石才具备发声的性质。但是钟磬就在那儿，不敲击它，照样不会发声。敲击，才是能引动它的正确方法。所以寻找道，也同样要运用可以引动它的正确方法，如此才能令它显现出来。

唯无形可以见无形，唯无声可以听无声。这世上的大多数人，都只是靠脑袋和手脚活着，只是有一副形体而已。但你要是说，他们能用形体抓住道了，这是不可能的。

孔子见过老子后，整整三天都没有说话，子贡很奇怪，问怎么了。孔子说："我如果遇见有人的思想像飞鸟一样放达时，我可以用我似弓箭般准确锐利的论点来射住他。如果对方的思想似麋鹿一样奔驰无羁，我可以用猎犬来追逐它。如果对方的思想像鱼一样遨游在理论的深渊中,我可以用钓钩来捕捉它。然而如果对方的思想像龙一样,乘云驾雾,遨游于太虚幻境,无影无形捉摸不定,我就没法追逐和捕捉他了。我见到老子,觉得他的思想就像遨游在太虚中的龙,使我干张嘴说不出话,舌头伸出来也缩不回去,弄得我心神不定,不知道他到底是人还是神啊。"

龙这种生物,小可以化蛇蛰伏地底,大可以化龙遨游九天。它没有专属标签,非方也非圆,非贵也非贱,更不论愚或贤。它没有固定的形态,随意而变,但又从来不在哪种变化上驻足停留。它没有固定的行迹,能飞能游,随着时间的推移而前进,跟着风向的飘移而转换。它没有固定的成规,退缩或是进取,都只是跟随自然,以"和"作为度量,但求适宜而已。

所以"神龙见首不见尾",不能同时见到它的首与尾,始终让人无法完全掌控。道也如神龙一般,不知其始终,也就无法把握它的全貌,而只能依据它着落于当下的运作,来驾驭当下的现实,通过掌握"今之道""今之有"之间对应的规律,进而得知它的本始面貌,这就是认知道的纲领。

二、顺应时势之道

"与时迁移,应物变化,立俗施事,无所不宜",是司马谈在《论六家要旨》中对道家的评价。

与时迁移,是说道家之术随着天下时势的变化而发生迁移;应物变化,是说道家之术应对不同的事物使用不同的方法;立俗施事,是说道家之术根据现有的风俗、习惯而制定措施;无所不宜,是说道家之术因为其"顺势变迁"的核心而无所不适。

这便是古人对道家思想的总结，十分贴切。老子指出"道可道也，非恒道也"，凡是固定形迹，有了成法的所谓"道"，都不是那个真道。因此，当孔子怀揣上古圣贤的六艺之术前来向老子讨教的时候，老子善意地劝说道："你看重的'六艺'，都是先王留下来的遗迹，又哪里是他们的真实内涵呢？脚印是脚踩出来的，你现在的学习，不过是在承袭他们留下来的成品，就好像研究人的脚印而忽略了他的脚一样。"

同样的脚，踩出来的脚印却没有一个是完全相同的，因为踩到的地方不一样。拿踩在泥地里的脚印作为准则去对标沙地，这不是自取其辱吗？所以才要"执今之道"来"御今之有"。时过境迁，法术也要随之而变，用一成不变的古法来治国，非道家之道。

在《庄子》中，更是旗帜鲜明地反对"尊古"。《外物》篇有云："故曰至人不留行焉。夫尊古而卑今，学者之流也。且以狶韦氏之流观今之世，夫孰能不波？"意思是说，得道的人是能随世而行不固执的人，尊崇古代而鄙视当今是学者之流的短见。况且用古人的观点来观察当今的时代，又怎么能不偏颇呢？

当年唐尧、虞舜举行禅让，万世景仰；但是宰相子之与燕王哙举行禅让，却导致燕国几乎灭亡。当年商汤、周武王争夺天下而成为帝王，名扬千秋；但是白公胜争夺王位，却遭致杀身之祸。由此看来，争斗与禅让的礼制，唐尧与夏桀的做法，被世人认可还是鄙夷，都只是因时而异，不可以把它们看作不变的成规。

59

— 15 —

古之善为道者，微妙
古时善于运用道来行事的人，　　　　玄妙不可言，
玄达，深不可识。夫唯不
通达不可测，　　幽深而难以认知。　　　正因为难以认知，
可识，故强为之容。
　　　　　　　qiǎng
所以只能勉强形容他的样貌。

曰：豫呵其若冬涉水，
他小心审慎的样子好像严冬履冰过河，
犹呵其若畏四邻，严呵其
他迟疑戒惕的样子好像害怕四方邻居，　　他庄重肃穆的样子好像
若客，涣呵其若凌释，敦
在做宾客，　　他涣散不羁的样子好像冰凌消融，　　他敦厚

呵其若朴，浑呵其若浊，
朴实的样子好像没有雕琢的素材，　　他质朴天真的样子好像浑沦未分的浊水，
旷呵其若浴(gǔ)。浊而静之，
他广阔辽远的样子好像空旷的溪谷。　　奔流的浊水安静下来以后，
徐清。安以重(zhòng)之，徐生。
就会徐徐澄清。　　万物在安稳沉静的状态下，就会有清扬生机萌发。
保此道不欲盈，夫唯
持守这个道理的人不会追求盈满，　　　　只有不追求
不欲盈，是以能敝而不成。
盈满，才能不与母本分离，而得以守住自己的根。

注

善为道者：善于运用道的人。善，擅长、善于。为，做、从事。原文残损，据乙本补。道，北大本、郭简本及多数传世本作"士"。

微妙玄达：精深奥妙而又深远通达。微妙，精深玄奥而难以捉摸。达，通达事理，见识高远。

强为之容：很勉强地形容出他的样貌。强，勉强。为，创作、制作。容，面貌、相貌。北大本、郭简本作"頌"，"容"之古字

豫：迟疑不决的样子，形容小心。

冬涉水：在冬天步行过河，形容小心翼翼不敢有多余的行动，取"不敢为"之义。涉，步行过水、蹚水过河。河流如果不深，便不会有危险；河流如果很深，

便不能蹚水而过，强调冬天步行过河，很可能是从冰面上走过大河，因此才要倍加小心而不敢妄动。

犹：踌躇疑惧的样子，形容谨慎。

畏四邻：畏惧四方邻居。畏惧的表现有两种，一是不敢把自己的意志往四邻延伸，勿施于外的意思；二是关门闭户，谨防四邻入侵，恪守中正而不敢被私心物欲干扰的意思。二者合为一，即"守中"。

严：郑重、庄重的样子，形容沉稳。

涣：消融、涣散的样子，形容不羁。

凌释：指冰块融化，冰山消融。冰融化则解脱外形的限制，无拘无束通达四方。凌，冰。释，解脱、释放。

敦：厚道、厚重的样子，形容朴实。

浑：浑沦、淳朴的样子，形容天真。原文作"涽"，通"浑"。北大本作"沌"，传世本多作"混"。

安以重之：指保持并不断稳固安定的状态。安，平静、稳定。重，加重、增加。"浊而静之，徐清。安以重之，徐生"，通行本是"孰能浊以静之徐清？孰能安以久动之徐生？"

敝而不成：保守本根的状态一直不完结，即始终持守本根。敝，陈旧、破败，形容故旧之物，这里指本根故土。成，做完、完结。原文残损，据乙本补。北大本作"敝不成"，传世本多作"蔽不新成"。

(解)

得道者的状态

古时明了道的人，他们行事高深莫测，不能让人完全把握，我也只能勉强形容个大概。我只知道他们行动小心谨慎就好像冬天履冰过河（不敢妄为），戒惕自守就好像畏惧四方邻居（守中），庄重肃穆就好像在别人家作宾客（持重），无拘无束就好像冰凌融化（不形），敦厚朴实就好像未雕饰的素材（抱朴），混沌天真就像始涌而出的浊水（不别），宽广空阔的样子好像寂静幽深的山谷（清虚）。

《庄子·大宗师》描述了"古之真人"的形象：古时候的"真人"，处世只求适宜而不朋比（不随波逐流，不设定立场），好像能力不足而不负担外物，待人端方而不偏执，为人虚怀而不浮华；欣欣然的样子好像内心和悦，不得已的样子好像身不由己，神色谦和令人愿意接近，德行宽厚让人乐于归依；精神宽广好像容纳世界，自在不羁好像不受拘束，闷闷的样子好像生性沉默，无心的样子好像忘了言语。不用心智去替代大道，不用人为去增益自然，这就叫"真人"。像这样的人，他的内心安定专一，他的容颜淡然安闲，他的面额端庄宽广，喜怒和四季轮换一样自然，与万物都相宜，而不知道他的极限在哪里。

有道的人，不会固定形迹，不会保守形式，对外在形式的追求，也就注定与道失之交臂。颜回曾不解地问孔子："先生缓步我也缓步，先生急走我也急走，先生跑我也跑。我一切都模仿着先生来啊，但为什么好像从来都追不上？"

孔子说："回啊！哀莫大于心死。万物成长、作息依靠太阳的引导，引导你的东西不能存在你的心中，那就好像太阳消失在天空中，这能不悲哀吗！我心中有太阳，所以我跟着它起落作息，与造化同行同往。但我却不是太阳，你跟着我跑，不是跟错了对象吗？"

跟错对象的人又何止颜回一个呢？孙叔敖三次做令尹又三次被免职，但毫无忧愁之色。肩吾非常不解，就去问孙叔敖："您三次做令尹而不显荣耀，三次被免职也没有忧愁之色。我开始时对此怀疑，现在见您呼吸轻松欢畅，您的心里是怎样想的呢？"

孙叔敖说："荣耀是跟着令尹这个官职来的呢，还是跟着我来的？如果是跟着令尹而来的，那么它就和我没有关系。如果是跟着我来的，那就和令尹没有关系，做不做令尹，对我来说又有什么影响呢？况且，官爵的到来不能推却，离去不能阻止，它的得失并不由我，我又为什么要去为它而忧愁呢？"

孔子听到后感慨地说："古时候的真人，智者不能说服他，美色不能使之淫乱，强盗不能强制他，伏羲、黄帝这样的帝王也不能笼络亲近他。死生算得上是大事了，也不能使他有所改变，更何况是官爵俸禄之得失呢！像这样的人，他的精神历经大山而无障碍，入于深渊而不沾湿，处于贫贱而不疲困，充满大地之间，尽数给予别人而自己更富有。"

安静可以清神，安定可以养生，有道的人始终都处于一个虚而不满的状态，不会给自己加以边界的限制。只有在这个状态下，才能保有道，才不会跌落成有形有限之物。

60

— 16 —

至虚，极也。守情，
达到虚无的状态，以之为准则。　　守住客观真实的情状，
表也。万物旁作，吾以观
以之为标准。　　万千物象蓬勃兴起，　　而我静观它们仍会返
其复也。天物云云，各复
还的地方。　　物象变幻多端，　　最终各自返还
归于其根。
于它们的本根。
归根曰静，静，是谓
返还于本根的状态，就叫作"静"。持守住了静，也就得以复归于生命之
复命。复命常也，知常明也。
源起。复归于生命之源起，就知道了万物的常态。把握住了常态，就叫作"明"，

不知常，妄。妄作，凶。
不能把握这个常态，就叫作"妄"。　在不明常态的情况下妄为，就会遭受挫败。

知常容，容乃公，公
把握万物的常态，就能容纳万物。容纳万物需不偏不倚，这就是"公"。至"公"

乃王，王乃天，天乃道，
者，可以为王。　王匡正天下，就能让万物复归于自然，则天下有道。依托于道，

道乃久，没(mò)身不殆。
则能获得长久，终身都不会遭遇危险。

注

至虚，极也：达到虚空无染的状态，而以之为最高准则。即内心达到无杂念、无妄想，空明纯粹的状态。至，到达、达到。虚，空虚、虚无。极，本义指房屋的正梁，因其处在房屋正中的最高处，又引申指最高准则、标准。传世本多作"致虚极"。

守情，表也：守住客观真实的情状，而以之为最高标准。即内心达到诚、真、无偏私的状态。守，持守、保守。情，真实、实情。表，表率、标准。乙本作"守静，督也"，北大本作"积正，督"，传世本多作"守静笃"。

旁作：指广泛地蓬勃兴起。旁，本义指四方，引申为广泛、普遍。

天物云云：指天然生成的事物像云气一样周旋回转，这里是形容心念纷杂而变幻不定。天，天然的、自然的。云云，指像云气一样周旋回转的样子。乙本作"天物祊祊"，郭简本作"天道员员"，传世本多作"夫物芸芸"。

复命：回到万物初生的本源之地。复，返回。命，令之所出，上天发号施令的地方。万物遵天命而生，上天发号施令的地方，即万物受命而生的地方。"静，是谓复命"，北大本作"静曰复命"，传世本多作"是谓复命"。

常：恒久长远，始终不变。这里指万物"得一"而具备的常态（见前文第二章"昔之得一者"）。

知常明也：把握了万物所具备的常态，就叫"明"。代表得道的通达状态。

妄作：指无法度的胡作非为。妄，指胡乱的、无法度的。作，起身、从事。

知常容：把握了万物的常态就可以容纳万物。知，执掌、把握。容，容纳。

容乃公：容纳万物需要做到不偏不倚，无喜无恶，就是"公"。

公乃王：指公正无偏私而能成为天下所依从的范式，于是万民归往，可以为王。王，"天下所归往也"，天下归往于他、听从于他，是以为王。

王乃天：指天下归往于王，听从于王，于是得到匡正，复归于自然的状态。天，天然的、自然的。

天乃道：万物复归于自然，于是道得以通行于天下。

没身不殆：终身不会遭遇危险。没，终、尽。殆，危险、陷入困境。

（解）

顺从万物的天性

以清虚为准则，以信实为标准，守住这个状态与道通，到达万物起源之地，从而得知万物的天性，也便知道了万物的常态，就不会主观妄为而违逆它们的常态。

西周初年，姜太公和伯禽同时受封，姜太公的封地是齐，伯禽的封地是鲁。伯禽在鲁国三年后，才向周公报告鲁国治理的情况。周公问:"你为何这么晚才来汇报呢?"伯禽答:"我革新鲁地的习俗,废止鲁地的旧礼,全面推行周礼,所以晚了。"

可姜太公仅过了五个月便来向周公汇报工作。周公问:"你为何如此快捷呢?"太公答道:"我简化了君臣之间的礼节,遵循当地的习俗来治理齐国,因此比较快捷。"周公感慨道:"将来鲁国肯定要臣服于齐国了!治国之政不简不易,百姓就会疏远当权者;治国之政平易近民,百姓便会衷心拥护。"

齐鲁两国地界相邻,都靠近东海之滨,当时也都处于东夷部落的聚居地,但接下来的发展却是完全不同的两个方向。齐国发展迅速,经济强大,成为春秋时期第一个称霸的诸侯国。鲁国却发展缓慢,经济落后,沦为二、三流诸侯国。齐国有自由之风,乃至一度流行神仙道家之说;鲁国崇尚等级森严、操作繁缛的礼仪制度,因循守旧而盛行儒家。究其根由,就在最初姜太公和伯禽两人治国理念的不同。

由于齐国政简人和,经济发达,百姓心态开放,人文环境宽松,容易形成兼容并蓄的文化特征,因此世界上最早的官办高等学府"稷下学宫",也兴建于齐国。在稷下学宫的兴盛时期,曾容纳了当时"诸子百家"几乎各个学派,汇集天下贤士多达千人。中国学术思想史上蔚为壮观的"百家争鸣",就是以齐国稷下学宫为中心展开的。

因此,如果能依从万物的天性,而不用限定的规矩去宰制它们,就能容纳它们;容纳万物而不偏私,便可成为天下之王。匡扶万物而使它们不偏离自然状态,天下就可长治久安。

61

—17—

太上，下知有之。其次，
最好的君王，百姓只是能认知到他的存在。　　其次的君王，百

亲誉之。其次，畏之。其下，
姓亲近并赞誉他。　　再次的君王，百姓畏惧他。　　最次的君王，百

侮之。
姓侮辱谩骂他。

信不足，案有不信。
君王施政偏离了道，于是让百姓也失去了敦厚自然。

犹呵，其贵言也。成功遂事，
审慎啊！好的君王会非常看重自己的声令施政。　　事情做成功了，

而百姓谓我自然。
百姓都说："我们本来就是要这样做的。"

注

太上：最上等的，至高无上的，这里指最高级的统治者、君王。太，形容大而未尽，大之又大。原文作"大"，古时与"太"相通。

下知有之：即"下知而有之"，指因为下属的认知而存在。就像人们能认识到"道"，"道"对于他们来说就存在；认识不到，就是"日用而不知"。下，这里指统治之下，通行本作"不"。

亲誉之：亲近并赞美他。亲，亲爱、亲近。誉，赞美、赞誉。

侮之：用不敬的态度对待他。侮，轻慢、轻贱。

案：于是、就。本义指用于安放食物的木盘，凭此而食物得以安放，有"凭借"的意思，暗含前因后果的关联。

犹：踌躇疑惧的样子，形容谨慎。通行本作"悠"。

贵言：看重自己的言语，不轻易出言。贵，看重、重视。

我自然：我出于自身的意愿而如此做的。自，本人、己身，这里指出于自身的意愿。然，如此、这样。

解

最好的治理方式是顺其自然

用道治理天下，百姓只能通过认知觉察到道的存在，因为道是不会在百姓的生活中显现出来的，这便是以无为施政，道家理想中最高层次的君王。次一等的君王，行仁义之政、施亲爱于百姓，百姓也亲近并赞誉他。再次一等的君王，以法令施政而不近人情，则百姓畏惧他。最次的君王，行苛厉之政压迫百姓，则百姓辱骂他。

《庄子·天运》讲述了过去君王施政的演变。

黄帝治理天下，使百姓淳厚专一，有谁死了双亲并不哭泣，人们也不会非议。唐尧治理天下，使百姓相亲相爱，各自亲爱自己的亲人，而有差别地对待他人，人们同样也不会非议。虞舜治理天下，使百姓心存竞争，孕妇十个月生下婴儿，婴儿五个月就开口说话，没长成孩童就开始懂人事，于是开始出现夭折短命的现象。夏禹治理天下，使百姓心存机诈，进而把用兵当成理所当然，认为杀死盗贼不算杀人，各自为尊而肆虐于天下。所以天下大受惊扰，儒、墨、法等各家学说都纷纷兴起。庄子认为，正是像尧舜禹这样的圣人，自以为圣明，于是用自己的主观替代天道，用自己的意志施加于百姓，导致天下失道而百姓不治。由此庄子提出了一个惊骇世俗的观点：圣人不死，大盗不止！庄子说，上古时期，黎民百姓日常处居没有明确目的，交往走动没有确定方向，鼓着吃饱的肚子游玩，人们所能做的就只是这样了。而等到"圣人"出现，矫造礼乐来匡正天下百姓的形象，标榜不可企及的仁义来慰藉天下百姓的心，于是人们便开始千方百计地去寻求智巧，争先恐后地去竞逐私利，而不能终止。他们砍倒原木，做成酒器；分割白玉，做成玉器；废弃人的自然本性，推广仁义；背离人的天性真情，作乐行礼；错乱五色以调文采，搭配五声以和六律。

国君施政偏离了道，人民也失去了自然。所以好的国君非常重视自己的施政，不敢妄作胡来，这样事情做成功了，百姓也会说：我们本来就是要这么做的。这便是自然没有被破坏的状态，百姓自然行动，而不认为自己是被指使的。

18

故大道废，案有仁义。 所以大道被废弃， 仁义就开始被推崇了。

智慧出，案有大伪。 智慧已产生， 大的伪诈就开始出现了。

六亲不和，案有孝慈。 六亲不和睦， 孝慈就开始被提倡了。

邦家昏乱，案有贞臣。 国家已昏乱， 忠贞之臣就开始被赞扬了。

注

大道废，案有仁义：大道不再被天下所奉行时，天下的自然状态消失，属于"下德"的仁义就开始被推崇了。废，停止、不再使用。案，于是、就。

本章与上一章在北大本合为一章。

　　智慧出，案有大伪：统治者以智慧治理天下，于是人民的淳朴消失，大的伪诈就出现了。慧，原文作"快"，乙本、北大本、传世本均作"慧"。"慧"作形容词为聪敏、敏捷，与"快"同义，"智慧"更通俗常用，故取乙本作"慧"。伪，人为矫饰、虚假欺诈。

　　六亲不和，案有孝慈：当至亲之间的真情不足时，孝慈就会被拿出来作标榜，因为不孝已经非常普遍了。六亲，泛指亲属、至亲之人。孝，把父母侍奉得很好。慈，对父母孝敬奉养。

　　邦家昏乱，案有贞臣：当国家昏暗混乱时，忠贞不贰的臣子就会被拿出来作宣传，因为不忠已经成为常态了。邦家，指国家。贞臣，指忠贞不贰的臣子。

解

失去自然的结果

　　统治者废弃了大道，让人民也偏离了自然，于是仁义开始兴起。对于统治者推行仁义而毁弃自然天性的行为，老子是深恶痛绝的。《庄子·天运》记载，孔子拜见老子讨论仁义，老子说："飞扬的糠屑进入眼睛，也会颠倒天地四方；蚊虻之类的小虫叮咬皮肤，也会让人通宵不能入睡。仁义给人的毒害更为惨痛乃至令人昏聩糊涂，对人的祸乱没有什么比仁义更厉害。你要想让天下人不至于丧失淳厚质朴，你就应该像自由的风一样自然地行动，一切顺于自然行事，又何必那么卖力地去宣扬仁义，就好像敲着鼓去追赶逃跑的人一样呢？"

　　"白色的天鹅不需要天天沐浴而羽毛自然洁白，黑色的乌鸦不需要每天用黑色浸染而羽毛自然乌黑。乌鸦的黑和天鹅的白都是出于天然，不用去论辩优劣；名声和荣誉都是外在装饰，不用去散布张扬。泉水干涸了，鱼儿相互依偎在陆地上，互相用吐气来获得一点湿润，互相用唾沫来获得一点滋润，不如都在江河湖海中畅游而互相忘却。"

如果天下有道，人们都能得以自由自在地生活，保有自然天性，又怎么会互相用仁义表达亲爱，抱成一团互相温暖呢？归根结底，是统治者治理无道，而让天下人的生存环境恶劣不堪，人们不得已，才会用仁爱孝义来相濡以沫求生存，仁义才能得以通行天下。

宋国的太宰荡向庄子请教关于仁爱的问题。

庄子说："虎和狼也具有仁爱之心，值得我们好好学习。"

太宰荡吃惊地问道："您这话是什么意思呢？"

庄子说："虎狼也能父子相互亲爱，为什么不能叫作仁呢？"

太宰荡说："我问的是最高境界的仁。"

庄子说："最高境界的仁不偏不私，无亲无爱。"

太宰荡说："我听说，没有亲就不会有爱，没有爱就不会有孝。照你这么说，我说最高境界的仁就是不孝，可以吗？"

庄子说："不是这样的。最高境界的仁，和孝爱已经不在一个层次了，不能相提并论。我并不是说孝不好，而只是说孝爱哪怕发挥到极致，也还够不上至仁的边角。怎么讲呢？我们的目光只能看到一定范围之内的东西，如果上下四方，目之所及也到达不了的地方，就算有一座山在那里，又岂是你的目光能看到的呢？相距实在是太远了。""所谓的孝悌仁义、忠信贞廉，都不过是世人德行上的自我鼓励，精神上的自我虐待罢了，又有什么高尚可言呢！你要知道了什么是道，哪里还会瞧得上这些东西？根本就不会回头望一眼。真正的高贵，瞧不上国家的爵位；真正的富有，瞧不上国家的府库；真正的显扬，瞧不上世俗的名声。"

所以当道丧失了，仁义才会显露出来；六亲不能自然相处了，孝慈才会显露出来。当君王德行不足，开始使用智巧来统治百姓的时候，百姓也只能运用智巧来回应他，大的伪诈就开始出现了。比如天下失道，六亲不能和睦，于是国君用孝慈来教化人民，结果只能得到标榜出来的假孝伪慈；国家昏乱不堪，臣民心怀不满，于是国君用忠贞来要求臣民，结果只能得到伪装出来的假忠假贞。

《资治通鉴》记载，唐太宗李世民即位之后，发现朝廷官员出现了贪污受贿的情况，为了查清哪些官员贪污受贿，李世民秘密派人装成行贿者，向一些官员行贿。有一个刑部司门令史接受了一匹绢的贿赂，李世民决定处死这位官员。尚书裴炬劝谏李世民说："作为官员接受贿赂确实其罪当死，但是陛下派人行贿让他接受，这是在陷害别人，恐怕不符合以德教化、以礼规范的行为准则吧！"

太宗听了裴炬的话非常高兴，召集文武百官说："裴炬做事能够据理力争，不因为我是皇帝就唯命是从。如果今后所有大臣都这样做，朕就不用担心国家治理不好了。"

后来有人上书请求唐太宗伪装出愤怒来试探奸佞之臣，唐太宗说："君王，是水的源头；臣民，是水的干流。源头混浊却希望干流清澈，这是不可能的事情。君王自己使用伪诈之术，又如何能要求臣民耿直呢！朕正要以至诚之心治理天下，看见前代帝王喜好用权谋小计来对待臣下，常常觉得可耻。你的建议虽好，朕却不能采用。"

63

—19—

绝圣弃智，民利百倍。
抛弃"圣明"的谋算，放弃"智巧"的手段，民众就可获得百倍的好处。

绝仁弃义，民复孝慈。绝巧弃利，盗贼无有。
抛弃"仁爱"的偏私，放弃"节义"的制约，民众就会重新恢复孝与慈。抛弃"机巧"的心思，放弃"功利"的行为，盗贼就不会出现。

此三言也，以为文未足，故令之有所属：见(xiàn)素抱朴，少私寡欲。绝学无忧。
以上三个说法，还不足以作为遵守的依据，所以更进一步让它们有所归属：表现出本真，恪守住惇朴，减损私心和欲望。如此则无须学习治国的技巧，也不会再为治理国家而忧虑。

---注---

绝圣弃智：不使用圣明与智巧治理国家。圣，本义指听觉敏锐，只通过听闻就能知道实情，是比智更高一个层级的聪明。

此三言：指上文"绝圣弃智""绝仁弃义""绝巧弃利"三种说法。言，传世本多作"者"。

文：条理，依据。自然界一些成"文"的现象都有理在其中，所以有"水文""天文"等词。

见素：表现出本真的质朴。见，呈现、显露，表现出。素，原指本色未染的丝，这里指质朴、不加装饰。

抱朴：持守未加修饰的素朴。抱，怀抱、怀藏，引申指持守、护持。朴，本义指没有加工过的木材，喻不加修饰。

绝学无忧：不再继续获取相关的知识，因为已经达到认知的极致，因此而无忧。绝，断绝、不再继续。学，钻研知识、获取知识。郭简本、北大本和传世本都把"绝学无忧"归为下一章节，而经学者考证，多数认为当属本章之末。

---解---

如何让天下回归自然

不把自己当成圣明，不使用智巧谋算百姓，这样对百姓就有百倍的好处。不使用仁义治理国家，百姓才能回归到自然的相处，六亲之间才会没有嫌隙。不总想着抄近路走捷径，才不会方便了盗贼。

盗跖曾经给门徒们讲解盗贼之道，与圣人之术并无两样：要偷要抢，先要摸清这家的经济状况；不必调查，凭空揣测就能知道屋里藏着什么财物，如同灵视灵听，这是圣。率先冲进屋内，不怕死，这是勇。最后退出屋子，勇于断后，这是义。见机行事，知道何时行动何时停止，这是智。分赃公平，每个人都能照顾到，这是仁。五德皆是圣人的教导，全属优秀品质。以上五样不具备，却能成为大盗的人，天下是没有的。

　　所以圣人之术，到底是教导出了贤人还是贼人？但是估计一下，这世上是贤人多还是贼人多？智谋手段是贤人更需要还是贼人更需要？贼人有了文化，兴风作浪更有章法，打家劫舍更有效率，那么推广这圣人之术，恐怕还是给天下带来的祸患多些，而好处少些。真是这样的话，只要大力打击圣人，就算放纵那些盗贼不管，天下也会慢慢变得太平。

　　以前的人，天真纯朴，没有私心，有衣同穿，有食同吃，不懂得私藏东西。不懂得私藏东西，也就不会丢东西，所以天下和平安宁，不曾听说有小贼大盗的事情出现。但是后来，人们有了私心，开始懂得私藏东西。把小东西藏到大东西里面，把好东西藏在箱笼里面，把箱笼藏在门户里面，结果小贼大盗也就开始出现了。

　　小的贼偷，私入门户，翻箱倒柜；大的盗贼，明火执仗，拎箱扛柜。保护私产的聪明做法，无非就是柜子多些，箱子牢些，大门结实些。可是大强盗来了，就背着柜子、扛着箱子、挑着口袋快步跑了，唯恐绳结、插闩与锁钥不够牢固呢。这样的话，先前的所谓聪明做法，不就是给大盗做好了积聚和储备吗？

　　那些善于治理天下、管理人民的圣贤，他们把人民和土地当成私产一样来收藏：用村邑阡陌当作柜子，把人民和土地藏进去；用宗庙和社稷当作绳索，把人民和土地拴起来；用邑、屋、州、闾、乡、里当作渔网，把人民和土地捆结实。结果大盗一来，连锅端走。

以前的齐国不就是这样的吗？田成子杀了齐国的国君，窃据了整个齐国。他所盗窃的难道仅仅是齐国的土地和人民吗？他是连同那里各种圣明的法规与制度也一块儿劫走了。所以田成子虽然有盗贼的名声，却仍处于安稳的地位，小的国家不敢非议他，大的国家不敢讨伐他，世世代代窃据齐国。这不正是因为那些圣明的法规和制度，把人民和土地捆扎得足够结实吗？

因此，费心学习治国之术，到底是方便了子孙还是方便了贼人，可也难讲得很。但只要表现出真实和素朴，减少私心和欲望，不必费心学习治国的技巧，也不会再为治理国家而忧虑。因为在治国方面已经达到了认知的极致。

64

— 20 —

唯与诃(hē)，其相去几何？
赞成与呵斥，它们之间的差别有多大？

美与恶，其相去何若？人之
美好与丑恶，它们之间的差距有多远？人们所畏惧的

所畏，亦不可以不畏人。望
也不能不畏惧人（指人所害怕的那个对象也会反过来害怕人）。看不

呵，其未央哉！
到边际啊，没有尽头的样子！

众人熙熙，若飨(xiǎng)于太
众人兴高采烈，好像参加盛大的筵席，

牢，而春登台。我泊焉未兆，
又好像春天登上高台放望美景。但是我却独自停留在尚未萌动的漠然

若婴儿未咳(hái)。累呵，如无所归。
领域，好像婴儿还不会开口嬉笑。　颓唐失意啊，好像无处可以归依！

众人皆有余，我独遗。
众人都有富余，　唯独我好像有所缺失。

我愚人之心也，沌沌呵。俗人昭昭，我独若昏呵。俗人察察，我独闷闷呵。惚呵，其若海。恍呵，其若无所止。
我真是有一颗愚人的心啊，　混混沌沌。　俗人都能看得清楚明白，　唯独我好像昏聩不明；　俗人都能辨得细致入微，　唯独我好像浑浑噩噩。　若无所知啊，好像大海一样广漠；　恍然不觉啊，好像没有止境。

众人皆有以，我独顽以俚。吾欲独异于人，而贵食母。
众人都目标明确有所作为，　唯独我愚顽不灵，粗陋不堪。　我的追求总是和俗人不一样，　因为我看重的是固守本根。

注

唯与诃：接受与反对。唯，应诺、高声应答。诃，斥责、怒声呵斥。

美与恶：指美好与丑恶。美，美好的、让人喜欢的。恶，不好的、让人反感的。传世本多作"善之与恶"。

不可以不畏人：此句原文残损，据乙本补。通行本作"不可不畏"，指"别人所畏惧的，我也要畏惧"，跟随大众之义。而帛书"人之所畏，亦不可以不畏人"，却是指"人所畏惧的，也会畏惧人"，是完全不同的表达。

望：本义指向远看，形容目之所及寻找边际的样子。通行本作"荒"。

未央：不到一半，无法计量终点，形容无尽、无边无际的样子。

飨于太牢：指参加盛大的筵席，享用高规格的美食。飨，指众人相聚宴饮。太牢，指祭祀时并用牛、羊、猪三牲。

春登台：春天登上高台眺望。

泊焉未兆：指停留在尚未萌动的领域，即持守于"无"的状态。泊，停留、停靠。未兆，指事物发生的征兆还没有显现。

未咳：指婴儿还不会笑的时候。咳，指小儿笑。

累：形容颓然失意的样子，如"累累若丧家之犬"。

遗：丢失，缺失。

俗人：原作"鬻人"。"鬻"字本义为粥，可以养人，故《庄子》有"天鬻"之说，指有道者受食于天，即本章"食母"。"鬻人"，是失去了给养而不得不叫卖维生的生意人。后人将"鬻人"释为"俗人"，十分贴切。芸芸众生，莫不远离了道而失去"母"的育养，他们用尽精明智巧，算计些蝇头小利，却终生流离失所丧失根本。北大本作"猷人"，"猷"指计谋，谋划。

昭昭：明白，清楚。

察察：明辨，细分。

闷闷：心思不得舒展的样子，形容浑浑噩噩。

惚：形容一种深沉微渺的感受。原文作"忽"，乙本作"汹"，同"惚"。通行本作"澹"。

恍：形容不清楚、不真切的样子。通行本作"飂"。

有以：指有目的，即向着明确的目标有所作为。以，理由、目的。

顽以俚：愚钝且粗鄙。顽，本义指难劈开的木头疙瘩，形容愚钝不开窍。俚，粗俗、粗鄙。乙本、北大本作"顽以鄙"，传世本多作"顽似鄙"。

我欲独异于人：我所追求的与众人不一样。欲，想要得到的。传世本多作"我独异于人"。

贵食母：指看重依赖本源，即守住根本而不分离。贵，看重、重视。食，取食于、赖以为生，引申指依赖、依靠。母，本源、本根，即道。

解

不局限于自己的立场看待万物

贤人与贼人，精通的术是一样的；英雄与仇寇，勇武善战是一样的。我之英雄，敌之仇寇；我之贤人，敌之贼人，区别只在于立场不同而已。所以人们极力提倡的，和人们极力否定的，只不过是站在自身立场得出的结论罢了，并没有本质区别。而人们只要有了自己的私心与立场，互相的防备与争斗就永远不会停止，没有什么真正的善恶可言。就像人们都畏惧的对象，也同样会很畏惧人们一样，因为对彼此的防备是一致的。

《列子》记载了一个"杨布打狗"的故事：先秦道家代表人物之一的杨朱，有个弟弟叫杨布。有一天杨布穿着白色的衣服出门去了，路上遇到下雨，便脱下白衣，穿着黑色的衣服回家。他家的狗没认出来这是杨布，就迎上前冲他叫唤。杨布十分生气，就要打狗。这时杨朱说："你不要打狗，如果换作是你，你也会像它这样的。如果你的狗离开时是白色的，回来却变成了黑色的，你怎么会不感到奇怪呢？"

我们正是因为有"我"这个主体，才得以认知天下万物。但是，局限在"我"的立场，就无从知道"非我"的立场；局限在"非我"的立场，就无从知道"我"的立场。正因为有"我"，我们永远也不可能认知万物的真实模样，而只能在无穷无尽的是与非中打转。

大道被小小的成功所隐蔽，言论被浮华的词藻所掩盖。于是就有了儒家和墨家的是非之辩，肯定对方所否定的东西而否定对方所肯定的东西。

从前，牧场有两个羊倌，一个叫臧，一个叫谷，不慎都丢失了自己放牧的羊群。主人大怒，问臧："你当时在干什么？"答曰："读圣贤书。"问谷："那你又在干什么？"答曰："玩投骰子的游戏。"他们二人，一个好学，一个贪玩，但是都丢失了羊。能说二人谁丢得好些，谁丢得坏些吗？

伯夷为了贤名而饿死在首阳山，盗跖为了财货而被杀死在东陵山。他们二人，一个大贤，一个大盗，但都是因为外物而丢了性命，因为外物而丧失了自己的天性却是一样的。

天下分了彼此，于是就有了是非；别了先后，于是有了辞让；论了美丑，于是有了喜恶。不过都是天下分崩离析，人们天性残损的结果罢了，又有什么值得称道一方，而贬斥另一方呢！不如两忘而化其道。

所以圣人不会站在自己的立场而沉迷于是非之中，而是站在上天的立场来看事物。上天的立场，没有你和我的分别，这样才能遵从于事物原本的实情，才能不把事物进行分割而落入无穷的是非之中。

众人沉迷于是非善恶，在其中得到激浊扬清的精神享受，得到惩恶扬善的自我崇高，而有道的人却只像婴儿一样，天真无邪的眼中没有是非对错，没有高下善恶。有道的人追随于道，而不是分别俗世的是非，故而始终保有一颗混沌的心。

65

— 21 —

孔德之容，唯道是从。
"德"之所以表现出深远的样子，因为它遵从于道。

道之物，唯恍唯惚。
探究"道"的内质，只是模模糊糊而又渺渺茫茫的形态。

惚呵恍呵，中有象呵。恍呵惚呵，中有物呵。
惚惚恍恍的，就会觉察到它的意象了。恍恍惚惚的，它进一步具现出形体了。

幽呵冥呵，中有情呵。其情甚真，其中有信。
它是那么幽远，又是那么深邃，其中存在着可以让我们察知的实情。它呈现出来的情状是那么真实，其中对应着不变的规律。

自今及古，其名不去，
从当下到远古，它的影响始终都存在着，

以顺众父。吾何以知众父
用来顺应万物本源（的意志）。 我是如何知道万物的本源是什么样呢？

之然？以此。
就是通过这种方法。

----- 注 -----

孔德：深远之德。孔，本义指窟窿、洞穴，引申为深远、深邃。

容：面貌，容貌。

道之物：指道的内质，把道当作事物来探究而得出来的结果。物，指事物的内容或实质。传世本多作"道之为物"。

唯恍唯惚：指只是模糊而又深微的样子。唯，只是，表达肯定之义。恍，模糊不清，形容不清楚、不真切的样子。惚，形容深微的样子。

冥：幽暗，这里形容深邃、幽深。

情：实情，真实的情状。传世本多作"精"。

信：真实不伪，真诚不欺。这里指不发生差误，有规律。

自今及古：从当今到远古。传世本多作"自古及今"。

以顺众父：用来顺应万物本源（的意志），即呈现出道的规律。以，用来。顺，沿着、遵循。父，万物化生之本，造生万物的本源。北大本作"以说众父"，传世本多作"以阅众甫"。

然：如此，这样。

解

一、道是混沌不明的存在

用混沌之心，才能觉察到道；追随于道，才能保有德。道这个东西，在我们的感知中，就是混沌不明的存在，是恍恍惚惚而又惚惚恍恍的意象。

昔日黄帝得道，奏《咸池》曲于原野之上。有个叫北门成的，听了音乐后去问黄帝："您的乐曲我有幸聆听了，起初感到惊惧，再听下去就逐步松缓下来，到最后却又感到迷惑不解，神情恍惚无知无识，竟然不知所措。"

黄帝说："你有这样的感觉是没错的。我这乐曲，有三个章节。第一章，我以人事启奏，应对天命。人取法于天行事，却不知天命的由来与终结。人世间的事物，一会儿消逝一会儿兴起，一会儿偃息一会儿亢进，变化的方式无穷无尽，完全不可以有所期待，根本无法掌控。因此你会感到惊恐不安，而生敬畏之心。第二个章节，我以阴阳启奏，应对天运。以阴阳、刚柔、长短的变化来度量天地的运行，虽然能够解决内心的迷惑，但也只能追逐于物后而行，用以阐述现象，因此只能在光照耀的范围内（有）使用，必须在边界处（有之外，即无）停止。目光，只能看到目之所及的范围；智慧，只能运用在智之所及的领域；力气，只能作用在力所能及的事物上，所以无法用来探究那无穷无尽的领域。你只能伫立在通达四方而无涯际的通道上，依着几案吟咏，却永远无法追上，于是会觉得意味索然而懈怠。第三个章节，我以忘我启奏，应对自然。乐声启奏于不可探测的地方，滞留于深远幽暗的境地。可以说它在消逝，又可以说它在兴起；可以说它实在，又可以说它虚华。犹如风吹丛林自然成乐却又无有形迹，幽幽暗暗又好像没有一点儿声响。所以有焱氏形容它说：'用耳听听不到声音，用眼看看不见形迹，充满于大地，包容了六极。'你想听，却不知道拿什么去听，所以你到最后终于迷惑不解。"

黄帝总结道："我这乐曲，最开始让人感觉惊惧，再让人感觉松懈，最后让人感觉迷惑。迷惑不解而无知无识，无知无识的浑厚心态就接近大道，接近大道就可以借此而与大道融合相通了。"

二、不要以"知"求道

昔日，"知"先生前去求道，先是到了北方玄水，登上了隐弅之丘，碰到了无为谓先生。知对无为谓说："我想向你请教这些问题：运用什么来思辨才能知晓道？依据什么来处事才能安于道？遵照什么来仿效才能得到道？"

无为谓就像没有听到一样，并不作答。知先生得不到答案，又去了南方的白水，登上了狐阕之丘，碰到了狂屈先生。知同样以此三问问于狂屈，狂屈说："我知道，我知道，让我来告诉你吧。"话音刚落，就不出声了。隔了半响狂屈才为难地说："我明明白白地知道，但一开始准备说的时候，就忘记自己想的是什么了。"

知又得不到答案，就返回了中土帝宫，见到黄帝，同样以此三问问于黄帝。黄帝说："不用什么来思辨方能懂得道，不据什么来处事方能符合道，不按什么来仿效方能获得道。"

道，用逻辑思辨不可得，所以无法明确用语言文字表达出来，在我们意识中的形象也是恍惚不明,无法明晰地固定下来。然而它的真实是有迹可循的,其中存在着不变的规律。从今天到远古,这规律始终都在运作着,让我们由此可以得窥道之本然。

66

— 24 —

炊者不立。 吹嘘之人，不能有所建树。 **自视者不彰，** 看不明白。 **自见者不明，** 固守自己的成见理解事物之人，不得真相。 **自伐者无功，** 不能成就功业。 **自矜(zhǎng)者不长。** 自作高贵之人，不能得到敬重。

其在道，曰余食赘行。 用"道"来审视这些行为，如同多吃下去的饭食，多余的动作一样是累赘， **物或恶(wù)之，** 大家都会厌恶它。 **故有欲者弗居。** 因此想要有所作为的人，不会去做这样的事情。

注

炊者不立：烧火做饭的人不能久站，因为炉灶吐火的状态不能持久，需要持续看火添柴。这里引申指吹嘘的人不能有所建树，因为力量会竭尽，不能保持长久。立，人立于地，引申为建树。古时灶台矮，负责烧火的人要蹲身操作，所以"不立"。炊，传世本多作"企"，且在此句后增"跨者不行"。

自视者不彰：自视者，即"视由自而出者"指用自己的眼光去看待事物的人。用自己的眼光，便需要自己来维持，故而被自身认知所局限，导致看不清楚。彰，显明、显著。视，传世本多作"是"。

自见者不明：自见者，即"见由自而出者"，用自己的成见认知事物的人。用自己的成见，便需要自己来维持，故而被自身见识所局限，导致不明真相。

自伐者无功：自伐者，用自己的言论去吹捧自己的人。用自己的言论，便需要自己来维持，故而不可持久，导致徒劳无功。

自矜者不长：即"矜由自而出者"，用自己的姿态去显示高贵的人。用自己的姿态，便需要自己来维持，故而得不到他人的推崇，导致不能成为官长。长，领导人，长官。

其在道：用道来审视它。在，审察、审视，观察。

余食赘行：指多吃下去的饭，多做出来的行为。余，多出来的、多余的。赘，多余的、不必要的。

物或恶之：众生都会厌恶它。物，指自己以外的人、事、物，多指众人、众生。或，有，对状态的存在表达肯定。恶，讨厌、厌恶。

有欲者弗居：指想要有所作为的人不会处于这种状态。因为想要有所作为，所以需要"用人"，不能遭"物"所恶，如果遭到他们的厌恶，就难以成事了。欲，欲求，想要达到某种目的或得到某种东西的要求。居，处在、处于。传世本多作"有道者不处"。

解

不要以自我为中心

在觉察并认知"道"的过程中,最关键是要去除自己的主观带来的影响。因为我们的主观所见、所知、所能,都是非常有限的,不足以认知博大精深的道,更不足以凭此建功立业。

《韩非子·观行》说:"人的眼睛不能看见自己有什么缺点,所以要用镜子照着观察面孔;人的才智不足以认知自己有什么过错,所以要用大道比对着来修正自己。因此镜子没有照出毛病的罪过,大道没有暴露过失的怨恨。眼睛离开镜子,就不能修整胡子眉毛;人们离开大道,就不能解开自己的迷惑。"

即使有唐尧的智慧,只靠自己而没有众人的辅佐,大功也建立不起来;即使有乌获的力气,只靠自己而没有别人帮助,也不可能自己举起自己;即使有孟贲、夏育的勇猛,只靠自己而没有妥善的运用方法,也不能总是取胜。

眼光、智慧和力气,都各有自己作用的范围,都有自身的局限存在,如果只依赖于它们,也就不足以成事了。离朱可以轻松看清百步之外的毫毛,却难以看到自己的睫毛,并非百步近而睫毛远,而是情况不允许。

所以主观之见,不得明道;主观之视,不得明理;自作夸耀,不得成就功业;自以为高,不得成为官长。这些自我的意志,主观的行为,就像多吃下去的饭,多做出来的举动一般,只会遭人嫌恶。想要有所成就,就不能做这样的事情。

《晏子春秋》记载了孔子和晏子的故事,孔子到了齐国,拜见齐景公后却不去造访晏子。

子贡质疑道:"拜见齐国的君王,却不去见他的执政大夫,这样合适吗?"

孔子说:"我听说晏子侍奉过三位国君,仕途都非常顺利,我很怀疑他的为人。"

晏子得知后,失望地说:"我家世代为齐国之民,如果不保持品行,不知自己的过错,就不能自立于齐国。我听说,受到宠爱或是厌恶是看运气,但遭到诽谤或赞誉要看行为,应该看清行为然后再决定是责备还是赞誉。我听说,用真心诚意侍奉三位君主,因而能顺利;用三心二意侍奉一位君主,不能顺利。现在还没看到我的行为,就责备我侍奉君主顺利。我听说,君子独自站立不会愧对自己的影子,独自睡觉不会愧对自己的神魂。孔子曾带着弟子在大树下习礼,被人砍掉大树削去足迹,自己并不认为受辱;曾与弟子在陈国、蔡国被围困,自己并不认为窘迫。指责别人却不知道其中的缘故,这就如同住在水边的人指责住在山上的人用斧头,住在山上的人指责住在水边的人用渔网一样。这样的话从他的嘴里说了出来,他自己却不知道因此而陷入了困境。当初我看见儒者很尊重他们,现在我看见儒者开始怀疑他们了。"

可见如果执于自见,就算如孔子这样圣明的人都会有过失,犯下不能知人的错误。

67

— 22 —

曲则全， 曲折行事可以取得圆满。**枉则正，** 柔弱弯曲可以中正合道。**洼则盈，** 低洼处下可以盈满居上。**敝则新，** 持守根本可以进步更新。**少则得，** 少私寡欲则与道契合。**多则惑。** 欲求过多则陷入迷乱。

是以圣人执一， 所以圣人执守这个原则，**以为天下牧。** 用以治理天下。**不自视故彰，** 不执着自己的眼光去看待事物，因而道理得以彰显。**不自见故明，** 不固守自己的成见去认知事物，因而真相得以显明。**不自伐故有功，** 不自我夸耀，故而有功。

弗矜故能长(zhǎng)。
不自作高贵，故而为官长。

夫唯不争，故莫能与
正是因为不争，天下无人可与之相争。

之争。古之所谓曲全者，
古人说的"曲全"这个道理，

岂语哉！诚全归之。
可不只是一句空话，而是真的能够达到周全圆满。

注

曲则全：曲折行事则可以达到周全圆满的结果。曲，曲折、迂曲。全，本义指完美无瑕的玉，引申为周全、圆满。原文作"金"，也为周全之义，古人常用"金城"形容城池坚固完整，无懈可击。这里从俗，据乙本改。

枉则正：柔弱弯曲则可以达到中正合道的结果。枉，指弯曲、不直。正，有法度的，这里指合于道的。原文作"定"，以"正"覆之的意思，因正故而得以静定，今"定"字失去此义，故据乙本改，通行本作"直"。

洼则盈：低洼处下则可以达到盈满居上的结果。洼，低陷、凹下。盈，充盈、充足。

敝则新：守住本根则可以达到进步更新的结果。敝，陈旧、破败，形容故旧之物，这里指本根故土。新，更新，变得更好。

少则得：少私寡欲则可以达到与道相契合的结果。少，这里指欲求少，收敛私欲。得，得法、契合，这里指与道相契合。

多则惑：欲求过多则可以达到迷乱眩惑的结果。多，多出、过分，这里指欲求过多，放纵驰逸。惑，迷乱、疑惑。

天下牧：天下万民的治理者。牧，指古代治民之官。"圣人执一，以为天下牧"，传世本多作"圣人抱一，为天下式"。

长：领导人，长官。

岂语哉：哪里只是谈论而已。岂，哪里、如何。语，谈论、议论。

全归之：可以达到周全的结果。归，结局、归宿。原文作"金归之"，据乙本改。

解

放下主观，保持中正

我们为人处世，切忌追随自己的主观，想怎样就怎样。虽然心有所愿，但也不能径自前往，而要用符合道的途径，才是妥当的。

故而想要得到圆满，就不要直来直往，只有"曲"才能周全，因为"曲"可以避开阻碍，而把方方面面都照顾到。

《晏子春秋》记载，齐景公喜欢捕鸟，他让烛邹管理抓来的鸟，结果鸟却逃跑了。齐景公很生气，决定亲手杀掉他。晏子说："烛邹有三条罪状，请让我列数他的罪状然后杀掉他。"景公说："可以。"于是把烛邹带过来，在齐景公面前数落他的罪行。晏子说："烛邹！你是我们君王的养鸟人，却让鸟逃跑了，这是第一条罪行；让我们君王为了一只鸟就要杀人，这是第二条罪行；让诸侯听到这件事，认为我们的君王看重鸟而轻视手下的人,这是第三条罪行。烛邹的罪过已经列举完毕,请杀死烛邹。"景公说:"不用杀死他了,我明白您的教导了。"

想要得到中正,就不要刚强不屈、强硬不变,天地之间唯柔弱可以得中正,失去了柔弱,不过是将死之徒而已。

想要得到盈满,就不要牢牢把持阻断流通,因为这样得来的盈满违逆了万物的运行,必然不能长久。天地之间唯处下可以得盈满,低洼有空间,则万物自会前来充盈。

《庄子》讲了一个劝导太子中正的故事:颜阖将被请去做卫国太子的师傅,他向卫国贤大夫蘧伯玉求教:"现在有这样一个人,天性残忍,不加以管束就会危害国家,加以管束又会危害我自身。以他的智慧,如果看别人的过错就很清楚,却从来看不到自己的错误。碰到这种情况,我该怎么办呢?"

蘧伯玉说:"问得好啊!你要警惕,要小心,首先要端正你自己。表面上不如迁就于他,内心中不如顺着他的心意引导他。虽然如此,这两种态度仍有隐患。迁就他而不要完全听从,引导他而不要心意太露。迁就到完全听从,自己的意图也就破灭了。引导他表现得太明显,就会被认为是图求忠直的名声,而招到他的加害。他如果像婴儿一样天真,那你也跟他一样像个婴儿;他如果和你不分界限,那你也跟他不分界限。他如果跟你无拘无束,那你也跟他一样无拘无束。慢慢通达他的心意而引导他入正道,就可以达到没有过错的地步了。"

迁就与顺从,表现出来就是柔弱而处下。柔弱处下又自身端正的人,鬼神都会前来归附,又何况一个太子呢。而如果你要和他直来直往,来忠直死谏那一套,这就像螳螂举起手臂要与车轮较劲一般，身死是必然的下场。

想要有所得，主观欲求就不能过多，欲望越收敛精神越圆满，与道相契合则易有所成；想要的越多精神越散乱，与道相背离则多有失败，而只会陷入迷惑。

东野稷因为善于驾车而得见鲁庄公，他驾车时进退能够在一条直线上，左右转弯形成规整的弧形。庄公认为就是编织花纹图案也未必赶得上，于是要他当众表演，转上一百圈后再回来。

颜阖听说了这件事，就入内会见庄公，说："东野稷的马一定会失败的。"庄公默不作声。不多久，东野稷果然失败而回。庄公问："你为什么事先就知道定会失败呢？"

颜阖说："以前，他是在自得其乐地驾车，所以心灵深处专一凝聚而无拘无束。现在，他是在一百圈的拘束之下，在众臣的注视之下驾车，其内心有了负担，精神也已经分散，而不能再保持内守专一。因此，他连自己的马力气已经用尽都没有注意到，还在勉力让它转圈奔走，所以说必定会失败的。"

所以圣人秉持以上原则来治理天下，不主观自视而明事理，不主观自见而知天道，不自己吹捧自己而成功，不自己抬高自己而名就。这便是不与天下万物相争，则无人能与之争，处事遵循于道而不是自己的主观，就能得以圆满。

68

— 23 —

希言自然。
不强施政令，百姓得以自然。
飘风不终
狂风不能刮一整天，
朝，暴雨不终日。孰为此？
暴雨不能下一整日，　　　谁制造的狂风暴雨？
天地，而弗能久，又况于
天地强力施为都不能长久，　　更何况是人呢？
人乎！

故从事而道者同于道，
所以用道的方式行事，就会获得"有道"的结果；
德者同于德，失者同于失。
用德的方式行事，就会获得"有德"的结果；用失道失德的方式行事，就会获得

同于德者，道亦德之。同于失者，道亦失之。

"失道失德"的结果。有德之人，道也会得到他；失德之人，道也会失去他。

注

希言自然：指不强施政令，不把自己的意志强行施加于百姓，百姓因而得以处于自然状态。希，本义指麻布织得不密，空洞很大，引申指声音很空洞，听不到具体内容。言，这里指声教法令。

飘风：旋风，暴风。

终朝：一整天。朝，日、天。

德之：得到而不相分离。德，通"得"，得到。"同于德者，道亦德之"，北大本作"同于道者，道亦得之"，传世本多作"同于道者，道亦乐得之；同于德者，德亦乐得之"。

失之：指失去它。"同于失者，道亦失之"，传世本多作"同于失者，失亦乐得之"。并在此句后增"信不足焉，有不信焉"。

解

合于自然，才能长久

人自身的力量是非常有限的，天地营造的狂风暴雨尚且不能持久，又何况是人自身强力而为呢？所以不要发号施令强制治理天下，而是让天下自发得到治理。如果违背了这个原则，就会失败。

《庄子·在宥》说:"只听说过保持天下自然,没有听说过要对天下进行治理。保持自然,是担心人们扰乱了真性;治理天下,是担心人们偏离了常态。天下人不扰乱真性,不偏离常态,哪里用得着治理天下呢!"

我们都知道,当自己生病的时候,需要静卧;烦躁时,需要静坐。那为什么静可以养人,可以让人从不正常的状态中恢复过来呢?因为只有静下来了,天地之间的秩序才会重新在你身上通行,才能让你回归到自己本来就有的自然常态。而在此之前,它是被你的主观欲念所屏蔽的,作用不能得到发挥。

那什么才是自然的常态呢?饮食,清淡是常态;情绪,恬淡是常态;生活,平淡是常态;心情,平静是常态;视听,清静是常态;内心,安静是常态。

所以老子说,"清静可以为天下正""以无事取天下"。只要安心静养,就可以让自己重新回复到"正"的状态。以清静治天下,也可以让天下得其"正",达到祥和、安宁的常态。

而一旦偏离这个"正"的状态,哪怕是天地之伟力,也不可持久。狂风不能一直刮,暴雨不可一直下,又何况是人呢?不用说别的,如果每日大喜,或者大怒,谁又能受得了?

所以这个"常",才是根本。守住了根本,那么每日娱乐一下,偶尔纵情一下,都没有什么太大的影响。但如果失了常生了病,那就只能饮食清淡、安心静养以复"常"了。

69

— 25 —

有物混(hùn)成，先天地生。
有个东西混同而成，在天地还没有出现的时候就已经存在了。

寂呵寥呵，独立而不改，
它空虚而又寂静，　　独立存在而又恒定不变，

可以为天地母。吾未知其名，字之曰道，吾强为之名曰大。
是造生天地的母体。　　我不知道它的名字，称呼它为"道"，　　勉强形容它为"大"。

大曰逝，逝曰远，远
大到无论时间如何流逝也无法消减它，大到无论空间如何远去也无法脱离它，

曰反。道大，天大，地大，
大到无论如何颠倒反转也无法隔绝它。　　道大，天大，地大，
王亦大。国中有四大，而
王也大。　　无穷的领域中像这么大的东西有四个，
王居一焉。
王就是其中之一。
　　　　　　人法地，地法天，天
　　　　　　人守法于地，　　地守法于天，　　天守法
法道，道法自然。
于道，　　而道守法于自己。

注

混成：混同而成。混，掺杂在一起，混同一体，形容"道"统领一切而无所遗漏。原文作"昆"，通"混"。郭简本作"虫"，北大本作"纶"。

寂呵寥呵：静默而又空虚。寂，静默无声。寥，空虚寂静。

独立而不改：独立，指单独的存在。不改，指不发生变动。北大本在此句后增"偏行而不殆"，传世本增"周行而不殆"。

天地母：天地的母亲，即造生天地的母体。天地，传世本多作"天下"。

字：命名，取名字。

名：形容，描述。

逝：去、往，去而不返。

远：远离、远去，走得远。

反：颠倒、反转，表示相反的对立面。

国：疆域，地域。北大本作"或"，传世本多作"域"。

道法自然：道守法于自己。法，遵法、守法。自然，由自而然，指遵从道所赋予自身的正德而运作的状态。并不是说"道"之外还有一个"自然"，自然只是对状态的描述，人、地、天、万物都可以"自然"。因为道之正德，即道自身的本然呈现，所以"道法自然"。

解

道的领域之外，没有其他

先秦名家有一个辩题，叫"卵有毛"，也是《庄子·天下》所列"辩者二十一事"之一。鸡是由卵孵化而成的，鸡蛋我们都吃过，里面没有羽毛，但孵出的鸡却有羽毛，那么这羽毛是从哪里来的？辩者认为，卵中必有羽毛之因素，有一个由"无毛"转化为"有毛"的生发之源。所以"有物混成"也是一样，天下万物由道而生，那么道必然存有万物的因素，即万物所"混成"。

道这个东西太伟大了，天地万物都由它而生，我也只在其中，所以未能窥其全貌，无法给它命名，只是勉强叫它为"道"，形容它为"大"。

什么是大？《庄子·秋水》中用大海来作比：千里的辽远，

不足以形容它的大；千仞的高度，不足以穷究它的深。夏禹时代十年里有九年洪涝，而水位并不会因此增加；商汤的时代八年里有七年大旱，而水位并不会因此下降。不因为时间的长短而有所改变，不因为雨量的多少而有所增减，不知道它的容量极限在哪里，这便是东海之大。

符合"大"特征的，域内还有四个：道、天、地、王。王为何可以与道、天、地并称？因为可以保有领域不失的王，必然是有道之君。《庄子·在宥》说："拥有疆域的国君，必然保有立国的根本。保有立国之本的人，不可以被外物所驱使。保有根本而不被外物所驱使，这样才能主宰万物。明白了主宰万物的存在不与物同属，岂止是可以治理天下百姓而已啊！这样的人出入于天地四方，游放于九州世界，独来独往而不受羁绊，这就叫独立于万物的存在。独立于万物而存在的人，可以称得上是最尊贵的。"

故而道、天、地、王，都拥有"莫知其极"的属性，通行于无边无际的领域。在时间层面，无论时间如何流逝，它们的影响一直存在；在空间层面，无论多远的距离，它们的影响仍然能够到达；在对立层面，无论如何否定，如何反转，也仍然隔绝不了它们。道无所不通，天无所不覆，地无所不载，王无所不纳，这便是"大"。

其中王的领域建立在地之上，地之领域建立在天之下，天的领域建立在道中，道的领域之外，没有其他了。人守法于地，地守法于天，天守法于道，道守法于它自己。

70

— 26 —

重为轻根，静为躁君。
重是轻的根本，　　　　静是躁的主宰。

是以君子终日行，不离其辎重。唯有环观，燕处则超若。
所以君子终日在外行走，　　不离开他的辎重。只有辎重随身，营寨环绕，　　才能闲居而表现出很悠然的样子。

若何万乘（shèng）之王，而以身轻于天下？轻则失本，躁则失君。
为什么拥有万辆兵车的君王，　　却轻率地单凭自身在天下行事呢？　　过于轻浮，就会失去根本；　　过于躁动，就会失去依托。

注

根：根本，事物的本源。

君：主宰，掌控者。

君子终日行：地位高的人整天行走在外。终日，整天，形容持久，引申指常态。君子，先秦时多指"君王之子"，强调地位高，是对统治者和贵族男子的通称。传世本多作"圣人"。

辎重：古代泛指人们外出时携带的包裹箱笼，后多指军队携行的物资。

环观：防御工事环绕四周。环，围绕、包围。观，指朝廷官门外高台上修筑的一种观望台，具有军事防御作用。北大本作"荣馆"，传世本多作"荣观"。

燕处则超若：悠闲自在的样子。燕处，指悠闲雅居。超若，超然、超脱的样子。

万乘之王：拥有万辆兵车的君王。乘，配有一定数量兵士的兵车。

以身轻于天下：用自己的身体轻率地在天下（行事）。轻，轻易、随便，不慎重。于，在，表明范围。传世本多作"以身轻天下"。

本：根本，本源。

解

守住根本，则万事从容

人守法于地，以地为依托，就不能脱离于它。

大地厚重，可为万物之根基；大地沉静，可为万物之归宿。只有根基足够深，建立的功业才能伟大；只有自身足够安稳，持守的基业才能长久。

《庄子·逍遥游》说，水如果积累不深的话，就没有足够的力量负担起大的舟船。倒一杯水在堂前洼地，枯草在水面上也能像船一样自由浮动，但放一个杯子进去就胶着了，这是因为水太浅而船太大。风如果聚积不够厚的话，就没有足够的力量负担起大鹏的翅膀。所以要升腾直上九万里高空，那么风就聚在底下了，从今往后都可以乘风而行。

蝉和小鸠笑话大鹏说："我尽全力飞起来，触碰到榆树和檀柱就停止了，有时候飞不上去就落在地上而已，为什么还要飞到九万里的高度去往南海呢？"出行到郊外就回来，预备一日三餐就足够了。走出百里之远，就需用一宿的时间准备粮食；远行千里之外，就要用三个月的时间来囤积粮食。这蝉和小鸠又怎么知道！

所以尊贵的人只要出行在外，就会辎重随身，只有准备的衣食丰足，安歇之处营卫环绕，才能在外过得轻松自在，才能平安远行。

《汉书》记载，司马相如曾随汉武帝行猎，武帝不仅喜欢驾车追求野兽，还喜欢亲自搏击熊和野猪。司马相如就写了一篇谏书呈上，文中说：

"臣听说万物都有同一种类但能力不同的，所以大力士就属乌获，行动敏捷就属庆忌，勇武过人就属孟贲和夏育。臣以为，人既然有出类拔萃的，野兽同样也会有。如今陛下喜欢涉足险境，射击野兽，万一突然遇到凶猛异常的野兽，在看似不能藏身的地方惊起，冒犯了您的车驾，车子来不及掉头，人来不及使用技巧，即使有大力士乌获、神射手逢蒙的技术也施展不开，枯树朽枝全都成了障碍。这就像胡人、越人从车轮下蹿出，羌人、夷人紧跟在车子后面，岂不危险啊！即使一切安全万无一失，这类事也不是天子应该接近的。况且天子外出，即使派人先开路再行走，在大道上奔驰，尚且有时会发生马咬断嚼子、车子散架的事故，更何况涉足在荒木草丛之中，驰骋在丘陵山野之上，眼前只图猎杀野兽的乐趣，而心中却没有防范意外的准备，这样的情况下遭遇危险恐怕是难免的。放弃天子的尊贵，不顾自己的安全，喜欢在有危险的地方寻欢作乐，我私自以为陛下不应该这样做。大凡英明的人都能在事情萌发之前就有预见，智慧的人都能在危险形成之前便能避免，灾祸往往隐藏在隐蔽而不易察觉的地方，发生在人们疏忽大意的时候。所以有俗话云：'家有千金财，不坐屋檐下。'这话虽然说的是小事情，却可以用来说明大的道理。臣希望陛下留意明察这一点。"

天子以身为重，因为身是治理国家的根本，有身，才能支撑起整个国家。但是一些国家的君王却不懂得这个道理，单凭自身的力量去行治理天下的事情，这就好像只身处于荒郊野外，遇到危险只是迟早的事情，又如何能够建立大的功业，如何能够保持国家长久呢！过于轻浮，就会失去依托；过于浮躁，就会失去根本。

71

— 27 —

善行者无辙迹，善言
善于行走的人，不会留下车辙马迹。　　　　　　　善于言说的

者无瑕谪，善数(shǔ)者不以筹
人，不会留下疏漏过失。　　　　善于计算的人，不会依赖使用筹码。

策。善闭者无关钥(yuè)而不可
善于闭藏的人，不使用门闩插销别人也打不开。

启也，善结者无绳约而不
善于束缚的人，不使用绳索捆束别人也解不开。

可解也。

是以圣人恒善救人，
因此圣人总是善于救人，

而无弃人。物无弃材，是
而不会抛弃人。　　　　万物都能各得其用而不被抛弃，　这就

谓袭明。故善人，善人之
可以说是沿用了道。　　所以有道之人，　　可为有道之人的师友；

师；不善人，善人之资也。
　　无道之人，　　　　可为有道之人的资材。

不贵其师，不爱其资，唯
不珍视自己的师友，　　　不爱惜自己的资材，

智乎大迷，是谓妙要。
终不过只是大糊涂中的小聪明而已，这是精深微妙之理的纲要。

注

瑕谪：指存在可被指摘的过失。瑕，玉上的斑点，喻缺点。谪，指摘、责备。

筹策：竹筹、筹码，古时计算用具。

关钥：封闭门户的横木门闩和直木锁钥。关，本义指门闩，闩门的横木。钥，本义指上穿横闩、下插地上的直木。

绳约：用绳子缠束的索结。约，环束、缠束。

救人：救助人。这里指纠正人的过失，令其回归正位而得用。

物无弃材：万物都不存在被抛弃的资材，这里指万物各得其用。传世本多作"常善救物，故无弃物"。

袭明：遵循道而为。明，指代道。袭，因袭、照样做。原文作"愧"，乙

本作"曳",北大本作"愄",传世本多作"袭"。"愄""曳""袭"古音相同互通,故从今本作"袭"。

善人:行事高明得当的有道之人。善,高明、妥善。"善人,善人之师",传世本多作"善人者,不善人之师"。

智乎大迷:大迷惑中的小聪明。智,聪明。大迷,大的迷惑。通行本作"虽智大迷"。

妙要:微妙道理的纲要。妙,精微深奥的事理。要,要点、纲要。

解

有道,则万物皆可用

唐太宗即位后,经过多年的励精图治,唐朝出现了国富民强,欣欣向荣的局面。一天,太宗带领群臣来到翠微殿,太宗问群臣:"自古以来的帝王,即使平定中原华夏,也不能使西北少数民族臣服。我的才能不超过古代帝王,而成绩却比他们大,不知什么缘故,请你们坦率地说说。"群臣都说:"陛下功德像天地一样广大,无法用言语来描述。"

太宗说:"不!我之所以有如此功劳,不过是做到了五条:一是自古帝王多忌妒才能胜过自己的人,而我见到别人的优点,当成好像是自己拥有的。二是每个人的才能与德行,不能十全十美,我弃其短处,取用其长处。三是一般的君主,看到贤才,便重用;看到庸才,便弃之。而我见到贤才就尊敬他,见到缺乏才能的人就从爱护的角度教育他,使这两种人都得到合适的位置。四是君主多半不喜别人当面批评,对直言者暗中加害或公开杀戮。而我即位以来,直言的人在朝中到处都是,我不曾贬谪责罚一个。五是传统以汉为贵,歧视少数民族,而唯独我一视同仁加以爱护。以上五条,是我能有今天成就的原因。"

太宗回头看看褚遂良,对他说:"您曾是史官,如我所述,是真实的吗?"褚遂良回答说:"陛下盛大功德无法全部记载,却只认可这五点,是多么谦虚谨慎啊!"

懂得了用人用物的道理,则万物皆可为我所用。出行并非只能乘坐车马,圣人可乘万物而行;论说并非只能述以语言,圣人可不言而得到回应;计算并非只能使用筹策,圣人可执"一"而统筹万物;闭锁并非只能依靠门栓,圣人可藏天下于天下而无门径得入;束缚并非只能结缠绳索,圣人可不施约束而万物不离不弃。用规矩准绳来矫正事物,是伤害了事物的天性;用绳索、粘胶来加固事物,是侵害了事物的本然;用礼乐来引导,用仁义来安慰天下人心,这是违背了人本然的常态。天下万物都有自己的本然常态,这种本然常态是指:曲的不用钩,直的不用绳,圆的不用规,方的不用矩,黏合的不用胶漆,捆束的不用绳索。是以天下事物都在自然生长,而不知生的缘故,万物各自本然地存在,而不知存在的缘故。圣人能合于自然而用之,为万物之官长。

所以圣人眼中没有无用之人,没有无用之物,故而不会抛弃人,不会抛弃物。正如天地,万物都不会被天地抛弃,不正是因为天地有道吗?因此有道之人可以作为有道之人的师友,不明道之人可以作为有道之人的资材,万物各能得其所用。有道之人爱惜师友,也爱惜资材。

72

— 28 —

知其雄，守其雌，为
深知雄强，　　而安守雌弱，　　成为
天下溪。为天下溪，恒德不
接纳天下万物的溪涧。　成为接纳天下万物的溪涧，　恒德就不会失去。
离。恒德不离，复归于婴儿。
恒德不会失去，　　就能复归于婴儿的纯真柔和之境。
知其荣，守其辱，为
深知崇高，　　而安守卑下，　　成为
天下浴(gǔ)。为天下浴，恒德乃
畜养天下万物的空谷。　成为畜养天下万物的空谷，　恒德也就得以充足。
足。恒德乃足，复归于朴。
恒德得以充足，就能复归于朴实的浑然如一之境。

知其白,守其黑,为天下式。为天下式,恒德不忒。恒德不忒,复归于无极。

深知清白,而安守暗昧,成为和同天下万物的范式。成为和同天下万物的范式,恒德也就不会差失。恒德不会差失,就能复归于无极的深远无限之境。

朴散则为器,圣人用则为官长。夫大制无割。

朴素破散则成为器,圣人用朴就能成为众器之官长。而真正完备的制度,是不会对万物进行分割裁裂的。

注

知其雄,守其雌:深知雄强,而安守雌弱。知,通晓、明了,所谓"知而善任",知它因而能用它,故"知"又有掌握、主管的意思。雄,雄性的,意指刚强。雌,雌性的,意指柔弱。

天下溪:天下水流都往它这里汇聚。

荣:荣耀,显达,这里指崇高。原文作"日",同"荣"。乙本、北大本作"白",通行本作"荣"。

辱:污浊,浊辱,这里指卑下。

天下浴:天下的空谷,指可以容纳天下万物的存在。浴:同"谷",山谷,两山之间狭长而有出口的低地,容纳汇聚山间水流。

知其白，守其黑：深知清白，而安守暗昧。白，指清楚，显著，形容界限分明，如明明白白、清白不染。黑，指黑暗，暗昧，形容没有界限，混同一片。暗昧无界，清白有界，唯无界可以容纳有界，故"知其白，守其黑"。

天下式：成为和同天下万物的范式。式，准则，法度。

忒：差失，差误。

无极：没有尽头，无边无际。极，尽头、边界。

大制无割：最好的制度不会裁断割裂。制，本义指用刀裁断、裁割，引申为制度、法规，用法规裁制百姓的意思。割，切断、割裂。

解

守住根本，则万物皆可用

有道之人，以道为根本，以道之绪余为蔓枝；以朴为根本，以朴散而成之器为蔓枝。所以有道之人与朴相守不离互为师友，而任用朴散之器，成为它们的官长。

用器与用朴，庄子用两个故事解释了其中的差别。有一天，惠子对庄子说："魏王赠送了我大葫芦种子，我种下去后结出了五石大的巨型葫芦。用它来装水呢，葫芦壁的硬度又不够，很容易破裂；剖开来做瓢呢，又太大了，没有缸能容得下。并不是说它不够大，而是因为它没有用而砸碎了它。"庄子说："看来你真是不会使用大的东西。你有五石容量的大葫芦，为什么不考虑用它来做腰舟，而浮游于江湖，却要发愁它太大而无处可容呢？你可真是心窍不通啊！"

惠子又对庄子说："我有一棵大树，别人称它为'樗'。它的树干全是木瘤，绳墨都无法取直；它的树枝弯弯曲曲，圆规无法取圆，尺矩无法取角。它生长在路边，木匠看都不看一眼。"庄子说："你有这样一棵大树，还发愁它没有用。为什么不把它栽种在'无何有之乡'，放置于'广漠之野'上，不离'无为'左右，'逍遥'地躺卧在树下休息？这样的大树，不会被刀斧砍掉，也不会被外物侵害，正是因为没什么用处，又哪里来的困苦呢？"

朴散，则为器，器只能为人所使用而已。器之用，也不过是小用。为了发挥小用，降人为物，降无形为有形，降无限为有限，有道者所不为也。有道之人更看重的，是不残其朴而能发挥的用，大葫芦作腰舟浮游江湖，大树作伞盖遮阴挡阳，而不是削劈原木为木器，剖开葫芦做大瓢。

因此，有道之人守于雌柔而任用雄强，因柔弱合于道为根本，而刚强为蔓枝；有道之人居于低下而任用高大，因低下合于道为根本，而高大为蔓枝；有道之人藏于暗昧而任用显明，因暗昧合于道为根本，而显明为蔓枝。

守于雌而能接纳万物，则我具备婴儿之德；守于下而能畜养万物，则我具备空谷之德；守于黑而能和同万物，则我具备无极之德。无极为何可成为治理天下的范式？因为无极则无界限，最好的制度，是不会对万物进行分割裁裂的。

分辨世上的贤愚贵贱，就像是妄自毁坏好端端的围墙而去种上蓬蒿杂草一般。按粗细选择头发来梳理，按大小点数米粒来烹煮，明察至此，又怎么能够有益于世啊！标举贤能人民就会相互伤害，任用心智百姓就会相互伪诈。这样的做法，不足以给人民带来好处，又如何能让人民安定呢！

73

— 29 —

将欲取天下而为之，
<small>想要通过强行施为的方式来持有天下，</small>

吾见其弗得已。夫天下神
<small>我看他不可能成功。　　　　　　天下是有自己运作规律的宏</small>

器也，非可为者也。为者
<small>伟之器，　　　不是他人可以强行施为的。　　　强行施为，</small>

败之，执者失之。物或行
<small>就会失败；　　强力抓取，就会失去。　　天下万物有的在前行走，</small>

或随，或嘘或吹，或强或挫，
<small>有的在后跟随；有的热情温暖，有的冰冷淡漠；有的刚健有力，有的弯折抑曲；</small>

或培或堕（huī）。是以圣人去甚，
<small>有的培育守护，有的破坏毁灭。　所以圣人会去除过分的、</small>

去泰，去奢。

放纵的、没有节制的妄为。

注

取天下而为之：通过有为的方式来持有天下。取，获取、得到，这里指保持得到的状态，持有之义。为，做、从事。

弗得已：指确定不能实现，完全不可能的意思。得，完成、实现。已，表示完结，状态得以完成。

神器：永不停息在运转着的器物。神，指精神性的存在，是时刻运转而不停歇的。器，器物，有具体功用的器具。

或行或随：有的在前行走，有的在后跟随。或，有的、有些。行，行走、前往。随，跟着、跟随。

或嘘或吹：有的性情温和，有的性情冷漠。吹，合拢嘴唇用力出气，急促吹气使冷却。嘘，慢慢地吐气，呵气使温暖。原文作"炅"，乙本、北大本作"热"，传世本多作"歔"。高明认为皆假作"嘘"字。

或强或挫：有的刚直强硬，有的弯折抑曲。挫，使弯折收缩，摧折之义，原文残缺，乙本作"䂳"，汉简本作"㭤"，皆读为"挫"。

或培或堕：有的善于培育，有的善于破坏。堕，古同"隳"，损毁。

去甚，去泰，去奢：甚，过分、过度。泰，骄纵、傲慢。奢、铺张，无节制。

解

不扰乱自然，不扰乱人心

凭自己的意愿对天下进行分割宰制，是不可能成功的。天

323

下就像人体一样，是一个不可分割的整体，是有自己运转规律的有机组合，并不是人力可以强行切入的。

天下的万物，有的喜前，有的喜后，有的温和，有的冷漠，有的强健，有的羸弱，有的繁育，有的毁坏，要如何制定一个固定的规范去治理它们呢？圣人不会做这样狂妄的事情，从来不敢恣意伸张自己的意志，放纵自己的欲望胡作非为。

因此《庄子》说："闻在宥天下，不闻治天下也。"只听说过对天下高抬贵手，放过天下而不扰乱它的，没有听说过可以治理天下的。

从前尧治理天下，让天下人都失去了淡然的心性，而整日放纵于欢愉；从前桀治理天下，让天下人都失去了淡然的心情，而整日痛苦于忧心。失去了恬淡的常态，又怎么可能长久呢？

老子一句话道出根由：无撄人心。意思是说，人心是一个很奇妙的东西：碰到在下的，恨不得再踹两脚；遇到在上的，恨不得再捧上云霄。上下相杀，那就永远也回归不了常态。所以千万不要去扰动它，一扰动它，它动起来就没完没了，振荡幅度也会越来越高。

从黄帝用仁义扰动人心开始，这天下就再也没个安宁的时候。下有夏桀、盗跖之流，上有曾参、史䲡之流。或喜或怒相互猜疑，或愚或智相互欺诈，或善或恶相互责难，或妄或信相互讥刺，智巧百出，纷争迭起。

上到什么高度呢？就算用全天下的力量来赏善，也不够；下到什么程度呢？就算用全天下的力量去罚恶，也不足。天下相互践踏而大乱，人们还在喋喋不休地提倡赏善罚恶，罪过就在于扰乱了人心。

如何才能不扰乱人心呢？不过分，不纵欲，不奢求，只是无私对待每一个人而已。不表露立场，不显露爱憎，对待任何人都是一样的有德、有信。立场超脱，无一定的倾向；行动随和，无一定的规章。操守独立，不靠任何势力，就像日出日落一样，不露端倪。没有峻奇的相貌，也不发表怪异的言论，就如同寻常人一样。如此，百姓心无所扰，就能保持自然的状态了。

74

— 30 —

以道佐人主，不以兵
选择用道来辅佐自身的君王， 不会用兵事横行于
强于天下，其事好还。师
天下， 因为恶果很容易落在自己身上。 大军所
之所居，楚棘生之。善者
到之处， 荆棘丛生。 以道来行事的
果而已矣，毋以取强焉。
人，即使用兵也只是为了解决危难，达到目的就停止了，并不逞强。
果而毋骄，果而勿矜，
达到目的也不骄傲， 达到目的也不自鸣得意，
果而勿伐，果而毋得已居，
达到目的也不自夸自赞， 达到目的只是出于不得已，

是谓果而不强。
这就是使用战争达到目的而不逞强的表现。

物壮而老，是谓之不道，不道早已。
事物太过壮盛便容易困顿，这叫不合于道，不合于道就会早早消亡。

注

以道佐人主：用道来作为自身佐助的君王。佐，辅助、帮助。人主，指一国之主，君王。郭简本、通行本作"以道佐人主者"。

好还：趋向于回到原来发起的地方。好，指喜欢，因为喜欢而趋向于该状态。还，返回，回到原处。

已矣：罢了，停止了。"善者果而已矣"，传世本多作"善有果而已"。并在此句前增"大军之后，必有凶年"。

毋得已居：不要出于自己的意愿而处于这个结果，即不得已而为之。毋，不要，表示禁止或劝诫。居，处在、处于。

物壮而老：壮，大、强盛。老，困乏、衰竭。

已：本义指停止，引申为完结、终结。

解

有道的领导者不蛮干强行

有道的君王,不会凭武力在天下蛮干强行,这样的行为很容易给自己招来恶果。一旦开战,民不聊生。那些穷兵黩武、一味靠武力称霸天下的诸侯,后来大多都会败亡。《淮南子》中记载有这样一段对话,发人深省:魏文侯问李克道:"吴国灭亡的原因是什么呢?"李克回答说:"屡战屡胜。"文侯说:"屡战屡胜,这是国家的福气啊,吴国却因此而灭亡,这是为什么呢?"李克回答:"多次战斗,百姓就疲惫不堪,多次获胜,君主就愈发骄横,让骄横的君主统治疲惫的人民,这就是它灭亡的原因。所以,喜欢穷兵黩武的君主,他的国家没有不灭亡的。"

《庄子·列御寇》说:"圣人用严谨慎重的态度对待不需要那么严谨慎重的事情,所以总是不需动干戈;普通人却用不严谨不慎重的态度对待必须严谨慎重的事情,所以总是大动干戈。习惯了使用干戈解决问题,故而一举一动都失去了自然的状态。依赖动用干戈解决问题,到头来只会自取灭亡。"

战争,只是不得已而用之,达到目的就要停止,千万不要喜欢开战,以战胜为骄傲。任何事物只要过于强横,就必然会很快衰竭,因为失去了道。

《史记》记载,项羽一向以作战勇猛著称,自告奋勇要和刘邦一起进攻关中。此时楚怀王已经与天下约定,谁先攻入关中,谁就在关中做王。但楚怀王的将领们都商量说:"项羽为人轻捷而凶猛,狡诈而残忍。项羽曾经攻打襄城,襄城没有留下一个活人,全都活埋了。他所经过的地方,无不残杀毁灭。况且楚军多次进兵攻取都失败了,不如另派宽厚长者,以正义为号召,向西进发,把道理向秦的父老兄弟讲清楚。秦的父老兄弟苦于秦王的统治很久了,现在如果真能得到宽厚长者去关中,不加欺凌暴虐,应该能够拿下关中。而今项羽剽悍,不可派遣。只有沛公向来是宽大长者,可以派遣。"终于没有答应项羽,而派遣沛公西进攻取秦地。

项羽因为残忍好杀而被袍泽兄弟所不容,从而失去了建立霸业的机会,最终落败于刘邦,可以说是必然的结果了。

75

— 31 —

夫兵者，不祥之器也。
兵器是不祥的器物，

物或恶之，故有欲者弗居。
众生都很厌恶被它伤害，　　所以想要有所作为的人，不会使用它。

君子居则贵左，用兵
君子日常生活中以左为尊位，　　而用兵打仗则

则贵右，故兵者非君子之
以右为尊位，　　所以兵器不是君子日常需要的器物。

器也。兵者不祥之器也，
兵器是不祥的器物，

不得已而用之，铦袭为上，
xiān
使用它只是不得已，　　它以锋利便于杀伤为上，

勿美也。若美之，是乐(lè)杀
不要去称赞它。　　　如果称赞它，　　　就是喜欢杀人，

人也。夫乐杀人，不可以
　　　而喜欢杀人，　　　　　是不可能得志于

得志于天下矣。
天下的。

　　　　是以吉事上左，丧事
　　　所以办喜事以左边为尊位，　　　办丧事以右

上右。是以偏将军居左，
边为尊位。　　偏将军处在左位，

上将军居右。言以丧礼居
而上将军处在右位，　　　说是用丧礼来对待兵事。

之也。杀人众，以悲哀莅之。
　　　杀人众多，　　用悲哀的心情来对待；

战胜，以丧礼处之。
打了胜仗，　　用丧礼的规制来处理。

注

兵：作战用的武器，兵器。"夫兵者"，北大本作"夫雒美"，传世本多作"夫佳兵者"。

不祥：不吉利，不善。用"不祥之器"来形容兵器，因为兵器被打造出来就是为了制造杀伤，哪里有伤亡，哪里就有它，所以不祥。

有欲者弗居：想要有所作为的人不会处于这种状态。欲，欲求，想要达到某种目的或得到某种东西的要求，通行本作"有道者不处"。

君子居：君子饮食起居，日常生活。居，平时、平常。

君子之器：君子使用的器具。"故兵者非君子之器也"，北大本作"兵者非君子之器也"，传世本多作"兵者，不祥之器，非君子之器"。

銛袭：锋利再锋利，达到最锋利。銛，锋利。袭，衣上加衣，引申指重叠、重复。乙本作"銛襲"，北大本作"恬佲"，传世本多作"恬淡"。

美：称赞，以为好。"勿美也"，北大本作"弗美"，传世本多作"胜而不美"。

乐杀人：喜欢杀人。乐，喜欢。

上：本义指高处、上面，这里指尊崇。

莅：临视，本义指走到近处察看，这里指处理、处置。"以悲哀莅之"，传世本多作"以哀悲泣之"。

(解)

好战不祥

兵器，是凶厉之物，没有谁喜欢被它杀伤，所以想要成事就不要依赖于它。即使按照古时的礼仪来看，君子日常生活中以左为上位，用兵打仗则以右为上位，等同于丧事之礼，可见刀兵之不祥。

《史记》记载，主父偃曾向汉武帝上书说："发怒是悖逆的德行，兵器是凶恶的器物，斗争是最差的节操。以往的人君一发怒就必然杀人，伏尸流血，所以圣明的天子对待发怒的事非常慎重。那些致力于用尽武力打仗取胜的人，没有最终不后悔的。从前秦始皇凭借战胜对手的兵威，蚕食天下，吞并各个交战的国家，统一天下，其功业可与夏、商、周三代开国之君相比。但他一心取胜，不肯休止，竟想攻打匈奴。……这以后，秦朝调发全国的成年男人去守卫北河地区。让军队在外驻守了十多年，死的人不计其数，始终也没能越过黄河北进。这难道是人马不够充足，武备不够充裕吗？不是的，这是形势不允许啊！秦朝又让天下百姓飞速转运粮草，从黄县、腄县和琅邪郡靠海的县城起运，转运到北河，一般运三十钟粮食才能得到一石。男人努力种田也不能满足粮饷的需求，女子纺布绩麻也不能满足军队帷幕的需求。百姓疲惫不堪，孤儿寡母和老弱之人得不到供养，路上的死人一个挨一个，正是由于这些原因，天下百姓开始反叛秦王朝。"

昔日孟子进见梁襄王，出来后对人说："梁襄王远看没有个国君的样子，走近也看不出有什么让人敬畏的地方。见了我后突然问道：'天下要怎样才能安定呢？'我回答说：'天下安定在于统一。'他又问：'谁能统一天下呢？'我对他说：'不喜欢杀人的君王能统一天下。'他又问：'有谁愿意归附不喜欢杀人的国君呢？'我又回答：'天下没有不归附他的。大王您知道禾苗吗？七八月间天旱，禾苗就要枯槁了。一旦天上乌云密布，下起大雨，那么禾苗就长得茂盛了。像这样的情况，谁能阻止呢？而现在天下的国君，没有一个不好杀的。如果有一个不喜欢杀人的国君，那么天下的百姓都会伸长脖子期待着他来解救。如果像这样，老百姓归附他就像水往低处流一样，这汹涌的势头谁又能阻挡得了呢？'"

所以不要做喜欢用兵杀人的君主，喜欢杀人的君主不可能得到人民的拥戴。有道的君主，以生灵死伤为悲哀，因为心中怀有对天下百姓的慈。用兵只是出于不得已，却不是残忍好杀，故圣人用兵作战，灭掉敌国而不失掉民心。

《文子》把用兵分为五种，有义兵、应兵、忿兵、贪兵、骄兵。为解救危乱、诛除残暴而出兵，是谓义兵；受到敌人侵扰，不得已而出兵应战，是谓应兵；为了仇恨，忍不住愤怒而出兵，是谓忿兵；贪图别国的土地、财富而出兵，是谓贪兵；自恃国家强大，人口众多，企图显示自己的威力，是谓骄兵。

西汉丞相魏相也曾以此上书劝谏汉宣帝：义兵才是王道，应兵总能取胜，忿兵往往失败，贪兵必为敌所破，骄兵则自取灭亡。

76

— 32 —

道恒无名,朴唯小,而天下弗敢臣。侯王若能守之,万物将自宾。天地相合,以雨甘露,民莫之令而自均焉。始制有名,名亦既有,夫亦将知止,知止所以不殆。

道从来都是没有名号的,质朴固然表现得很低微,可天下都不敢让它臣服。侯王如果能够持守于朴,万物都将自行归从。天地在黑夜中相合而降下甘露,没有人发号施令但自行分布均匀。万物始生即有规制形成,规制既然已经有了,人也应当知道适可而止,不违逆它就不会遭受失败。

譬道之在天下也，犹小浴(gǔ)之与江海也。

如果把道在天下比作江海，那么万物的规制就好像小溪流，统归于江海。

注

无名：没有名称，没有名号。

朴唯小：质朴所表现出来的，看起来会非常低微。朴，质朴，本义指没有加工过的木材。唯，只是，表肯定。传世本多作"虽"。

臣：统率，使之服从而成为附属。"天下弗敢臣"，通行本作"天下莫能臣也"。

自宾：自行归顺。宾，服从、归顺，处于从属地位。

天地相合：合，交合，结合。天地结合有两种方式，一是进入黑夜，天地之间的边界消失而融为一体；一是地气上腾于天，与天结合而施云布雨。中国古人很早就认为雨雪现象是由"积水上腾"引起的。

雨：作动词用，指降落，落下。通行本作"降"。

甘露：甘美的露水。露水总是在黑夜中降下，在清晨显现。幽暗、玄冥、渊深、暗昧等常被老子和庄子用来形容道，意味着在这种形态下具备道的生发功能，因此可以天地相合而降下甘露。

始制有名：最初始的那个制度已经存在了。始，最初，在最开始的时候。制，本义指规定，这里指法规、制度。名，名字、名称，名依据于实而来，名字有了也就意味着实已经存在。

小浴：浴，同"谷"，小溪流、小水流。通行本作"川谷"。

解

守住质朴，顺应自然

万物在始生之时，针对它们的管理制度就已经出现了，这个制度呈现出来就叫作"朴"。人不要去违背这个制度，这样才不会遭受失败。有道的君王，不需要动用刀兵，万物都会自来归服，因为他守住了比刀兵更高明的朴，用朴就能成为众器之官长。

《庄子》中说："杀死他人的士卒和百姓，吞并他人的土地，用来满足自己的私欲和意气，这样的战争不知道有什么正义？所谓的胜利又体现在哪里？你如果不得不有所为，那就修养心中的诚意，来顺应天地自然的真情而不去扰乱。百姓死亡的威胁自然得以解脱，你又哪里用得着再讨论止息战争呢！"

天地万物自有法度，不需要人去下达命令，露水都自己分布均匀。它们各自遵从的规制，就好像小溪流一样，统归于道这个大海中。休养生息、顺应自然，道自然通行于天下，天下自然就能得到治理了。

中国古人很早就有对"自然"的认知，《史记·货殖列传》中有一段关于经济民生的描述，深得顺应自然之义。说："《周书》云，'农民不产出，粮食就会匮乏；工匠不产出，器物就会不足；商人不产出，粮食、器物、财富就要断绝；虞人不产出，资源就会短缺。'反过来，资源短缺，山泽也就不能得到开发。这四种行业，是人民衣着食物的本源。"

人们依赖农民耕作来获取食物，虞人开发山泽来获取资源，工匠制作器物来满足所需，商人输送财货来进行流通。这哪里是因为国家颁布了政令来要求才做到的呢？人们各自发挥自己的才能，竭尽自己的力量，让自己的欲望得以实现。因此，物品价格低廉，商人就会把它卖到贵的地方；物品价格昂贵，商人就会从价格低的地方运来销售。各自勤勉于他们的本业，乐于从事自己的工作，如同水向低处流，日日夜夜而永无休止。不用召唤他们就自行赶来，不须征求百姓就自行生产，这难道不是合乎规律而自然得到发展的证明吗？

77

— 33 —

知人者,智也。
能看清别人,　　说明十分聪慧;

自知者,明也。
能看清自己,　才是真的通明。

胜人者,有力也。
战胜别人,　　说明很有力量;

自胜者,强也。
战胜自己,　才是真的强大。

知足者,富也。
知足的人,　　才是真的富有;

强行者,有志也。
行而不止的人,　说明心志强盛。

不失其所者，久也。
不失去身体这个居所，方能生命长久；

死而不亡者，寿也。
身体死去而精神不消亡，才是真正的长寿。

注

自知：明了自己。知人运用的是心智，而想要自知，心智就不起作用了。

自胜：战胜自己。胜人依靠的是力量，而想要自胜，力量就不起作用了。

富：充裕、充足。有了还想要更多，永远得不到满足，当然也就称不上"富"，因为内心一直处于"缺乏"的状态，故而知足之足，才是真正的富有。

强行者：行而不止、作而不休的人。强，坚强，意志力强。这样的人只能说心志强盛，而谈不上富有，因为一直在向外追求而不知安守何处，内在始终是欠缺的。

志：心愿所往，意向。

所：处所，地方。

死而不亡：人死去了，但精神并没丧失。亡，原文作"忘"，通"亡"，精神上亡失之义。北大本作"亡"，通行本"亡""妄"等字并存。

解

用道才能看清自己，战胜自己

运用道来认知万物，和通过自己的眼光来认知万物，是完全不一样的。我们的眼光只能看到别人而看不到自己，我们的智巧只能作用于别人而不能作用于自己，我们的力量只能胜过别人而不能胜过自己。只有运用道，才能照见万物本然之朴，才能认清自己。

《韩非子·喻老》讲了这样一个故事：

楚庄王想攻打越国，杜子进谏说："大王攻打越国，凭什么？"

楚庄王说："越国政乱兵弱。"

杜子说："愚臣很为此事担忧。智慧好比眼睛，能看见百步以外的东西，却不能看见自己的眼睫毛。大王您的军队曾被秦、晋打败，丧失了数百里的土地，这是兵弱；庄蹻在境内造反，官府却不能加以禁止，这是政乱。大王兵弱政乱，并不在越国之下，反而想去攻打越国，这就是智慧如同眼睛，见远不见近啊。"于是楚庄王停止了行动。

韩非子总结说，智慧可以用来对付别人，但是不能用来对付自己；眼睛可以用来看清别人，但不能用来看清自己。所以强大的关键，不在于战胜别人，而在于战胜自己；所以了解事物的困难，不在于看清别人，而在于看清自己。

我们会通过观察别人的语言、行为等外在表象来了解别人，但不会通过观察自己的语言、行为来了解自己。因为了解自己和了解别人，是两种完全不同的认知事物的方法。别人在我之外，使用我们只能往外看的眼睛就能看清，使用我们只能对外运用的智慧就能看清，而自己却在我之内，唯有使用无处不至的道方可通达。

所以认清别人，只能说明你有明察的智慧，但认清自己，才是真的通明。战胜别人，只能说明你有力量，但战胜自己，才是真的高强。强行者，一味对外求取，只能说明心志强盛。知足者，自己的内在获得了满足，这才是真正的富有。不失去外在的躯体，可以说生命长久，唯有内在的精神不灭，才是真正的长寿。关键就在于，是否通达了道。

《庄子·让王》列举了孔子和颜回的对话。

孔子对颜回说："颜回，过来！你家境贫寒，居处卑陋，为什么不出去做官呢？"

颜回回答说："我不愿做官，城郭之外我有五十亩地，足以供我吃饱饭；城郭之内我有四十亩地，足够用来织丝麻；弹琴足以使我欢娱，学习先生的道理足以使我快乐。因此我不愿意做官。"

孔子听了动容改色说："颜回的想法实在是好啊！我听说：ّ知道满足的人不会因为利禄而累害自己，安闲自得的人即使遭遇损失也不会畏惧忧虑，注重内心修养的人没有职位也不会自惭羞愧。'我吟咏这样的话已经很久了，如今在你的身上见到了，这也是我的收获。"

78

— 34 —

道氾(fàn)呵,其可左右也。
道是这样的广泛啊,　　　　可左可右无所不在。

成功遂事而弗名有也,万
功业成就了,事业做成了,道也不会去占有成果。　　　　万物都

物归焉而弗为主,则恒无
来归附,道也不会去做它们的主宰。　　　　这是因为道从来都没

欲也,可名于小。万物归
有自己的私欲,可以说很低微了。　　　　万物都来归附而不做

焉而弗为主,可名于大。
它们的主宰,　　　　又可以说是很伟大了。

是以圣人之能成大也,
所以圣人能够成就伟大,

以其不为大也，故能成大。

是因为从来都没有追求成就伟大，因而最终能成就其伟大。

注

氾：广泛、泛滥，形容范围广。

左右：左面和右面。无论哪一方面均可，形容道的广泛博大，无论何处均无所不能及。

弗名有：不去自己占有成果。名，以自己的名义占有，如"不名一钱"。

弗为主：不做支配万物的主宰者。主，控制者、支配者，财产或权力的所有者。"万物归焉而弗为主"，北大本作"爱利万物而弗为主"，传世本多作"衣养万物而不为主"。

可名于小：大意为，可以说它是很低微。名，说出、描述。因为没有私欲，也便无我，连自我都没有，所以说低微之极。

大：至高无上的，伟大的。

不为大：不以成就至高无上为目的。为，从事。传世本多作"不自为大"。

解

不追求伟大，才能成就伟大

唯有道，可以通达内外，可左可右无处不至。有道之人没有图求外物的欲望，哪怕把天下给他也不会接受。事情成功了，功业成就了，有道之人也不会去占有，因为他从来都没有自己的意图和立场,并不是因为私欲而施展什么,也不会执意要在哪里驻留。

从前,管仲生病快要死了,齐桓公问他:"你的病已经很重了,不避讳地说,一旦病危不起,我将把国事托付给谁才合适呢?"

管仲说:"你想要交给谁呢?"齐桓公说:"鲍叔牙。"

管仲说:"不可以。鲍叔牙算得上是个清白廉正的好人。但是他对于不如自己的人,从来不愿意折身交往;对于比自己强的人,又会审视对方的过错,发现了过错就一辈子不会忘掉。如果让他治理国家,对上势必约束国君,对下势必违逆百姓。一旦得罪了国君,他怕是连命都不长久了!"

齐桓公说:"那么谁可以呢?"

管仲回答说:"隰朋还可以。隰朋的为人,对上忘记对方之尊贵,而对下不分对方之卑微。比自己强的人比如黄帝,他自愧不如;不如自己的人比如庶民,他又很是怜悯。以贤人自居而凌驾于他人之上,不会获得人们的拥戴;以贤人之名而又能谦恭待人,就会得到人们的拥护。他对于国事一定不会事事听闻,他对于家庭也一定不会事事看顾。不得已的话,那么还是隰朋可以。"

《庄子·徐无鬼》说:"大海不拒绝向东而来的水流,才能大到极致。圣人包容天地,泽被天下,而人民却不知道他的名字。因此他活着的时候没有爵位,死了以后没有谥号,财货不聚集,名声不建立,这就是'大人'。狗不因为善于叫唤便是好的,人不因为善于言谈便是贤才,又更何况是成就伟大的人呢!有心求取伟大倒不足以成就伟大,又更何况是建树大德的人呢!最大而完备的，莫过于天地，那么天地又有什么可追求的？它已经是最大而完备的了。知道大而完备的，无所求取，无所失去，无所摒弃，不因外物而改变自己。返归自己的本性而不懈怠，遵循大道而不矫饰，这就是'大人'的真性。"

所以圣人之所以能成就伟大，能成为万民之主，正是因为他的内在足够完备，而从来都不会有意求取什么，没有想着要成就伟大。如此，方能成就伟大。

后周太祖郭威起于卑微，最终能成为被人称颂的一代明君，与他的无私是分不开的。《资治通鉴》记载，郭威平定叛乱回到京城之后，入朝拜见后汉隐帝。隐帝慰劳他，赐给他金帛、衣服、玉带、鞍马。郭威推辞道："臣受命在外作战一年，只攻克了一座城，有什么功劳！而且我率领兵马在外，能取得胜利全靠朝中诸位大臣保卫、治理京城，供应军需物品，使军粮不缺，我怎敢独自接受这些赏赐！请陛下对有功之臣都加以封赏。"于是隐帝下令给这些对国家有大功的臣子都加以封赏，出现了郭威一人立功，几乎所有官员都晋爵的怪现象。郭威得到了大家的拥戴，最后被将士们黄袍加身，成为皇帝。

79

— 35 —

执大象，天下往。
执守住大道，天下人都会前来归附。

往而不害，安平泰。
向道而往，就会安宁、平顺、和谐而互不相害。

乐与饵，
音乐的动听与食物的美味，(乐 yuè)

过格止。
超过限度就不再起作用了。

故道之出言也，
故而道表达出来，

曰淡呵其无味也。
是寡淡无味。

视之不足见也，
看也看不见它，

听之不足闻也，
听也听不到它，

用之不可既也。
但是用它却用不完。

---注---

执大象：执守大道。大象，指大到没有形状的形象，即无形，用以指代"道"。执，北大本作"埶"。

往：本义指到某地去，这里指归向、归往。

安平泰：安宁、平顺、和谐。安，平静、安宁。平，平顺、舒畅。泰，平和、和谐。

乐与饵：音乐和美食。饵，本义指糕饼，后用作食物的总称。

过格止：格为所能达到的最大限度，引申指法式、规格。过格止，指超过了限度就不能再起作用了。格，北大本及传世本作"客"。

出言：即言出，以任何形式表达出来。言，表达。传世本多作"口"。

既：本义指吃完饭，引申为尽、完。

---解---

守住大道，万物归心

圣人只是秉持大道，天下人自来归附。这些向道而往之人，各自都会得到和谐安宁。

《庄子·德充符》记载，鲁国有个断掉一只脚的人，名叫王骀，跟随他学习的人和孔子的学生一样多。常季向孔子问道："王骀是个被砍掉一只脚的人，跟随他学习的人在鲁国却和先生的弟子相当。他站着不施教诲，坐着不发议论；学习的人却空怀而来，满载而归。难道真有不用语言的教育，无形之中就能抵达内心的境界吗？这又是什么人呢？"孔子说："王骀先生是一位圣人，我远远落后于他，只是还没有去请教罢了。我都将拜他为师，又何况还不如我的人呢！何止是鲁国，我将引领全天下的人跟随他学习。"

卫国有一个丑陋的隐士叫哀骀它的，鲁哀公与他相交，初一见容貌吓人，不到一周就生倾慕之心，再不到一年，就想把宰相交给他做了。有人问孔子哀骀它是一个什么样的人，孔子说，这就是"才全德不形"的人。"才全"，是指死生存亡、穷达贫富、贤能与不肖、诋毁与称誉，都不能侵扰他的心灵；"德不形"，是说具备不显露于外的最高修养。众人被他的德行感召，因而都会归附于他。

静止的水最为均平，所以筑楼建房平地基，必须使用水平仪。遇到这样拥有至德的人，人们就好像建房找到了水平的标准一样，自然就会归依于他，不召而自来，不言而善应。所以读书人都朝他们那边跑，围着他的讲座，静止下来。不是他叫他们静止下来，而是他们在那里找到归宿，不再奔波追求了，才静止下来的。他们自己能正自身，进而影响百姓都跟着正，全凭精神感召，而不靠国家下令。

被美妙的音乐和好吃的食物吸引，可以让人停留下来，但音乐终了，食物尽了，人们还是会离开，不足以作为依托。而与美妙的音乐和好吃的食物相比，道是寡淡无味的，看也看不到，听也听不到，但用却用不完，终身可作依托。

80

— 36 —

将欲翕之，必固张之。
将要收拢的，必然是原本已经得到了扩张。

将欲弱之，必固强之。
将要削弱的，必然是原本已经得到了加强。

将欲去之，必固举之。
将要去除的，必然是原本已经得到了推举。

将欲夺之，必固予之。是谓微明。
将要剥夺的，必然是原本已经得到了给予。这是很容易被忽视的道理。

柔弱胜强。鱼不可脱于渊，邦利器不可以示人。
持守柔弱，更好过逞刚强。大鱼不能脱离深渊，国家的利器，不能随意展示于人。

注

翕：闭合，收拢。

张：张开，打开。

将欲去之，必固举之：举，推举、抬举，原文作"与"，通"举"。"固"，原本、本来，原文作"古"，假为"固"。本句北大本作"将欲废之，必古举之"，传世本多作"将欲废之，必固兴之"。

微明：视之不见的明，指难以察觉的道理。微，本义指隐秘地行走，形容难以察觉。明，光亮，引申指道理显现。

鱼不可脱于渊：渊，深潭、深水。深渊是鱼赖以生存的根本，大鱼只有在不知边际的深渊之中才能得到成长，而一旦脱离自己的根本，就要成为渔夫的猎物了。

示人：展示于人，呈现人前。示，显示、展示。

解

依托深厚的根基，才能成就大业

大鱼一定要潜藏在深不可测的渊海之中，才能得以自在成长；国家的利器一定要藏养在秘不可知的领域之中，才能得以保持威力。如果自身所依托的事物很容易达到极限，那么就像绚丽的烟花，短暂绽放后即为黑暗。

所以，那些将要收拢的，必然是原本已经扩张到了尽头；那些将要被削弱的，必然是原本已经刚强到了极点；那些将要被夺取的，必然是原本已经被给予超过了限度。柔弱胜过刚强，因为刚强有极限,而柔弱无极限。柔弱可以直至无形,从而到达"无"的无限领域,但刚强却始终只是"有",最终一定会到达"有"的边界。

《吕氏春秋》记载,楚庄王想攻打陈国,就派人去陈国探查情况。使者回来说:"不能攻打陈国。"楚庄王问:"为什么?"使者说:"陈国的城墙筑得很高,护城河挖得很深,粮食、兵器等贮藏得很多。"大臣宁国听了却说:"可以攻打陈国。陈国只是个小国,却把粮食兵器贮藏得很多,说明赋税很重,百姓就会怨恨统治者。城墙筑得很高,护城河挖得很深,说明百姓已疲惫不堪了,我们出兵攻打,一定可以打下陈国。"楚庄王听从了宁国的建议,就出兵攻占了陈国。

韩非子在《喻老》篇中以"吴越争霸"来作说明:当初越国败给吴国之后,越王勾践作为战俘,来到吴国服侍吴王夫差三年。为了削弱吴国军力,勾践鼓动夫差早日伐齐,于是吴军在艾陵战胜了齐军,势力扩张到长江、济水流域,又在黄池盟会上扬威。由于长期出兵在外张扬逞强,久战力衰,所以才会在太湖地区被越国打败。这就是"将欲翕之,必固张之。将欲弱之,必固强之"。

他又列举了"假道伐虢"和"知伯送钟伐仇由"的例子:晋献公向虞国借道讨伐虢国,就赠送虞国国君美玉宝马,结果灭掉虢国之后,回来顺手又把虞国给灭了,美玉宝马又重新回到了自己手中。

知伯想要讨伐仇由,但是道路难行,就铸了一口大钟送给仇由国君。仇由国君非常高兴,只是这口大钟大到要两辆大车并排才能装载起运。仇由国君当即命人凿山填沟，铺路架桥，修一条大道来迎纳大钟。于是知伯的军队很顺利就到达了仇由，仇由就此灭亡了。这就是"将欲夺之，必固予之"。

越王勾践只是鼓动口舌就能让吴国自耗国力，晋献公和知伯只是用贵重的礼物做饵，就能很顺利地灭了他国，所以韩非子用"起事于无形，而要大功于天下"来解释"微明"。

韩非子的解读听起来很有道理，可是也开了一个很不好的头，让后人用"阴谋论"的视角去解读《道德经》，把煌煌正道读成了邪僻小道。这也是为什么老子说："吾言甚易知也，甚易行也。而人莫之能知也，而莫之能行也。"世人常怀有为之心，以智巧为能，也就读不懂老子，行不了道。因为失去了德作为根本，一走就偏。其实，道家忌讳阴谋，即使运用道，也是"坦而善谋""谋于未兆"，堂堂正正地顺应规律行事。汉朝开国功臣陈平说："我多阴谋，是道家之所禁。"用阴谋论去解《道德经》，只能说是得其绪余而失其要旨。

81

— 37 —

道恒无名，侯王若能守之，万物将自化。化而欲作，吾将镇之以无名之朴。镇之以无名之朴，夫将不辱。不辱以情，天地将自正。

道从来都是没有名号的，侯王如果能够持守它，万物就会自行兴作化育。自行兴作化育而将有私欲出现，我就要用道的本源之朴来安定它们。用本源之朴安定了它们，也就不会再沾染私欲。不沾染私欲，他们就能保持情真质朴的面貌。如此，天地都将自行回归正态。

注

无名：没有名称，没有名号。"道恒无名"，北大本作"道恒无为"，传世本多作"道常无为而无不为"。

自化：不需要外界施加影响，自然而然发生转变。化，本义指改变，万物演化是一个持续变化的过程，因此"化"又指生长、化育。

作：产生，兴起。

朴：本义指未加工的木材，比喻不加修饰，这里指质朴，淳朴。"镇之以无名之朴"，北大本、通行本作"无名之朴"，郭简本无此句。

辱：沾染杂质，遭受玷污。"夫将不辱"，北大本作"夫亦将不辱"，传世本多作"夫亦将无欲"。

情：实情，真实的状况。"不辱以情"，乙本、北大本作"不辱以静"，传世本多作"不欲以静"。

正：有法度的，合于道的。传世本多作"定"。

解

大道无名，道法自然

道从来都没有自己的名号，因为它至大无极，没有任何名号足以匹配它。侯王如果能够依托于它，万物都将自行归化。在归化中如果有所偏离，用道的本源之朴即可令其安定，重新回归于自然的状态。万物不受私欲侵染而呈现自然，天地也就得以保持正态了。

天下有常。常，就是不用量具自然成形，不靠外力自然亲密。

天生投合在一起的，不用胶粘；天生纠结在一起的，不用绳捆。常，就是不按计划自生自得，该生的到时候就生长了，应得的到时候就得到了，完全莫名其妙，无法清晰表达。

把那些天生不正的事物，用曲线板、直尺、圆规、矩尺去改正它们，便斫伤它们的天性了。把那些风马牛不相配的事物，用绳子捆绑在一起，用胶水黏合在一起，便侵犯它们的正德了。

只要不违反天性，太长的也不算是有余，太短的也不算是不足。你嫌鸭腿太短，想给接长，鸭会惊叫；你嫌鹤腿太长，想给锯短，鹤会悲鸣。鸭得短腿，鹤得长腿，都不失性命之情，因而各得其乐，和谐融洽。

所以懂得顺应自然的人，他明白天地万物的正德常态，因而可以与自然相和谐；以此来调节民情，便是与人相和谐。他清静而内心通明，行动而匡正天下，无为而地位尊崇，天性淳厚素朴而天下没有谁可以相媲美。他动作合乎自然，安静犹如大地，内心安定专一而天下归从。他体魄没有病恙，神魂不会疲惫，内心安定专一而万物臣服。

因此，他没有来自上天的厌恶，没有来自世人的非议，没有来自外物的累害，没有来自鬼神的责难。他把虚空寂静推及到天地，通达于万物，这就叫天乐。所谓天乐，就是圣人的用心，在于畜养天下万物。

虚空寂静，才是天下万物得以中正的根本。水在静止时，便能清晰地照见人的须眉；水在平静时，高明的工匠会取之作为水准。水平静下来尚且明澈，又何况是人的精神！圣人的心境是多么虚空寂静啊！可以作为天地的准则，可以作为万物的依凭。虚静恬淡寂漠无为，是道德修养的最高境界。

- 全文完 -

后记

1973年,长沙马王堆汉墓出土了一批帛书,其中就包括流传千年的经典《道德经》,分甲、乙两个版本。经整理复原后人们发现,该版本与我们平常所读的《道德经》,存在数百处差异,部分差异甚至是颠覆性的。比如传世本开篇第一句"道可道,非常道",帛书里却是在篇中靠后的位置,而且是"道可道也,非恒道也"。再比如我们耳熟能详的"大器晚成",帛书本是"大器免成"。这引起了专家学者们的极大关注,以及学界持续的研究与讨论。如果只有帛书版,我们还无法在版本溯源上作一些十分确定的论证,但随后又有汉代甚至战国时期的古本问世,那么我们追求无限接近原貌的《道德经》版本就成为一种可能。

读经首先要正本,我们要读的是更接近原貌的老子著《道德经》,这样才能真正探索到老子的精神世界,了解中国道家文化的真实面貌。古籍校勘首先要寻找最可靠的底本,《道德经》版本众多,这里我们梳理了几种最具参考意义的版本。

1. 马王堆汉墓帛书《老子》

1973年出土于湖南长沙马王堆汉墓,墓主为西汉初期长沙国丞相。出土的帛书中有两个版本,用两种不同的古隶书抄写,原整理者把字体较古的一种称为甲本（本书简称帛甲本、甲本），另一种称为乙本（本书简称帛乙本、乙本）。

甲本不避汉高祖刘邦讳，抄写年代至迟在刘邦称帝（公元前202年）之前。乙本避刘邦讳而不避刘恒讳，抄写年代当在汉高祖即位与汉文帝即位之间（前202年—前180年）。

出土时丝帛已有破损，文字多有残缺，乙本5467字，甲本略少。帛书甲、乙本均无书名，仅分为上、下两篇，甲本无篇名，乙本上篇名为"德"，下篇名为"道"。

2. 郭店楚简本《老子》（本书简称郭简本）

1993年出土于湖北荆门市郭店一号楚墓，墓葬时间约为公元前三百年左右，墓主人是一名落魄贵族。

竹简老子共71枚，整理者根据竹简的形制、长短分为甲、乙、丙三组，共存2046字，约相当于传世本篇幅的五分之二，与传世《道德经》的31个章节内容相近，其中甲组与丙组有一段内容重复（传世本第64章）。

郭简本约抄写于公元前350年—前300年之间，是现存最早的版本，其抄写来源似据几种不同版本，也有学者认为乙组和丙组的内容为传、注（即带有评注的注本），而非经（即原经文）。

3. 北京大学藏汉简《老子》（本书简称北大本）

2009年初北京大学接受捐赠获得了一批海外回归的西汉竹简，是继马王堆汉墓帛书及郭店楚墓竹简《老子》之后，第四个重见天日的简帛《老子》古本。

全文5300余字，用典型的汉隶文字书写，残缺部分仅60余字，为当今保存最完整的简帛《老子》古本。

其抄写时代应为汉武帝到汉宣帝时期，与前面三个古本不同的是，北大本开始将全文做了分章处理，共77章，与传世本81章不同，同时竹简背面题有"老子上经""老子下经"篇题，"上经"对应传世版"德经"，下经对应"道经"。其前后顺序与帛书一致，其文本形态介于帛书本与传世本之间。

4. 传世王弼注本《道德经》（本书简称通行本）

目前流行的大部分传世版本都是以王弼注本为底本。王弼是三国时期曹魏经学家，哲学家，魏晋玄学创始人之一。曾为《老子》与《易经》撰写注解，一直流传至今。

自隋唐以来，王弼注本逐渐成为最流行的传世本，流传至今的王弼注本原文字数为5162字，分《道经》《德经》两部分共81章。

王弼系统的本子现存最早刻本为明代张之象刻本，今日流传的版本多为清代浙江书局的翻刻，较张之象刻本已有很多讹误，若能追溯王弼古本，恐怕讹误只会更多。据明清时代的经学家考证，宋代时，王弼古本就已很难见到。据传王弼古本既没有分章，也无上、下经之说，书名也仍旧是《老子》，这样说来，其文本形态又与帛书颇为接近。在一千多年的流传过程中，古本与今传世本有巨大差别，这也是我国古籍传承中的一个常见现象。

5. 传世《河上公老子道德经章句》（本书简称河上公本）

河上公本是另外一个流传度较广的传世本。河上公，姓名不详，正史未见载，最早仅见于东晋志怪小说《神仙传》，小说中的身份是个得道之仙，曾为汉文帝讲解《老子》。该本可能出于六朝人的伪托，借河上公之名。

河上公注中多有神仙思想，多被道教人士和底层民众所推崇，王弼本则广为文人学士所喜好。这两个版本在千余年的流传过程中互相影响，其原经文都早已失去各自的原貌而趋同，今之传本篇章结构同为81章，字数略少于通行本。

其他一些重要的版本，如唐代严遵的《道德真经指归》，以及敦煌手抄本，还有一些如《韩非子》等先秦典籍中对老子原著的引文，对我们的校勘也有着十分重要的参考意义，因篇幅所限，这里不再赘述。

总之，通过对这些重要版本的梳理以及相关历史文献的研究，可以推论出《道德经》文本发展的一个大概历程：书名上，在汉代及之前，人们称之为《老子》或《老子经》，随后出现《老子道德经》这样的称呼，人们习惯称之为《道德经》可能是隋代之后。那么在篇章上，帛书版应该是保持了原书的结构，"道德经"的称谓当然跟上、下篇的调整次序相关，整理者们可能出于"道为上"的逻辑将下卷挪到前面，如此，则有了"道德经"之说。也可能先有了"道德经"的称谓，后人基于此称呼强行对调了上、下篇。

需要说明的是"德"篇、"道"篇取名，用的是很常见的取句首为名，"德"篇第一句是"上德不德"，故取篇名为"德"；"道"篇第一句是"道可道也"，故取篇名为"道"，并不是说道篇就是讲道，德篇就是讲德。

而对原经文进行儒学化的改造则始自战国，成形于六朝。

版本比对

近年来，基于早期古本的相互印证，因后世的改造而导致如今的通行版离老子原著相差甚远，以及帛书《老子》作为"最接近《老子》原貌的版本"已经得到越来越多专家学者的认可。我在作品《帛书老子注读》中曾用帛书本与通行本进行对比，指出了影响文义的 140 处重大不同，这里结合其他几个重要古本，列举部分异文供读者参考。

1. 本书第 3 章，通行本第 41 章
帛乙本：上士闻道，堇能行之。
郭简本：上士闻道，堇能行于其中。
北大本：上士闻道，堇能行。
通行本：上士闻道，勤而行之。

帛书《老子》出土以后，帛书整理小组和高明均把"堇"读为"勤"，不过有专家认为，帛书本的"堇"不应从世传本读为"勤"，而应读为"仅"，义为"少"。因为通行本"勤而行之"，有"为"的痕迹太浓。"堇能"，即用尽所能，和"勤"的差别在于，一个是全心全意投入而发挥全部能力，一个只是不闲着，却不一定是全力投入。不用心的活动也可以是"勤"，

但绝不是"堇能","堇能"必须集中全副心神才可以。所以很多"勤"的行为是高频而低效的,但"堇能"不是。这里使用"堇能",强调的正是行道需要全心全意的"高能"投入,而非低能"高频"。

行道并非易事,所以才需要毫无保留地发挥全部能力而行之,而只要产生了丝毫的怀疑,便不可能再结聚全副精神,做到尽其所能了。因此"堇能"的前提,便是笃信不疑。从上士的"笃信不疑",到中士的"半信半疑",再到下士的"完全不信",这种递降的次序,就非常合理了。

2. 本书第 3 章,通行本第 41 章
帛书本:大器免成,大音希声。
郭简本:大气曼成,大音希声。
北大本:大器勉成,大音希声。
通行本:大器晚成,大音希声。

北大本的"勉"通"免";郭简本的"曼"为"没有"的意思,通"无"。都是没有的意思,所以"大器免成",可以解释为最大的器,是不会固定成型的。因为"成"也就意味着完结,就此固定下来,失去了更进一步的可能,便不能称之为大了,和"大成若缺"是一个道理。同时和上下文"大方无隅""大音希声"相关联,最大的方正不会有边角,显现出边角,也就意味着到了边缘,不能更大了。最大的音律不会以声相和(天籁无声)。

此前我们常用"大器晚成"来励志进取,而帛书本一出,才知完全错会了老子之意。通过切磋、琢磨而成器,越精细越

晚成,可所成终也只是人为之器,人力有时穷。天成之器方为"大器",而此等大器都不是人力能造就的。那么,如何才能接受"天"的成就,如何才能承接"道"之伟力的塑造?道家总结出两个字——自然。

3. 本书第3章,通行本第41章
帛乙本:天象无形,道褒无名。
郭简本:天象无形,道□□□
北大本:天象无形,道殷无名。
通行本:大象无形。道隐无名。

前面一句,《北京大学藏西汉竹书》作此说明:"'天象',郭简、帛乙皆同,传世本作'大象';'天''大'二字形近易混,此处仍应读为'大象',但由简帛古本观之,'大象'写作'天象'由来已久。"裘锡圭主编的《长沙马王堆汉墓简帛集成》提出了相反意见:"'天象',郭简、北大本同,传世本作'大象'。高明以帛书乙本'天象'为'大象'之误,《北大》也认为'天象'应读为'大象',但刘信芳、廖名春等据郭简认为'天'字不误。今按:《老子》的'大象'是指'道',下句既说'道殷无名',此处似乎不应重复讲'大象'(即道)如何,三种出土本皆作'天象'绝非偶然。此句应是说,天本身的状貌是无形的(当相对于悬于天上的日月星辰等天体之有形而言)。"

后一句,通行本改为"道隐无名"。如此则道学成为隐学,被排除在主流学术之外。自独尊儒术始,道家学术被归为隐学之列,老子也成了"隐君子",其学也成了"以自隐无名为务",

堂堂黄老治国之学，却被淡化成了山野"隐君子"专用，沦为无用玄谈之学。"道襃无名"，指道的广大没有任何名、任何誉足以加之，因为天地万物无不沐浴于其福泽之中，这才是最大的显扬，又怎么能说是"道隐"呢！"道隐无名"，表示隐藏起来连名字都没有，与"道襃无名"刚好完全相反。北大本作"道殷无名"，"殷"为盛大，和"襃"广大之义相同。帛书研究组注："'襃'义为大为盛，严遵《道德指归》释此句云：'是知道盛无号，德丰无谥。'盖其经文作'襃'，与乙本同，经文后人改作'隐'。'隐'，蔽也。'道隐'犹言道小，与'大方无隅'四句意正相反，疑是误字。"

4. 本书第 12 章，通行本第 49 章
帛书本：圣人皆□之
北大本：圣人皆咳之
通行本：圣人皆孩之

此处异文帛书本残缺，北大本为"咳"，通行本改"孩"，目的大概在于树立官如父母民如子的架构，从而统一忠与孝的体系。过去的注释纷纷释义为圣人怜爱百姓，以无识无知之孩婴养教之。"孩之"，即把百姓当成婴孩来对待，甚至有解为让百姓耳目闭塞回复到婴孩状态等，以至于被指责为老子的愚民政策。

总而言之，是从古到今的"长官如父母"之尊卑等级思想在作怪。圣人的状态是"恒无心""德善""德信""歙歙焉""浑心"，这都是老子所说"复归于婴儿"而具备的德行。因此，并不是

圣人把百姓当成婴儿对待，而是圣人就好像婴儿（笑着）一样对待百姓，无私，无欲，不别，不害。王弼认为是圣人令百姓"和而无欲，如婴儿也"，但首句讲"圣人恒无心，以百姓之心为心"，百姓是有心的，而圣人是无心的，所以如婴儿的是圣人，并不是百姓。

传世本中的"孩"字，北大本作"咳"，指日光普照，表示兼备、包容之义，正与本章文义相合。

5. 本书第13章，通行本第50章
帛书本：陵行不避兕虎
北大本：陵行不避兕虎
通行本：陆行不遇兕虎

此处异文，二者意义差别很大。"不避"是根本没想着躲避，"不遇"则是处心积虑不要遇上，完全是两种语境、两个境界。如《韩非子·解老》："兕虎有域，动静有时，避其域，省其时，则免其兕虎之害矣。"通过了解兕虎的习性，尽可能避开它，就能免于被其所伤。相比之下，王弼的注解更具深意："善摄生者无以生为生，故无死地也。"善于养护生命的人，不以奉养生命为务，因此才不会陷入必死之地。王弼以鹰为例，鹰本来筑巢于高山而无生死之患，却因为想要吃到更好的食物而被人捕杀。所以在山陵与战场之中，一心想要更好地保全性命，反而往往很难保住性命，因为"生生"之念一旦产生，对失去生命的忧惧一旦萌发，自己圆润无缺的精神状态就会被打破，有心刻意保存生命，反而导致行为失去了自然，危险也就紧随而至了。

6. 本书第 27 章，通行本第 64 章

帛书本：百仞之高，始于足下。
北大本：百仞之高，始于足下。
通行本：千里之行，始于足下。

此处通行本为"千里之行，始于足下"。这种改动弱化了方向的选择而强化了行动的实施，类似于把驴子蒙上眼睛而告诉它只管前行。"百仞之高，始于足下"和"千里之行，始于足下"，一个讲的是高低，一个讲的是远近，看似无差，其实不然。"百仞之高，始于足下"，说的是"高以下为基"的道理；而"千里之行，始于足下"，说的却是"小积累成大"的道理。后人又由此引申出"不积跬步，无以至千里"这样的劝进励志之说，与《道德经》要义毫无关联，甚至完全相悖。《道德经》从来都是讲小生大、无生有，而不是小积累成大、有积累成多。正如"合抱之木，生于毫末"，说的是大树生发于微小的萌芽，而不是说微小的萌芽积累成大树。生是从无到有的创造，万物必符合于道才得以生，因此生长是有方向的，"百仞之高，始于足下"正指明了方向。而"千里之行"却并没有方向，只是告诉你要勤劳努力多走路。然而，选择的方向一旦错误，千里万里都将毫无意义。因此圣人从不推崇堆积，追求的是损之又损的无为境界，持守的是内心无染的清虚之德，唯道是从而已。

7. 本书第 45 章，通行本第 1 章

帛乙本：两者同出，异名同谓，玄之又玄。

北大本：此两者同出，异名同谓，玄之有玄之。
通行本：此两者同出而异名，同谓之玄，玄之又玄。

通行本的改动，直接把"道"的概念玄学化，把道学同于玄谈之学。"异名同谓"是指名称不一样，可讲述（呈现）的道理是一样的，表示"两者"都遵循同一个原理在运作。"玄之又玄"，表示这个原理运作时的形态。而通行本修改之后，这个原理被忽略，直接把"两者"变成了"玄"，把道学变成了玄学，"玄之又玄"成了神秘玄虚的代名词。从此，"道"被蒙上一层无法揭开的面纱，变得可望而不可即，越发与大众远离，遂成遁世无用之学。

8. 本书第58章，通行本第14章

帛书本：执今之道，以御今之有。
北大本：执古之道，以御今之有。
通行本：执古之道，以御今之有。

很多学者认为《道德经》是复古之说，甚至是要复古到原始社会。这种荒谬言论的根源，便在于此句的改动。

司马谈在《论六家要旨》中对道家的评价是"与时迁移，应物变化，立俗施事，无所不宜"。与时迁移，是说道家之术随着天下时势的变化而发生迁移。应物变化，是说道家之术应对不同的事物使用不同的方法。立俗施事，是说道家之术根据现有的风俗、习惯而制定措施。无所不宜，是说道家之术因为其"顺势变迁"的核心而无所不适。由此可知，"今之道"才是道家推崇之"道"。将"执今之道"改作"执古之道",一下就把道家从"与时迁移,应物变化"的顺应自然,变成了"拘泥古法,复古为用"的固执守旧,严重破坏了全文主旨,违背了道家思想要义。

既然推崇随机应变,因时因地制宜,那么自身就不能拘泥不通,不能固定形迹,不能用条条框框来限定自己,我们也可以据此来反推前文的"大器免成"才是道家宗旨。不要让自己固定成器,才可能做到"执今之道,以御今之有"。

因篇幅所限,这里不一一列举,仅此可见,后世对《道德经》改造的原因是复杂的,有些是讹误,更多的是儒学化的改造,使之符合整理者的认知范围以及当时社会的主流价值观,但这种改动对老子思想的传播无疑造成了诸多障碍,这也是我们致力于推广帛书版的重要原因。

本书的校勘特色

一、底本的选择

在这几个重要古本中,郭简本缺损过于严重,而北大本已经出现了多处被改造的痕迹,帛书本当属最接近《老子》原貌同时又是保存较全的古本,因此,为正本清源,本书以帛书本为真,从帛书本原文出发阐述老子思想。

当然,帛书甲、乙本出土时均有残损,甲本残损约24%,乙本残损约12%,帛书甲本与帛书乙本相比,抄写年代更早。

因此，本着近古存真的原则，本书原文以帛书甲本为底本，甲本不足，以乙本补之，甲乙本皆缺损，以北大汉简本、郭简本补之，其次则参考河上公本、傅奕本等传世诸本。

二、关于篇章结构的处理

本书按帛乙本分上下篇，行文顺序亦保持原貌，同时为便于阅读，按通行本分为81章。

本书除了与通行本上下篇位置相反以外，部分章节次序也有差别，比如通行本第41章与40章，在帛书本中位置是相反的，而80、81章，调换到了第66章后面，第24章则调换到了第21章后面。综合考虑，本书依据帛书本的篇次，即《德》篇在前、《道》篇在后；并将通行本划分的内部章节依帛书本顺序相应编号（如帛书本第1、2、3章分别对应通行本第38、39、41章），按此篇章顺序展开注释和解析。

书名上，《道德经》的名称流传千年已经深入人心，本书仍沿用《道德经》书名。

三、校勘思路

本书校注合一，注释后附有校记。综合篇幅、详略等问题考虑，本书各章注释仅直接注出句、字、词义，省去文献来源和对其他各种阐释的辨析；仅注出版本差异，省略进一步的推理和判断，并择要在后记中体现。关于底本的具体勘误和文字处理方式如下：

1. 抄写错误的纠正

由于帛书甲本为手抄本，难免会出现错误，虽然原抄写者对部分错字进行了涂改纠正，但仍会有疏漏之处。例如：

①"予善信"（第52章），脱失"天言善"三字，乙本、北大本均作"予善天，言善信"，这种情况就取用乙本进行纠正。

②"若民恒畏死"（第39章），甲本原文作"若民恒是死"，"畏"字误写为"是"，改作"若民恒畏死"。

2. 文字演变的处理

有通假字、古今字、异体字等，在字义不变的情况下，今字通行，则取今字；均通行，则按原字。字义若发生了改变，则取符合文义的字。例如：

①"躁胜寒，静胜热"（第8章）之"躁"，帛书甲、乙本和北大本均作"趮"。"趮"是"躁"的异体字，由于"躁"字今更为通行，此处按通行本作"躁"。

②"为而弗持"（第14章），底本原文作"为而弗寺"。由于"寺"为"持"的古字，故此处按北大本作"持"。

③"道盅"（第48章），"盅"字，表示空虚，后来写作"冲"，二字形成古今字。然而，由于后来人们把"冲"解成了本义"冲涌"，反而失去了原来的"空虚"之义，这种情况就仍用回原字，作"道盅"，在帛书版中写作"道盅"。

④"智慧出，案有大伪"（第62章），"慧"字甲本原文作"快"，乙本、北大本、传世本均作"慧"。"慧"作形容词为聪敏、敏捷，与"快"同义，"智慧"更通俗常用，已成固定词汇，故从乙本作"慧"。

⑤"死而不亡者，寿也"（第77章），"亡"字帛书甲、乙本均作"忘"，北大本作"亡"，传世本"亡""妄"等字并存。高明说："按'亡''妄''忘'三字古皆可通用，但各自的

本义迥然不同，《老子》此文所用究竟孰为本字，则是需要解决的问题。"高明以"亡"为本字，释为"体魄虽朽而精神在"。高亨则以"忘"为本字，释为："其人虽死，而他的道德功业、学说等，并未消亡，而被人念念不忘，就可以称他为长寿。"其实二人所说并不矛盾，不忘的前提便是不亡，前文第17章"善建者不拔，善抱者不脱，子孙以祭祀不绝"，后代祭祀不绝代表"不忘"，然而前提是祖先未"亡"，其建树与持守恒在。按"不亡"当在"不忘"之先，故本书从北大本作"亡"。

另有通假字（异体字），若字义有变，则保持原文，不以现汉规范。如"上德如浴"（本书第3章），这个"浴"通"谷"，即有水之山谷，如溪谷，全书溪谷义项共出现9次，皆为"浴"。其他为"谷"，可见原文中，"谷""浴"是分开的。但到了后世的传本中，都统一改成了"谷"。

3. 避免误读改字

①"曲则全""诚全归之"（第67章），甲本原文作"曲则金""诚金归之"。高明认为"金"是"全"的误字，也有人坚持"金"就是本字。其实，即使此处确为"金"字，表达的也是"周全"之义。古人常用"金城"形容城池牢固，无懈可击，而"无懈可击"，本身就代表防御周全，处处都照顾到位的意思。但毕竟与当下通常的理解不同，为避免误读，故从乙本改"金"为"全"。

②"五色使人目盲"（第56章），"目盲"甲本原作"目明"，其实二者意义相同。"目明"类似于"眼被亮瞎"，眼睛被五色致眩，白茫茫一片不能视物，即"目明"。不过目明毕竟在当下有了更通俗的意义，为了防止误解，故从乙本改作"目盲"。

本书校注借鉴了大量学人的研究成果，主要参考书目如下：

1. 马王堆汉墓帛书整理小组编《马王堆汉墓帛书：老子》
（文物出版社 1976 年版）
2. 北京大学出土文献研究所编《北京大学藏西汉竹书》
（上海古籍出版社 2012 年版）
3. 荆门市博物馆编《郭店楚墓竹简》
（文物出版社 1998 年版）
4. 高明《帛书老子校注》
（中华书局 1996 年版）
5. 裘锡圭主编《长沙马王堆汉墓简帛集成》
（中华书局 2014 年版）
6. 裘锡圭《老子今研》
（中西书局 2021 年版）
7. 陈鼓应《老子今注今译》
（商务印书馆 2006 年版）
8. 陈鼓应《庄子今注今译》
（商务印书馆 2007 年版）
9. [汉]河上公注，王卡点校《老子道德经河上公章句》
（中华书局 1993 年版）
10. [汉]严遵著，王德有译注《老子指归译注》
（商务印书馆 2004 年版）
11. 楼宇烈《老子道德经注校释》
（中华书局 2008 年版）
12. 高亨《老子正诂》
（清华大学出版社 2011 年版）

13. 丁四新主编《简帛思想研究（第八辑）》

（岳麓书社 2021 年版）

14. [汉]严遵著，王德有点校《老子指归》

（中华书局 1994 年版）

15. [明]憨山德清著，尚之煜校释《老子道德经解》

（中华书局 2020 年版）

16. [宋]林希逸著，黄曙辉点校《老子鬳斋口义》

（华东师范大学出版社 2010 年版）

17. 刘笑敢《老子古今》

（中国社会科学出版社 2006 年版）

18. 范应元《宋刊老子道德经古本集注直解》

（中国书店出版社 2021 年版）

19. 马叙伦《老子校诂》

（浙江古籍出版社 2020 年版）

20. 蒋锡昌《老子校诂》

（商务印书馆 1937 年版）

21. 许抗生《帛书老子注译与研究（增订本）》

（浙江人民出版社 1985 年版）

22. 熊铁基主编《老子集成》

（宗教文化出版社 2011 年版）

23. 吕鹏志、薛聪《帛书〈老子〉第四十章"堇"字两种训释评析》（《哲学与文化》第 48 卷 第 2 期）

24. 刘殿爵《马王堆汉墓帛书〈老子〉初探》（上）

（《明报月刊》1982 年 8 月）

25. 朱谦之《老子校释》

（中华书局 1984 年版）

26. 李零《郭店楚简校读记（增订本）》

（中国人民大学出版社 2007 年版）

27. [汉]许慎著，[清]段玉裁注《说文解字注》

（上海古籍出版社 1988 年版）

28. [汉]司马迁注，[南朝宋]裴骃集解《史记》

（中华书局 2014 年版）

29. 李山、轩新丽译注《管子》

（中华书局 2019 年版）

30. 高华平、王齐洲、张三夕译注《韩非子》

（中华书局 2015 年版）

关于本书校勘，每一处异文的处理均有详细校记，因篇幅所限未能随文出版，如有质疑请联络 yulei@guomai.cn，欢迎来函讨论，对于本书校注工作上的疏漏，衷心期望得到广大读者专家斧正，以便我们不断修订。

秦复观

2024 年 3 月于大理

译注 — 秦复观
道文化研修者
马王堆帛书《老子》推行者,作家。

代表作:
《60问读懂道德经》
《帛书老子注读》
《帛书老子导读》

道德经
帛书版全本全译全析

原著 _ [春秋] 老子　　注解 _ 秦复观

编辑 _ 余雷　　封面题字 _ 易中天　　装帧设计 _ 余雷　　特约编辑 _ 黄仪柔
技术编辑 _ 顾逸飞　　责任印制 _ 杨景依　　出品人 _ 贺彦军

果麦
www.goldmye.com

以 微 小 的 力 量 推 动 文 明

图书在版编目（CIP）数据

道德经：帛书版：全本全译全析 /（春秋）老子著；
秦复观注解. — 西安：三秦出版社, 2024.5（2025.7重印）
ISBN 978-7-5518-3138-3

Ⅰ.①道… Ⅱ.①老… ②秦… Ⅲ.①《道德经》—
译文②《道德经》—注释 Ⅳ.①B223.1

中国国家版本馆CIP数据核字（2024）第095077号

道德经 帛书版全本全译全析

[春秋]老子·著　秦复观·注解

出版发行	三秦出版社
社　　址	西安市雁塔区曲江新区登高路1388号
电　　话	（029）81205236
邮政编码	710003
印　　刷	河北尚唐印刷包装有限公司
开　　本	880mm×1230mm　1/32
印　　张	12
字　　数	336千字
版　　次	2024年5月第1版
印　　次	2025年7月第25次印刷
印　　数	311 001－326 000
标准书号	ISBN 978-7-5518-3138-3
定　　价	99.00元

网　　址　http://www.sqcbs.cn

如发现印装质量问题，影响阅读，请联系 021-64386496 调换。